大学生就业创业指导咨询案例教程

王 雷 吴 剑 主编

科学出版社

北 京

内 容 简 介

本书针对我国高校毕业生就业现状以及在职业发展规划方面存在的问题，介绍了职业生涯规划的常用理论，指导学生如何正确地认识自我，进行合理的职业生涯设计；针对大学生求职全过程，系统地叙述了有关择业准备、求职技巧、求职心理、权益保障和创业实务等方面的内容。

本书以实用性、启发性为宗旨，采用理论阐述、案例分析与思考题相结合的编写方式，希望通过相应的案例给予那些在就业大潮中的就业生一些帮助和启迪；同时也给那些尽心尽力在大学生就业指导咨询服务领域积极探索的就业指导老师和辅导员一些借鉴。

图书在版编目（CIP）数据

大学生就业创业指导咨询案例教程/王雷，吴剑主编. —北京：科学出版社，2014

ISBN 978-7-03-040287-5

Ⅰ．①大… Ⅱ．①王… ②吴… Ⅲ．①大学生-职业选择-高等学校-教材 Ⅳ．①G647.38

中国版本图书馆 CIP 数据核字（2014）第 056231 号

责任编辑：李淑丽 / 责任校对：赵桂芬
责任印制：闫磊 / 封面设计：华路天然工作室

斜 学 出 版 社 出版

北京东黄城根北街 16 号
邮政编码：100717
http://www.sciencep.com

北京市文林印务有限公司印刷
科学出版社总发行 各地新华书店经销

*

2014 年 4 月第 一 版 开本：720×1000 B5
2014 年 4 月第一次印刷 印张：14
字数：282 000

定价：28.00 元
（如有印装质量问题，我社负责调换）

前　　言

随着教育体制改革的不断深入，我国高等教育已由精英教育步入大众教育，大学生就业也进入"双向选择、自主择业"的新阶段。大学生不再是"皇帝的女儿不愁嫁"，高校毕业生就业形势十分紧张，而独立学院的学生想要在公办本科院校与高职高专院校的夹缝中争得一席之地，更是面临着巨大的就业压力和挑战。现在，"选择职业的恐慌"已经成为大学生普遍存在的问题之一。另外，在双向选择的就业实践中，由于学生缺乏就业指导，致使学生求职就业方向与用人单位需求之间存在比较明显的对接错位问题。因此，就业指导工作发挥出越来越重要的作用。

2003 年 4 月，教育部提出了"加强毕业生就业指导，将就业指导课作为学生思想教育的重要组成部分，并纳入日常教学"的要求，2004 年，又进一步明确要求各高校积极构建"全程化、全员化、专业化、信息化"的就业指导工作体系，以培养学生的就业能力、创新能力、创业能力为重点，突出实践教学，切实转变人才培养模式和机制。这些要求告诉我们，大学生就业指导，不单纯是帮助大学生选择职业，还要以大学生的学业为基础，以就业为导向，以职业为载体，以事业为目标，使大学生的专业能力和综合素质得到发展，就业能力得到最佳体现。同时，还要帮助和教育大学生客观地认识自己的气质、性格等特征，科学地规划自己的职业生涯，把个人追求与社会需要结合起来，把价值认同与知识的学习、素质的发展和能力的提高协调起来，为就业或创业做好准备。

面对当前大学生就业的新形势和就业指导工作的新任务，编写一本理论与实践相结合，具有科学性、专业性、操作性和个性化的就业指导教材，已成为做好就业指导工作的当务之急。本书立足于提高大学生特别是独立学院大学生的就业素质和能力，旨在通过课堂教学的引导和实践环节的训练，提高学生的职业规划和职业适应能力，以及求职和自我提升的能力。

本书由王雷、吴剑担任主要编写工作。作者编写分工如下：王雷、徐晓昀编写第一、二章；吴剑、陈霄编写第三、四章；吴剑、何晓红编写第五、六章；王雷、朱玮编写第七章；吴剑、徐晋编写第八章。全书由王雷、吴剑、陈霄负责策划、设计和统稿。

本书编写过程中，参阅了国内外大量文献资料，在此谨向文献资料的作者表示衷心的感谢。由于编者水平有限，书中难免存在错误和缺点，敬请专家和读者批评指正。

目　　录

第一章　职业规划

案例 >>>>

职业规划——一种信念的重生

进入大学高年级后，孙彬的成绩不算突出：有几门课不及格，英语四级勉勉强强通过，综合排名始终就是在年级最后几名徘徊。可他是学院活动的骨干，表现得可圈可点。有一次，孙彬带队参加暑期社会实践，出色的组织协调能力让同行的老师和同学刮目相看。最终，该团队获得校级优秀暑期社会实践队伍。

然而，随着孙彬进入高年级，走向社会的脚步越来越近，他越来越强烈地感受到对前途的迷茫，他不知道自己所学的英语专业能有怎样的前途。他很渴望能够找到正能量，渴望能够再次规划自我，渴望能从职业生涯规划的角度来好好思考自己的未来。为此，他专门找到职业规划咨询师，希望经过专业的咨询和自身的努力，能够重新找回自信。

经过几次认真的咨询，在职业规划师的循循善诱下，通过自己的努力，他加强了职业认知，更加清晰地了解了职业环境和自己的职业价值观，对自己的职业规划做了调整评估。他明白，所学的英语专业知识，以及自己较为出色的沟通协调能力，可以从事国际贸易行业，实现人职匹配。带着这样的目标，他接下来的学习动力也就足了。他考了英语中级口译证，大大增加了就业竞争砝码。最终，他如愿以偿地进入了当地一家知名的外贸公司。

课前思考 >>>>

1. 你还记得刚入校时做的职业规划中确立的目标是什么吗？你还记得当时为何确立这个目标吗？

2. 回顾你的大学生活，你觉得自己哪些方面已经靠近当初确立的目标了？哪些方面离目标仍有些距离，为什么？

第一节　职业认知与职业规划

案例 >>>

　　楠楠是某高校法学专业的大三学生，当初选择这个专业，是想成为一名出色的律师。进校后，他通过职业规划课上的专业测评，验证了自己选择法学专业、成为一名律师是与他内、外条件相符的。在该目标的指引下，前两年，他一方面认真学习，夯实基础，另一方面积极参加各类活动，拓展自身能力。如课外科技竞赛、暑期社会实践、合唱队等。他的努力终有回报，连续两年获得了奖学金。可是进入大三开始专业课程学习后，他突然迷茫、困惑了——我究竟该成为一名怎样的律师？又该往哪个方向发展呢？

　　在老师的推荐下，他在假期来到了一家律师事务所进行实习。通过一个多月的实习加之亲身参与生涯访谈使他对律师这个职业有了一个更为深入的了解，进一步明晰了他今后的努力方向——朝着民商领域发展，通过司法考试，考上研究生。

一、职业认知与职业规划的关系

　　现在大学生都喜欢说，我的青春我做主。那么，如何让自己的青春闪耀，真正实现价值？那就要有一个好的职业规划。一个成功的职业规划首先离不开对职业的清晰认识，而职业认知与职业规划两者原本就是密不可分的。上述的案例正是最好的证明：正是因为主人公通过自身实践，对今后自己想从事的职业有了一个全面而深入的认知，才能做出一个明确的职业规划，进而实现个人梦想。因此，职业认知是职业规划的重要前提。只有对职业有一个深刻而又全面的认识，提升对职业认知的能力，才能做出一个科学的、适合自己的职业规划。

　　当然，人在不同的人生阶段对于职业认知都是有所不同的，这将会对个人的职业规划不断地做出修正。例如，在大一，我们对职业的认识相对模糊、片面，因此我们在职业规划时，主要是奠定大学奋斗目标，为认识自我、认识职业打好前站。而到了高年级，随着个人的成长，视野的开拓，对专业、对职业的认知加深，原先或模糊、或理想的职业规划，逐渐完善成一个更加理性、科学的具体目标和职业规划。

二、职业认知的内涵

　　职业是一个人安身立业之本，施展抱负之基，成就自我之途，是人们生活的核心和重要保障。职业认知指个体从自身的知识、经验出发,结合环境因素对目前所从事或即将从事职业的评价和判断,是个体职业情感和职业行为的基础,在个人职业生涯中发挥着重要的作用。职业认知过程直接影响着大学生职业的目标选择。只有对职业世界有了准确、全面的了解和认知,才能够根据社会发展,结合自身素质条件,确定既有利于社会又有利于个人的职业目标。

职业认知在我们的职业规划和职业生涯中扮演着重要的角色。具体来说,职业认知的主要作用有:①引导做出科学的职业生涯决策。倘若能够全面了解用人单位的要求及工作发展的普遍路径和规律,就能结合自己的特点,做出合理的职业生涯决策。②有助于建立更符合社会需要的合理知识结构,提升职业能力。社会对人才的要求是多样化的。在职业认知的过程中,我们可以将自己的学业和今后的就业更加紧密地联系起来。特别是可以在校期间考取一些有用的职业资格证书,增加自己的就业砝码。譬如,有些单位在招聘外贸业务员时,要求英语达到一定资格水平。如果你有实力,有梦想,就可以利用好大学的时光,完善这方面的知识和能力,获得口译证书或者通过某小语种能力测试等来证明自己,从而获得更多的就业机会。③推动大学生做出相应的职业行为。获得一份职业是一个曲折的过程,而职业认知过程将会促使我们为谋取心仪的工作,克服困难,勇往直前。就如前文的例子所述,正是在职业认识的过程中,更加坚定了楠楠大四毕业要考研深造的决心,而孙彬则因对职业缺乏了解,导致职业目标不清晰,缺乏动力。④规范职业道德。因为行业的关系,某些行业成为了职务犯罪的高危地带。在认识职业的过程中,对职业道德的深入了解也有助于降低日后犯罪风险。例如,某校建筑学院在大三就业指导课中就会专门开设防腐败讲座,着重提升学生这方面的意识。⑤加快个体对职业的适应。职业认知会直接影响个体的职业适应、职业成就以及职业稳定和变迁。有句话叫做"理想很丰满,现实很骨感",这句话形象地说明了现实和理想之间存在着较大的距离。但只要个人的职业认知准确,就可以帮助我们在复杂多变的社会环境中尽快转换角色。

三、职业认知的主要步骤

职业是实现人生价值的重要途径。如何看待职业,如何认知职业显得尤为重要。认知职业的主要步骤有以下三点。

(一)了解职业的基本事实

同一个专业可以从事多种不同的职业。因此,在进行职业认知时,应了解与自己专业相关的职业有哪些,尤其对一些新兴的行业也要有一定的关注。例如,曾经学软件工程的学生更多的是从事计算机编程，但随着智能手机的兴起，对于手机程序编写的需求量也越来越大，因此手机程序编写员逐渐成为了"香饽饽"。学习新闻传播的学生不仅要有扎实的写作能力，还要懂计算机网络知识。另外，学习专业知识的目的是帮助人更好地发展，绝不是限制人的发展。学英语、日语专业的学生不一定要局限于与专业直接相关的职业，可以放宽视野，充分利用专业优势，发展诸如国际导游、国际教育等看似与专业无直接关系，但发展潜力良好的职业。

（二）职业的环境探索内容

职业环境探索是对职业外部环境的考察，主要包括生存环境和组织环境分析。

生存环境即社会环境，主要包括政治、经济、文化、法律、人才等各方面的发展环境，属于宏观层面的职业环境。比如，当前热门的职业有哪些，这类职业的发展前景怎样，社会发展趋势对所选的职业有何影响，等等。

对于组织（企业）环境，主要是从行业环境、企业环境、岗位环境等角度进行分析。进行全面的组织环境分析是我们"知彼"的核心，毕竟你所选择的这个组织（企业）将与自己息息相关。比如，可以通过公司所在地的新闻出版机构的新闻线索，来了解该组织（企业）的产品及服务的详细情况和富有深度的财政经济状况；通过有关书籍、企业发展史、当地各种商业活动、企业人物获奖等细节了解到可供参考的资料信息；另外公司的网站上介绍公司价值观念的那些主页也会透露一些企业文化的有关线索；还可以通过参观或参加面试时的谈话资料和知识背景来充分了解和考虑各种因素。总之，通过各种分析，我们应该对自己的职业生涯在这个组织（企业）中有没有足够的发展空间做出一个基本的评判。

（三）职业获取的可行性分析

在自我认知的基础上，结合自身的具体情况，评估职业获取的机会（优势）和职业获取的劣势（弥补劣势的可能与程度）。学习通过社会调查、人物访谈等方法分析目标职业的从业要求，找出自身的差距，分析职业获取的可行性。

资料链接 >>>>

做培训机构老师都要教师资格证，"窝"培训班的大多是在职人员

杭州师范大学继续（成人）教育学院，开设了幼儿园教师资格证培训班。"学生基本上都是自己看书的，来培训的人大多是有工作的。"李副院长对培训班的学员比较了解，"其中以幼儿园在职的无证老师为主，他们都是以前招进去的，现在省里有要求，一定要老师持证上岗，不得不来。"李副院长说。前年刚刚实行国家教师资格证考试时，这部分在职人员数量较多。"那时候，我们一年要培训 1000 多人。这几年，这部分人数量开始减少。像今年，来参加培训的人只有 500 多人了。"

杭州师范大学学前教育专业的毕业生小斯，之前一直在一家教师资格证培训机构上课。"培训班里的无证老师是一部分人群，还有一部分人群就是其他岗位的在职人员。像我们班里 20 人，学生二三个人，无证幼儿园老师七八个，剩余的全部是目前从事与幼儿园无关工作的人。有个做文秘的，工作单位也蛮好，她还是坚持来考教师资格证。听说，是因为做老师稳定才来考的。"

"多一本证，多一个就业途径"。在杭州一家外企做会计的小秦，前几周的双休日全部在培训机构度过的，啃着厚厚的与资格证相关的考试书籍。

"你也觉得我来考教师资格证很奇怪？"得知记者的目的，小秦直接进入话题，"其实很正常，我考此证就想为自己多一个就业途径，赚点外快。"

小秦说，他是浙江大学毕业的本科生，在校期间做过家教。现在工作之余也想做家教，联系了几家培训机构，首先就是问有没有教师资格证。被问住了几回，也了解到此证已成为入门的门槛，他就毫不犹豫地加入考证队伍。"我们想过了，这本证考到不会浪费的，即使不去外面当老师，今后教教自己小孩子也行，作为家长懂一点心理学、教育学知识挺好的。"经过再三权衡，他选择了报考小学教师资格证。

"现在就业压力那么大，多拿一本证书，就算是多一重保障，最不济就去培训机构当老师。"数学专业毕业的小钱，去年也参加了教师资格证书考试，且顺利拿到证书，现在他却没有当老师。"考证肯定越来越难，我先考过了，哪天想去当老师，至少也有一块'敲门砖'。"他说。

正如小秦所说，现在不仅公办学校、民办学校要求老师要有教师资格证，就连社会培训机构在招聘老师时，也要求专职或兼职老师持有教师资格证。在应聘时，如果没有教师资格证，只能做行政工作。在一家培训机构做文案策划的小董说："今年 9 月份教师资格证报名时，单位领导就催着她报名。领导还诱惑我说，如果考出资格证，就给我加工资，每月加 500 元！"

"我们的老师有没有资格证，教育部门的人不太会来查。但是，现在很多家长在给孩子报名时都会问老师是否持证授课。如果教师都有资格证，家长会觉得我们正规，对我们也会更有信心。"钱江一家文化课培训班的负责人说。

（本文选摘自 2013 年 11 月 1 日《青年时报》B07 版同名新闻）

第二节　职业规划与个人发展

案例 >>>

张泉灵的选择与成功

张泉灵之所以能成为国内著名的主持人，除了自身不断努力外，还源于她在大三的那次经历，源于毕业的那次选择，更源于她多年来清晰的职业规划。我们可以从她在母校——北京大学2011年毕业典礼上的演讲中看出端倪。

其实15年前，我和大家一样，拿着毕业证书的时候，挺茫然的。我在北京大学学的是德国语言文学，那个专业完全不是我自愿选择的，其实我一点都不喜欢德语。然后毕业分配的时候我去了神华集团，一个卖煤的公司，虽然说我是那个公司的元老，但我不知道我的人生要怎样发展，我一点都不想去卖煤。

话说回来，虽然当时我并不知道我的前面是什么，但我很清楚我要什么。在那个时候，1996年的7月份，其实我内心已经清楚我要什么很多年了，这源自我在北大的一个经验。我在北大三年级的时候，参加了北大和中央电视台联合拍摄的一个专题片，叫《中华文明之光》，在做嘉宾主持的时候，有一天，我坐在了中央电视台的演播室里，然后那个灯光突然在我的面前闪亮。在那一刻，我对自己说，嘿，这是我想要的。于是知道我要什么，两年之后，也恰恰是我毕业那年，我分配到神华公司那一年的暑期里，突然中央电视台史无前例地对社会招聘了，于是我感觉机会来了，于是我就去考试了，于是我走上了今天的这条道路。于是我觉得我最应该感谢北大的，不仅仅是课堂上，更重要的是在课堂之外的，那么多的选修课，让我清楚地找到了我的人生目标。虽然发生在那一年暑假里的，中央电视台的社会招聘空前绝后，但是我还是想说那句已经被人嚼烂了的话，那就是，机会永远是给有准备的人的。而准备，其实最根本的一点还在于，你要清楚地知道自己要什么。

如果在15年后，要我总结我的成功是从哪里来的，我觉得这点是最根本的。因为我清楚地知道我是谁，和我要什么。拿做新闻来说吧，其实做新闻在我的心目之中一直是有排位的。我首先是一个新闻人，然后是一个电视人，再然后才是一个主持人。这个排位有多重要呢？它会让你在面临很多的选择的时候，清楚地知道自己要去走哪条路。比如说在10年前，大多数的主持人是不愿意去当现场记者的，因为这显得不够大牌。坐在演播室里显得多么大牌，你到前方去，不是做一个普通记者做的事情吗。但是由于我的内心清楚我首先是一个新闻人,所以在那时,我做了大量的很有影响力的和明知完全没有影响力的直播的工作。那等到十年之后,大家都发现新闻现场对于一个主持人的重要性的时候,其实我已经积累了比别人多得多的经验。我之所以能做这样的选择,因为我清楚,我是个新闻人。在直播的现场,你会面临各种各样的你意想不到的变化。有时候你也许必须得通过自己卖一个破绽,让观众意识到你有这个破绽,而导出了一个系统的安全。在这时候我会选择行内认可大于观众认可。因为我首先知道,我是一个电视人,这比做一个完美的主持人来得更加重要,而电视本身是一个合作的系统。因为我清楚地知道我是一个新闻人,所以当我有了一定的知名度,有人说,嘿,你来做娱乐节目的主持人吧,这样会让你有更多的收入和更高的知名度,我拒绝得都不会犹豫。所以我想告诉大家,当你清楚地知道了自己的目标和自己的定位的时候,你就有了比别人更多的成功的机会。

(摘自《张泉灵北大演讲稿》)

"中国梦"的提出让广大年轻人有了更多施展才华、实现梦想的空间。要想真正实现个人梦想除了天时地利外,还需自身努力。张泉灵学生时代和刚毕业的那段经历,或许在同学们的身上也会有所体现。也许你到了大三,你已经非常享受你的专业,并打算从事与专业相关的各种职业;也许你到了大三,因为种种原因依然不是最喜欢自己的专业,深陷苦恼中;也许你……无论如何,我们可以通过职业规划,通过就业指导,更好地实现个人发展,这就是职业规划的意义所在。职业规划正是要求你去探索在自己周围和自己身上正在发生什么,进而做到更好地完善。

一、职业规划与个人品牌

商品有品牌,其实个人也有品牌,个人品牌的建立与塑造对个人成长有着至关重要的影响。积极打造自己的个人品牌,能够帮助你脱颖而出,进而在成长和发展过程中获得更多的战略性资源和竞争优势。所谓个人品牌,简言之就是一个人在参与社会生产经营活动中,以个人名字、形象、个性、语言、思想、行为等为表现载体,所形成的核心竞争力和积极正向的社会影响力,以及这种核心竞争力和社会影响力在受众心目中产生的特有印象和价值联想在个人发展过程中。因此,个人品牌至关重要,它影响着个人发展。出色的个人品牌不仅能更好地展现自我,得到他人和社会更多的认可和信任,也可以使你活出自己的价值。比如,你即将毕业,成为就业大军中的一员,好的个人品牌将会为你获得他人更多的推荐机会,从此打开新的就业渠道。

商业品牌的核心是内在，个人品牌亦也如此。个人品牌的核心是自我素质和核心竞争力的提升，个人品牌的关键是良好的个人信誉。个人品牌与商业品牌一样需要经营。个人品牌需要职业规划的指引和策划，需要通过不断地探索来形成。作为大三的学生，性格和价值观日趋成熟，正是塑造个人品牌的关键时期，需要认真规划、踏实付出。

二、职业规划与梦想实现

俗话说："知己知彼百战百胜"。因此，科学的职业规划是成功的关键。职业规划既是设计我们的未来，同时也是设计我们的生活。分析自我、了解自我、规划自我是职业生涯发展的基础与动力。通过职业规划，通过个人品牌的良好塑造，才能把梦想更好地落实为行动。

也许有同学会提出质疑，到了大三，我们还来得及做职业规划吗？答案是肯定的。首先，职业规划是伴随一生的动态规划。因为职业规划本身需要及时的调整和再评估，它并不只是针对大学生而言，当然，越早进行科学的职业规划，走的弯路将越少，你离成功也将会更进一步。其次，在进行职业规划中，不仅要评估自身条件，也要考察外部环境。随着社会的飞速发展，职业环境也在瞬息万变。也许两年前你的专业是一个热门专业，但当你毕业时反倒进入了就业困难时期；也许你两年前想入的行业，当你即将毕业时有了对你不利的限制；等等。

资料链接 >>>

职场新人要创个人品牌

从学生变成职场新手，对每个青年人来说，都无异于经历一场浴火重生的挑战。没有了爸妈的唠叨，没有了老师的指导，一切都得自己去面对，由此也演绎出不同的命运：也许你当年是功课拿 A 等的才俊，可如今却是灰头土脸的小职员；而当年毫不起眼的他，如今却是一家跨国公司的高层管理人员。你纳闷，他比我好在哪？其实初涉职场，谁都在尽力"推销"自己。但有的人能够成功地"卖"出去，原因则在于他（她）自创了品牌，这品牌也许是语言能力、时间管理能力或领导能力……

● **语言能力——让你练胆**

谁更需要增强：和外部环境直接接触的职员当然最需要出色的口才，比方说销售、采购员和公关人员，等等，除此之外，就算是对那些在公司内部负责行政协调工作的人来说，好的语言表达能力也越来越重要，如果想保证日常工作顺利进行，同事之间良好的沟通和交流也是必要的。

失败回忆录：美婷从小就被父母教导，要埋头苦干不要夸夸其谈，这招儿在学校挺灵验，可在职场上就要见机行事了。进入贸易公司财务部时，美婷不怎么跟人说话，勤勤恳恳地工作着。每天，同事们还没到，她就开始打扫办公室，给每位同事冲一杯香气四溢的咖啡。同事们也比较欣赏美婷，平常都会在工作上给她点帮助，于是她更加谨守父训——事业是干出来的，不是用口夸出来的。

然而后来，美婷被转调至销售部。部门性质的改变并没有使她调整工作方法。每天工作的大部分时间都是外出推销，由于不善言辞，交际能力较弱，与客户交谈时总是东拉西扯、要么说不好，要么就是语言过激，尽管付出比别人多一倍的辛劳，但业务量始终平稳没有太大的攀升。她的归属感似乎没有在原来的部门那么强了……

闭门思过：当你在会见客户的时候东拉西扯、在会议上不知所云、在老板面前憋得一句话也说不出——这样的情景不仅是难为情，更失去了与人沟通的机会。为了避免这些情况再度发生，实在有必要去好好补习一下讲话的艺术，让自己练练胆。不少针对语言表达能力的演讲班往往可以让你变得十分活跃，让你在小组讨论中害怕发言的恐惧逐步消退。有什么好的意见、建议，要大胆地发出自己的声音，让上司听见。毕竟上司也是人，他们也有压力，也希望有下属积极为他们出谋献策，也希望与下属多沟通。

●计时能力——让你严谨

谁更需要增强：这项能力对于那些从事咨询行业和以客户为导向行业的人来说是不可缺少的。他们必须将客户的要求和会谈时间安排得井井有条，并由此获得客户的信任感。对于领导人员、独立工作者或是办公室人员、销售人员来说，也需超强的时间管理能力。

失败回忆录：李言在一家报社做实习编辑，每天忙着拆阅读者来信并回信。由于报纸规模大，清样出来后，她还得和另一个同事负责校对。按理说，一天8小时的上班时间还是可以完成的。

然而，李言常被一些不属于她工作范围内的"垃圾"事务压着，"小言，我下午有一个采访，麻烦你给我翻译一下这篇文章，谢谢。""小言，我时间可比较紧，麻烦你将这份资料送到印刷部。"……作为实习生，李言总是不好回绝同事的请求，以免大家误认为自己要酷。所以，只好乖乖地帮同事翻译；揣起文件，送往印刷部；下班了，同事们都迫不及待地奔出公司，李言还在忙自己白天未完成的任务。

那原本 8 小时以内的事情，不得不在办公桌边花费 10 小时的时间来完成！他觉得特别郁闷，更担心会给领导留下偷懒无能的印象。

闭门思过：当你感觉到匆忙慌乱，白天的工作常会留到加班完成时，你就要清楚自己必须修炼时间管理能力了。这样做的目的就是在有限的时间里做最有效的事。如果同事指派的一些"垃圾"工作拖你后腿了，可以说明原因，自己的确时间较紧，时间允许的话一定帮忙，请求原谅。同时，再准备一本设计合理的记事本，随时更新每天的日程安排，每条记录不妨详细到几点几分，它们会是把你从日常工作的混乱中解救出来的最佳选择。

●外语能力——让你突出！

谁更需增强：通过英语获取沟通认可将变得越来越重要，特别是对于外企工作的人，尤其重要。因为你的外语优势可能直接与外国籍的负责人交流，或者和那些海外客户谈判，所以英文是非常重要的一环，它能够让你的工作变得如虎添翼。

失败回忆录：当初应聘到这家外企，主考官没有对阿海的英文进行考查，阿海倍感幸运。在学校时他的英语水平较低，好在他较强的专业知识让对方信任，他才得以被录用。进入设计部，阿海很是珍惜这份工作，干起来特别卖力，写字楼的白领虽然大多英语过了四级，不过平常都嫌一口洋味怪别扭的也都没说，阿海因此迟迟没有露馅。

就这样，他快乐地过了半年。可天有不测风云，因为美国总部来了一份指示，某日将有一个总部的"要员"来办事处巡查。总经理想提前在公司上下造成一种洋气氛，以便顺利地通过巡查，就要求每个员工一步入写字楼的大门，就必须操英语处理一切事务，当然也包括上洗手间这样的"私人问题"。

阿海临时抱佛脚苦练一周，进步甚浅。那天，上司陪着要员查看了各部门的工作情景，并现场模拟了商务谈判。轮到阿海进行业务汇报时，他那半生不熟的英语终于出了大丑，要员的眉头微微皱起，不过，经理适时制止阿海，岔开话题让要员看公司业绩数据表，看在公司不俗的成果上，要员的眉头开始舒展开来。虽说结局虚惊一场，可阿海后来被上司狠狠批评了一通，更糟的是他还被逼迫自费学习英文。

闭门思过：英语作为当仁不让的商务语言，已经越来越多地融入了每个办公室的日常生活中。而对于那些需要和国际客户打交道的人来说，已经不光是英语听说流利的问题了，如果你能说流利的第二外语，比如，日语或法语那就更占有优势了。一份调查显示：大约有超过 5％ 的公司期望前来应聘的人会说不错的第二外语。所以，如果你的外语能力不过关的话，那就赶快去充电吧！参加培训班也好，自学也行！

职场新手还有什么要增强？

● 创造力

对于媒体策划、媒介专家、设计师和产品开发人员、市场以及广告工作者来说，充满创意的想法是不可或缺的。只要有创造力，你很有可能就能够创造新的流行、找到不平常的解决方案，让你的工作变得焕然一新。当然，在做其他职业中，例如在行政工作中也需要有一定的创造力，才能更好地提高工作效率。

● 电脑能力

对于那些从事采购、销售领域的人，打字训练班早已成为父母辈的童年回忆。介绍项目进程时，Powerpoint 已逐渐成为汇报的主要工具，老板们也越来越喜欢通过 Excel 表格直观销售数据的变化。我们的生活已经离不开电脑和网络。

● 良好个性

对于在每个团队或是项目里工作的人，尤其对于那些同时还要与很多人打交道的团队和项目里的人来说，比方说，公司老板、外派员工以及媒体公关人员，塑造良好个性乃头等大事。因为你的形象代表了公司对外的形象，当然优秀的个性特征很重要。诸如勇气、乐于承担责任、正直和可靠等优点，都是必不可少的。

（选摘自旋旋的《职场新人要创个人品牌》一文，此文略有修改。
原文刊载在《中国大学生就业》2010 年第 2 期）

第三节 职业规划的评估与调整

案例 》》》

"老师，你还记得大一的时候你让我们做的职业规划吗？我这次终于通过了教师资格证的所有笔试！虽然离真正实现教师之梦还有一段路要走，我还需要通过心仪的中学面试等，但也算是让梦想逐渐照进了现实，有了一个良好的开端。"

这是大三学生小慧给作者发来的短信。寥寥数语可以看出，一个科学的职业规划对自我发展起到了良好的促进作用。回想一下，当时入校时你做的职业规划是否对你现在的学习、生活有一定的帮助呢？现在你会不会又有一些新的迷茫和困惑呢？无论是信心百倍，还是疑虑重重，是时候对我们的职业规划进行再评估和再调整了，以便我们轻装上阵，更加科学地做好职业决策，从容做好走进职场的准备，真正实现自己的梦想。

一、职业规划评估与调整的概述

（一）什么是评估

毕业前的一年是大学职业准备的最后一年，也是最为关键的一年。正如案例中的小慧，为实现自己当老师的梦想，不断努力。在这一年中，我们有一个相当重要的步骤需要做就是职业生涯评估。什么是职业生涯评估？职业生涯评估也叫职业生涯评测，它是职业规划中一个非常重要的环节，包含了对个体的生理、认知以及情感的测量和评价的过程，目的就是在于制定出一个最适合的行动和发展计划。

评估的主要内容包括以下四个方面：

1) 职业目标评估（是否需要重新确定目标职业）。

2) 职业路径评估（是否需要调整发展方向）。

3) 实施策略评估（是否需要改变行动策略）。

4) 其他因素评估（社会环境、身体、家庭、经济状况以及机遇、意外情况的及时评估）。

从评估时间来看，一般需要进行定期的规划评估，如半年或一年一次。从大学生的职业规划来看，在大三期间做一次职业生涯的评估和调整是非常有必要的。从时间段来看，大一时大多刚刚确立职业规划目标，还处于理想的、模糊的状态，对大学也是以适应生活为主。大二逐渐进入到专业学习阶段，自我认识也更加成熟、理智，但对于自己所掌握的专业知识和职业能力尚无法确定。大三则是大学生活最为关键的冲刺之年，是对前两年的职业规划的一次中长期反馈。通过前两年的实践和探索，我们大多对自己、对外界有了一定的认知，因此此时做职业规划评估和调整尤为有用。还有一种情况需要进行规划评估，当出现突发情况时，如家庭变故、身体健康、国家政策调整等原因，这都需要对规划做出调整。

（二）为什么要进行评估

世事多变，世界每时每刻都在发生变化。影响职业生涯规划的因素很多，有的变化因素是可以预测的，而有的变化因素难以预测。大到社会经济结构发展和国家政策、法律制度的调整，小到企业组织发展方向的改变，甚至个人的家庭、能力水平都会发生变化，这些都将影响到个人职业生涯发展的变化。因此，要使职业生涯规划行之有效，就必须在实践中，不断地对职业生涯规划执行情况进行评估，不断修正策略，甚至在必要时修正目标。只有这样才能真正实现自己的梦想。这样不断反复检查、反馈、修正的方法，也符合 PDCA 循环法的原理。

PDCA 是由四个英语单词 Plan（计划）、Do（执行）、Check（检查）和 Action（处理）的第一个字母组成的，它又叫戴明环，是由美国质量管理专家戴明博士提出的。它最早是运用在质量管理体系中。而如今，这一科学的目标制定和实现循环过程原理也给不少其他领域带来了启示，这其中就包括我们的个人管理——职业规划。P（Plan）计划：包括方针和目标的确定以及活动计划的制订。D（Do）执行：具体运作，实现计划中的内容。C（Check）检查：总结执行计划的结果，评估原有的职业规划目标。A（Action）处理：对检查的结果进行处理，对已达到目标的因素加以肯定，对于未达到目标的部分加以调整，对于没有解决的问题，应提交如图 1-1 的 PDCA 循环中去解决。

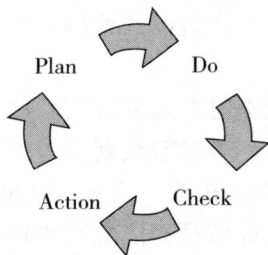

图 1-1　PDCA 循环法

因此，职业生涯评估与调整的好处可谓多多。从具体的技术层面来看，职业生涯评估最主要的四大用途就是预测、区分、探测以及评估。

预测的主要功能是对各种情况和可能性进行预测，预测个体在教育、职业以及各种生涯选择中成功的可能程度。主要需要考虑的因素包括：具备多少的竞争性？能够达到怎样的发展目标？绩效表现能够达到怎么样的水平？可能会遇到的困难和限制的因素？

区分的功能在于关注个体的价值观、兴趣、偏好，以及职业、教育环境要求之间的相似性。主要需要考虑的因素包括：不同文化、环境下工作的适应性；所属的职业、教育群体等。

探测的主要功能是考证个体对于选择是否已经准备就绪，是否具备了职业生涯的成熟度。在这一过程中，特别需要专业的职业规划师对之前的预测和区别的结果进行专业化的解释，以便得出更为科学化的结果。

最后一项是评估，该流程的主要功能是帮助个体确立所能够达到的职业生涯发展的目标。这是职业生涯规划的一个非常重要的环节。

（三）评估和调整的主要原则

评估和调整并不是盲目的，而是需要遵循相应原则的。只有在一定原则下进行评估和调整，我们才能更加判定目标的合理性和科学性。职业生涯的评估和调整的主要原则包括：

1）清晰性原则：评估和调整后的目标是否更加清晰明确？实现目标的步骤是否更加直截了当、更加务实？

2）变动性原则：目标或措施是否有弹性或缓冲性？是否依据环境的变化而做了调整？

3）一致性原则：主要目标与分目标是否一致？目标与措施是否一致？

4）挑战性原则：目标与措施是否具有挑战性，还是仅保持其原来状况而已？

5）激励性原则：目标是否符合自己的性格、兴趣和特长？是否对自己产生了内在激励作用？

6）全程原则：生涯规划调整时，是否兼顾了职业生涯发展的整个历程？

7）具体原则：调整后的各阶段的路线划分与安排，是否充分考虑和结合了自己的特质、社会环境以及其他相关因素？是否具体可行？

8）可评量原则：调整后的评估是否能继续再评估、再检查，使自己随时掌握执行状况，并为下一步规划提供参考依据。

二、职业规划评估与调整常用工具

在评估过程中，我们常会使用两种主要的评价方法来进行评估和调整。一种是非正式评估，即为一种定性的评估方式；另一种是正式评估，即为一种定量的评估方式。

（一）非正式评估

非正式评估方式是以一种不如标准测评那么结构化的方式来搜集有关个体的信息。非正式评估的工具多采用行为分析技术（通过观察）或自我陈述分析技术（感觉、态度、兴趣、经历等）。运用这些手段和工具的时候并不存在统一的程序，也未必有标准化的解释，大多是为了某一特定的情境而设计的，因此也存在一定的局限性。下面主要介绍几种最为广泛使用的非正式评估工具。

1. 分类卡

这是一种有趣的、彩色卡片游戏。通过对卡片的分类能够鉴别出个体的价值观以及适合他们的职业。除了价值观排序外，还可被应用于个体对工作的认知和兴趣。

2. 结构化的工作清单

有不少工作清单（表）是专门为了职业生涯规划而设计的，它们常被用来帮助个体评价兴趣、价值观和优劣势。这一评估工具要求个体根据直觉，在工作环境、工作关系、工作特性、内在价值中选择十项价值因素，之后再在十项中再选择出五项，最后在五项中再选择最重要的一项，这一项即为个体最为看重的内容。

3. 访谈

访谈虽然是一种半结构化或完全无结构的非正式测量方法。通过与经验丰富的职业规划师的交谈，我们需要达到如下基本目标：

1）从中理清自己的兴趣、态度、志向、价值观以及其他情感资料。

2）从中进一步修整自己对某些问题错误的看法。

但在这样一个相对宽松的测评氛围中，我们需要在职业规划师的指引下，避免出现以下几个问题，以便做出一个科学的判断。

1）避免过度紧张。

2）避免回答问题不够清楚、不够明确，说了太多与主题无关的内容。

3）避免时间过长，影响效果。

4）避免太过在乎，或者太用心推断职业规划师的表情和态度。

4. 实践实习

在大学里，学校通常都会要求学生前往自己感兴趣的、或与自己专业相关的单位进行实践（实习）。虽然在实践（实习）的过程中，我们所能接触的领域是相对局限的、我们所用的时间也是短暂的，但这种亲身经历确是难能可贵的。在这个过程中，我们不仅可以一旁观察别人是如何工作的，可以思考学校和社会的差别，也可以自己投入实践，去真正感受自己在这类职业中的优势和劣势，进而理清自己的职业目标。因此，实践（实习）对于大学生来说是非常重要的环节，切不可应付了事，错过了自我评估、自我调整的好机会。

资料链接 >>>>

去了才知道自己是否适合

小吴是学校的学生会主席。学设计的女生能当上学校的学生会主席，这在该校的历史上也不多见。可这位品学兼优的女生在大三时也曾有过纠结，她希望能凭借自己的实力，进入到与自己专业相关的世界 500 强企业，可她的父母却希望她能够进入到所谓的安稳的单位，比如考上公务员，或者是到事业单位工作。父母的心愿和自己的想法有了冲突，这让她不知如何是好。因为她似乎两边都没有一个说得过去的理由。

就在这时，学校刚好提供了一个某机关单位实习的机会。她报名参加，并且过五关斩六将，如愿以偿，获得了这次宝贵的实习经历。两个月的实习很快就过去了，但对小吴而言却有了一个更清晰的答案，那就是她的性格、她的追求，似乎很难在这一类的单位里发挥优势。"这里可能更看重程序化、规范化，而我更喜欢自由的、富有创造性的工作。"她如是说。最后，在一次与父母的深刻的谈话中，她将自己的想法和盘托出。父母听了她的实习感受后，认为她的想法并非是一时冲动，而是深思熟虑后的合理想法，也就尊重了她的想法。而小吴则在这样的一次职业规划的调整中重新发现了自我，进一步认知职业，以更加昂扬的斗志，迎接未来的挑战。大四毕业时，她如愿进入了一家500强企业，做起了平面设计。在那里，她如鱼得水，很快就在同龄人中崭露头角。

（二）正式评估

这是职业生涯过程中标准化评估的形式，通常被称为测评。测评师基于统计技术并对大量人群实测后建立起来的，是标准化的。所谓标准化的测评是指测评的编制、实施、计分和测验分数的解释必须遵循严格统一的科学程序，保证对所有人来说施测的内容、条件、计分过程、解释都相同，进而保证测验的客观性和标准性。在很多国家。只有专业的心理学家才有资格使用专业的测评，不同的测评使用的资格是不同的。因此，我们在此只介绍几个最为广泛测评的基本信息。

正式评估的工具一般可以分为以下几大类型：

1. 兴趣量表

兴趣测评主要是帮助回答"我到底想要干什么？"等这一类问题。兴趣一般是指任何能唤起你的注意力、好奇心或者投入的事物。强调的是个体的喜爱、偏好程度。常用的量表有霍兰德兴趣量表，斯特朗兴趣量表，以及北森公司于2004年在霍兰德理论基础上开发的兴趣量表。

2. 价值观测量

常用的价值观测量工具有由美国埃德加·施恩教授提出的职业锚理论，以及舒伯的工作价值观问卷。目前，国内也有不少价值观测评，但良莠不齐，使用时应注意区分。

3. 人格测量

应用最为广泛的人格测量表是以约翰·霍兰德和卡尔·荣格的心理类型理论为基础的量表。

4. 技能测评

技能测评是用人单位非常感兴趣的部分，简而言之就是"你能做些什么？"常用的有 EUREKA 技能问卷，帮助个人确定现在所具备的技能。

◇◇◇ 问 题 思 考 ◇◇◇

1. 尝试为你的个人品牌做一幅自画像，做一个合理规划。

——我希望成为一个怎么样的人？

——目前，我在亲朋好友眼中是怎么样的人？

——我觉得自己哪些方面需要做出改变？

——6 个月后，我将成为……

——1 年后，我将成为……

——2 年后，我将成为……

——5 年后，我将成为……

2. 你会怎样描述表格中所列举的每一项优势？首先，请在你认为比较符合的三个选项中打钩，并用一到两句话进行描述。

优势	有时符合	经常符合	很少符合	描述
良好的口语交流				
创造性				
愉快				
责任感				
协作性				
有胆识				
果断				
擅长交际				
谨慎				
影响力				
高效率				
热诚				
情绪稳定				
诚实				
忠诚				
有计划性				
耐心				

续表

优势	有时符合	经常符合	很少符合	描述
守时				
坚持				
领导力				
说服力				
自主性				
宽容				
成就定向				
节俭				

通过上述的清单评估，你认为你自己还有什么弱点需要改进？其中哪一项是你认为最重要的一项，并就此设计一个加强行动力的发展计划。

（该结构化表摘选自《全球职业规划师资格培训教程》）

信 息 园

1. 职业规划分析反馈评估方案

职业规划分析反馈评估是需要按照一定的步骤，利用非正式和正式评估工具，通过评估方案可以给你提供一定的参考。

1. 分析基准	（1）我的人生价值是什么？
	（2）环境是否有利于我的成长？
	（3）成长的最大障碍在哪里？
	（4）我现有的技能与条件有哪些？
2. 目标和标准	（1）我处于职业生涯的哪一阶段，这阶段有什么特点？
	（2）可能的生涯方向是什么，为什么这个目标对我而言是最有可能的目标？
	（3）如何判断自己的成功？
3. 生涯策略	（1）职业生涯发展内部路线与外部路线是什么？
	（2）如何进行相应的角色转换？
	（3）如何进行相应的能力转换？
	（4）对我而言还有什么不能解决的问题？
4. 生涯行动计划	（1）执行计划是否做到长期计划—年度计划—月计划—周计划—日计划的分解？
	（2）我将分别在何时进行上述每一行动计划？
	（3）有哪些人将会（应当）加入此一行动计划

5. 生涯考核	(1) 你什么做的好？什么做的不好？
	(2) 你还需要什么？是需要学习，需要扩大权力，还是需要增加经验？
	(3) 怎样应用你的培训成果？需要用什么资源？
	(4) 你现在应该停止做什么？开始干什么？培训和准备的时间如何安排？
6. 生涯修正	(1) 职业的重新选择
	(2) 职业生涯路线的重新选择
	(3) 人生目标的修正
	(4) 实施措施与计划的变更等

（摘选自百度文库 http://wenku.baidu.com/view/2c7447e9f8c75fbfc77db26a.html）

第二章　职业决策

案例 >>>

　　小静是某独立学院英语专业的大三学生。原本她想发挥自身的英语优势，申请出国深造，回来后能够回到家乡当一名英语老师。为此，她在大一、大二期间已经做了一系列的准备，包括雅思语言的考试等，就在一切按部就班时，她突然不想出国了。究其原因，原来是小静的好朋友前不久刚从美国留学回来。这位好友告诉她，国外的学习并非如想象得那样轻松。首先，你需要面对独立生存的环境，你可能会吃不惯每天都是牛排和汉堡包，也很难真正走进老美的圈子；其次，上课的方式与国内有很大不同，课程难度很大。而且海归的数量也越来越多，就业压力越来越大……好友的亲身经历让她感受到了压力，陷入了深深的思考，矛盾和无助涌上心头：我究竟能不能克服这些困难呢？是要继续原先的职业规划还是进行一次重新选择呢？

课前思考 >>>

1. 你觉得小静陷入矛盾和无助的原因是什么？
2. 如果你是小静，此刻你会怎么做出决策？

第一节　对职业环境的再认知

案例 >>>

较为严峻的就业形势

　　每年的毕业季，毕业生们总面临着形形色色的选择。出国、考研、公考、求职，不管是哪一条路，在 2013 年的毕业生这里，都显得比往年要难。

　　2013 年，全国普通高校毕业生达到 699 万人，比 2012 年增加 19 万人。其中，山西省高校毕业生达到了 17 万人，相比前几年，2013 年高校毕业生就业形势更加复杂严峻，不少高校甚至出现了就业率同比下降的趋势。据社会调查机构麦可思研究院的跟踪调查，2013 届毕业生求职难度增加。该机构从 2012 年 12 月 12 日开始到 2013 年 1 月 11 日结束的问卷调查结果显示，本科毕业生签约率为 38%，低于上届同期 8 个百分点。

　　谈起今年大学生的就业现状，某校招生就业管理处处长王老师用了"严峻"二字来形容。他介绍，今年该校共有毕业生 3775 人，比去年 3619 人多出 156 人，涨幅不大。根据学校了解的情况看，截至目前，签约的学生中，有 40 余人考取村官，除一小部分考取教师、入职国企等外，大多数毕业生依然还在就业途中。而在 2012 年，该学院掌握到的毕业生就业情况大致为考取研究生、出国深造占 12%，事业单位占 12%，入职国企 5%，其他占 68%。王老师将就业形势概括为"985"、"211"高校挤压市属高校，研究生挤压本科生，有经验的工作者以及往年毕业生挤压应届生。另外，王老师还透露，在毕业生中，相对机械、旅游等专业的学生来说，管理、教育等偏文科专业的毕业生求职难度加大。

（摘选自晋中新闻网 http://www.sxjzwb.com/jznews/
showarticle.asp? articleid=53493）

　　我们为什么要认识环境，为什么要了解劳动力市场的相关信息？很简单，我们身处在一个变化的职业世界中。经济、社会和技术的变革都会强烈地影响到工作者。尤其是随着第三次技术浪潮的到来，迫使职业世界的变化更加瞬息万变。美国职业规划学者罗伯特教授曾这样描述：在 20 世纪 60 年代的电影《毕业生》里，职业上的成功可以概括成一个词——"塑料"，后来这个词变成了"计算机"。今天职业成功的新关键可能是"生物技术"或"互联网"。因此，在职业规划的大蓝图中，除了个人的努力之外，还要有职业环境这个大拼图才能构成一幅美好的蓝图。只有你了解环境，认识劳动力市场，才能帮助自己根据形势变化做出正确的职业决策。对环境的认识，主要从宏观环境认知和微观环境认知两方面入手。

一、认识外在之宏观环境

　　人是社会的一员，无论从事何种工作，均要适应社会环境的变迁。社会宏观环境主要包括政治环境、经济环境、文化环境和技术环境。社会宏观环境对我们的职业生涯乃至人生发展都有重大影响，外部宏观环境是一种社会存在，我们在规划个人长期生涯发展时，必须多角度、全方位地分析社会宏观环境，了解宏观环境的特点，比如目前的就业政策、就业整体形势、经济发展水平、各地区文化特点，等等。只有顺应社会的趋势，才能做出更好的职业规划。

（一）政治法律环境

　　身为大学生应该主动关心政治环境，这包括当今的社会制度、政府的方针、政策、法律和法规等。政策和制度的变化，都会对职业选择和生涯发展产生重要的影响。

1. 政治环境

政治环境就是指一个国家或地区在一定时期内的政治大背景，是各种不同因素的综合反映。不同政治环境下形成的路线、方针、政策会给这个国家的人民生产和生活带来重大影响。政治不仅影响到一国的经济体制，还影响着企业的组织体制，进而直接影响到个人的职业发展。另外，政治制度和氛围还会潜移默化地影响着个人的追求。例如，随着"中央八项"的出台，浙江省2014年公务员考试的热度较往年有所下降。

2. 法规政策环境

法规政策环境主要是指一个国家或地区的法律、法规、方针政策、人才培养开发政策、人才流动等有关规定。"双向选择、自主择业"是社会主义市场经济下的基本就业政策。例如，国家针对当前的大学生就业形势，鼓励大学生多渠道就业，到基层和中西部地区就业，出台了村官、应征入伍、自主创业等多种政策，不仅为大学生就业提供强有力的政策支持，必要时还给予相应的经济补贴。

国家还将进一步消除人才流动中的城乡、区域、部门、行业、身份、所有制等的限制，疏通人才流动渠道。进一步加强人力资源市场管理，发展人事代理业务，改革户籍、人事档案管理制度、放宽户籍准入政策。推广以引进人才为主的工作居住地管理制度，探索建立社会化的人才档案公共管理服务系统。鼓励专业技术人才通过兼职、定期服务、技术开发、项目引进、科技咨询等方式进行流动。加大吸引留学和海外高层次人才工作力度，继续贯彻支持留学、鼓励回国、来去自由的方针。

大学生还需要关注和了解劳动法律法规，对法律法规了解得越多，就越能增强自己的职业能力，避免在职业生涯规划上走弯路。《中华人民共和国劳动合同法》是规范劳动关系的一部重要法律。新《劳动合同法》自2013年7月1日起正式施行，更全面地保障了劳动者的权益。因此，这既对大学生就业权益起到积极的保护作用，也对大学生就业过程中的行为规范提出了约束，大学生不能任意违约，需要遵守《劳动合同法》。

（二）经济环境分析

所谓经济环境是指构成企业生存和发展的社会经济状况和国家经济政策。社会经济状况包括经济要素的性质、水平、结构、变动趋势等多方面的内容，涉及国家、社会、市场及自然等多个领域。当经济振兴时，新的行业就会不断出现，新的组织也会应运而生，不断扩充编制，从而为就业及晋升创造有利条件。譬如，互联网的兴起，大数据时代的到来，孕育了一个又一个新领域，改变了商业世界的交易规则。当经济处于萧条期，企业的效率也就大大降低，对人力资源的需求也就减少了，进而对个人职业选择和职业发展的机会也会大大减少。另外，在经济发展水平高的地区，企业相对集中，个人的职业选择的机会和挑战也就更多了，这也是为什么源源不断的人才乐此不疲地涌向北京、上海、广州等发达地区的原因。在经济相对落后的地区，个人的职业发展机会有可能会大大减少，但也有可能从中找到商机，体现个人优势，实现突破。

1. 经济形势分析

全球经济一体化趋势。当代世界经济领域里，随着现代科技的飞速发展，全球范围的生产力水平空前提高，国际化水平也越来越高。同时，国内的区域经济发展呈协调发展的态势。当前社会，对人才的总体需求呈上升趋势，无论是经济相对发达的东部、东北、中部地区，还是实施西部大开放战略的西部地区，都对高校毕业生的吸纳能力不断增强。依照目前的产业格局和发展形势，东部地区经过长期发展，积累了雄厚的基础设施和产业基础。随着社会的转型升级，软件及计算机服务、电子器件制造、通用设备制造等高技术行业，以及金融、保险、电信等服务行业发展迅猛，故人才需求主要集中在电子信息、软件开发、汽车制造、服装、电子商务、文化创意产业、金融服务、国家商务、外贸投资等相关领域。中部地区是我国的粮食主产区和重工业发展区，因此对农业、水利相关人才需求旺盛，并在高新技术、建筑、交通、新能源、新材料、电子信息等相关领域也有很大的人才需求。随着西部大开发战略的深入实施，各行各业的人才需求都将有大幅度的增加。有专家指出，预计未来几年内，西部各省份将在国家机关、社会团体、农牧业、基础设施建设、企业管理、教育服务等行业有越来越旺盛的人才需求。

2. 产业结构调整分析

当前，我国还面临着产业结构的调整和升级。产业结构是指各产业的构成及各产业之间的联系和比例关系。各产业部门的构成及相互之间的联系、比例关系不尽相同，对经济增长的贡献大小也不同。产业结构调整已经成为我国经济体制改革的一条主线。当前，国家将继续加强第一产业，巩固第一产业的基础地位；提升第二产业，增强第二产业的核心竞争力；大力发展第三产业，让第三产业在国民经济中发挥更大作用。我们应该从产业结构调整的信息中，善于发现有利于个人职业发展的机遇，尽可能地把自己置身于发展前景大、发展好的产业和行业中，这样才会有更大的个人发挥平台和空间。

资料链接 >>>

杭州发布十大产业高层次人才需求榜

最缺的是技术研发和市场销售人才，其中工作最好找的，是技术研发类人才。

调研结果显示，技术研发类人才占企业人才需求总量的 33.33％；其次是市场销售类人才，占 22％。两者相加，占到全部需求的一半以上。很多企业表示这两类人才"十分紧缺"，而投资管理类和信息化管理类人才，企业需求相对较少，两者相加也只占"一只角"——约 5％。在企业高层次人才岗位中，45.96％的岗位年薪集中在 10 万～20 万元，个别紧缺的专业技术类和高级管理类岗位的年薪可以达到 70 万～100 万元，甚至 100 万元以上。调研数据显示：未来两年，企业招聘的大部分高层次人才岗位，年薪会保持在 10 万～20 万元，而年薪 50 万以上的岗位有所减少。文化创意、旅游休闲产业的整体薪酬会增长一点，金融服务、节能环保等产业的年薪会下降一点。

研发经理年薪比财务经理高 5 倍：《需求目录》显示吃"技术饭"的人"薪情"相当不错。

薪酬待遇最高的，从岗位类别来看，是综合性高管类、投资管理类和市场销售类人才；从产业类别来说，是金融服务、物联网、信息软件这三大行业。比如，在先进装备制造产业，招聘一位要求有 10 年以上行政、人事管理经验的人力资源部经理，给出年薪是 15 万～20 万元；而招一位有 8 年以上项目研发经历的研发中心主任，年薪是 50 万～70 万元。在生物医药产业，一位财务经理的年薪在 10 万元左右，而一位产品研发经理，年薪飙到 50 万～70 万元。信息软件产业，投资管理咨询师的年薪为 10 万～20 万元，游戏 2D 画师的年薪则是 30 万～50 万元。

雕塑师、畜牧兽医、网页设计师、麻醉师等有技术的高技能人才需求激增。

《需求目录》还首次对杭州十大产业高层次人才未来两年的"雇佣前景"，进行了调查。结论是"饭碗"基本捧得稳。除旅游休闲产业外，其余九大产业都有招聘更多高层次人才的计划。最"供不应求"的是高技能人才，其岗位的需求由 7.73％上升到了 13.23％，激增近一倍。新增岗位主要有雕塑师、畜牧兽医、网页设计师、麻醉师等。

市场销售类岗位也很有前途。需求从 17.69％上升到了 21.23％，增加的营销岗位包括动漫营销副总、电子商务营销总监、品牌策划以及锅炉、逆变器、太阳能工程等某些特殊产品与服务的专门销售人才。这些"专用人才"岗位的出现，是社会分工更加精细化的结果，也显示出信息软件、生物医药等高新技术优势产业由

"点"到"面"发展的强劲势头。与此同时,"通用类岗位"明显在减少。比如综合性高管类岗位,从 10.78％ 下降到 7.43％；财务管理类岗位更是"身价"大跌,从 8.20％ 下降到了 4.32％。

(摘选自《都市快报》2013 年 11 月 1 日第二版)

(三)社会文化环境分析

社会文化环境是指个人和单位所处的社会结构、社会风俗和习惯、信仰和价值观念、行为规范、生活方式、文化传统、人口规模与地理分布等因素的形成和变动。它是本民族、本地区、本阶层的是非观念,影响着人们行为的基本因素,影响着我们个人的职业发展。我国是一个幅员辽阔的大国,社会文化的复杂性决定了个人职业选择与职业发展要充分考虑所在地区的文化因素。

社会文化环境分析主要包括对生活方式、人口状况、文化传统、教育程度、价值观念、风俗习惯、宗教信仰等各个方面的分析,这些因素都是人类在长期的生活和成长过程中逐渐形成的。这其中,社会价值观的重点理解和分析将更有利于我们进行职业生涯的规划。不同阶段的社会价值观会随社会发展和进步而产生不同程度的变化,进而使人们对职业的认识和需求也产生了变化。社会环境对个人的职业发展影响主要有四大方面。

1. 人的职业意向与社会文化密切相关

文化变迁对人的职业意向影响极大。随着市场经济的发展,部门产业的社会地位也发生了变化,这导致人们的职业意向也随之发生了变化。在浙江,因为有"浙商文化",使得商业发展生机勃勃,也使得人们从事商业的积极性非常高。

2. 人的职业能力与社会文化密切相关

职业能力是人们从事职业的多种能力的综合。社会文化的熏陶使人们从事和掌握某种职业能力,像在浙江省内的不少县市都有当地著名的产业,如海宁是皮革之城、宁波的外贸业特别发达,等等。

3. 人的职业习惯与社会文化密切相关

职业习惯是个人长期从事某一职业所形成的某些特定的、不易改变的行为方式。从事不同的职业会养成不同的职业习惯。例如,做法律事务方面的工作者,在工作中会养成办事严谨的工作作风和职业习惯。此外,在国际交流中,也应当注意跨文化交际,在充分理解和尊重当地文化的基础上,从事职业活动。

4. 职业价值观与社会文化密切相关

职业价值观指人生目标和人生态度在职业选择方面的具体表现,也就是一个人对职业的认识和态度以及他对职业目标的追求和向往。它引导着人们的行为、情感和评价标准。比如，教师这个职业在某个历史时期并不是一个受人尊重的行业，但如今，这个行业的社会地位越来越高，成为很多人都热捧的职业。

除此之外，我们还要重视亚文化群的影响。亚文化又称小文化、集体文化或副文化，指某一文化群体所属次级群体的成员共有的独特信念、价值观和生活习惯，与主文化相对应的那些非主流的、局部的文化现象。它既可以按照民族、宗教、种族、地理区域来划分，也可以按照年龄、兴趣爱好等来划分。例如，70后、80后和90后对待工作的态度和认识是有很大差异的，这影响着他们的工作方式和职业意向。

（四）科学技术环境分析

科学技术环境是指科学技术发展的状况。首先，科技的日新月异会带来理论的更新、观念的转变、思维的变革、技能的补充和产业结构的调整。"十二五"时期是我国加快工业转型升级、转变工业发展方式的重要时期，国家正大力发挥企业技术创新的主体作用，积极引导企业真正成为研发投入、技术创新活动和创新成果应用的主体。这使得科技发展对生产技术产生了深远的影响，突破了原有的组织和人才管理模式。例如，自从电脑的普及和信息化时代的到来，打字员这个职业似乎已经不再存在，传统的秘书角色也发生了实质性的改变。其次，科技发展也对职业模式产生了深刻影响。曾经制造业、农业等第一、第二产业是就业的主力，现在以服务业为代表的第三产业成为了就业新潮。有专家分析指出，今后每隔10年就将面临一次全面的"职业大革命"。最后，科技发展对人才素质也有巨大的影响。随着科技的进步，未来人才需求将更加迫切需要具有新知识和较高技能的高素质人才。因此，我们在作职业规划时，务必要与时俱进，紧跟时代步伐，切实提高自己的知识水平，增强自身的竞争优势。

二、认识外在之微观环境

任何人的性格和品质的形成以及个人的成长都离不开周围环境的影响。

（一）家庭生活环境的影响

家庭是个人出生后最先接触的环境之一，也是我们最初认识这个世界的渠道。我们的言行举止、生活习惯、性格特点都是在家庭的潜移默化的影响中树立起来的。通常，家庭生活环境对个人职业生涯的影响主要集中在家庭社会经济地位、家庭文化教育水平、家庭成员的职业及职业榜样、家庭成员对自己的职业期望和家庭其他因素5个方面。

1. 家庭社会经济地位

家庭经济收入对子女个人的职业生涯规划具有直接作用。一个家庭能否负担必要的经济支持是影响许多大学生职业选择或者继续求学以取得更高学历作为今后职业选择资本的重要因素之一。而家庭社会地位则是该家庭成员的职业、社会关系和人际网络的数量和质量。家庭背景、家庭成员的社会地位及社交能力还决定着子女个人未来可利用的各种社会资源,甚至包括职业选择范围的大小。有统计研究表明,月收入较高的家庭,子女倾向于选择收入较高、风险较大的职业;月收入偏低的家庭,子女倾向于选择收入一般、风险较小的职业。这也表明,随着家庭财富的增多,大学生可能会选择更具风险同时也是更高收益的职业。

2. 家庭文化教育水平

家庭文化包括传统、学识、习惯和生活方式等,这种文化教育具有很强的遗传作用。家庭是孩子的第一学校,家庭成员文化程度的高低在对子女进行家庭教育活动、父母参与学校活动的热衷度等方面均有影响。一般而言,子女都会将家庭成员作为职业选择的重要咨询对象,尤其是年少时期,依赖程度更深。比如,在高考志愿填报时,在很多家庭中,父母的意见还是占主导位置。

3. 家庭成员的职业及职业榜样

家庭成员通过分析自己的职业现状以及各种职业的社会地位、经济地位、发展前途等,在潜移默化中影响子女的职业生涯选择。人们常说的"子承父业"就是最直接的反映。

4. 家庭成员对子女的职业期望

现在,由于大部分家庭都是独生子女,因此父母对子女的职业期望越来越高。这一方面表现在努力为子女提供良好的生活和学习条件,另一方面是对子女职业选择上的较高期望,具体表现在他们喜欢参与子女的职业选择行为。当自己的职业目标与父母的期望一致时,他们将会得到更多的支持;但当与父母期望有差别时,可能首先遭遇到的阻力就是父母和其他家庭成员。比如,现在很多父母都希望自己的子女能够找一份稳定的工作,有的甚至以自己的子女进入事业单位、考上公务员为荣。

5. 家庭其他因素

其他因素主要包括个人成长经历、家庭所处地域和出生顺序等几个方面。个人在成长过程中的不同时期的成长经历和所受教育都会影响和调整我们最终的职业生涯规划目标。

(二)校园生活环境

大学校园是大学生学习、生活之地。丰富多彩的校园文化一方面能够为校风、学风的形成提供良好的阵地，另一方面还是提升大学生素质和能力的重要载体和途径。校园文化活动对大学生职业生涯规划的影响主要体现在社团活动、课外科技创新活动、社会工作和其他活动。

学生社团是那些基于共同兴趣爱好的学生自发成立的学生组织。通过学生的自我管理、自我发展，社团能够较好地培养学生的组织管理能力、人际交往能力、语言表达能力等。

各级政府部门、各类协会、各个高校、各个院系都会结合学校和专业实际，组织开展丰富多彩的课外科技创新活动，进而不断提高学生的创新精神和实践能力。有不少同学通过形式多样的学科竞赛活动，为今后从事产品研发或科学研究埋下了种子。学校内外的各类大赛，讲座，学术沙龙等，都会帮助学生在兴趣中、在锻炼中不断突破自我，实现职业生涯的更好途径。

此外，同学们还要积极参与各种社会实践，如校内的学生会组织、勤工助学等和校外的社会实习、实训、实践和社会兼职等。在这些实践锻炼中，不仅有利于积累社会经验，增加人脉，而且也有助于深入了解职业和职场，尽快融入社会。

三、认知职业环境的主要方法

认知职业环境的方法有很多。在之前的职业规划课上，我们已经学习了部分认知职业的方法。这些方法使得我们有了一个初步的职业意识。但俗话说，纸上得来终觉浅，之前的认知途径更多是感性认识，可能会存在与现实有一定差距的问题。随着就业的脚步越来越近，我们应该充分利用最后有限的大学时光，通过亲身经历和实践探索，来进一步认识职业，来为就业做好实战准备。

（一）社会调查

1. 调查目的

认识目标职业的社会意义，熟悉职业环境，对自己做好工作所需要的知识、技能、生理条件及个性特征有一个初步认识，对职业的生存环境、发展前途以及个人职业发展可能取得的职业成就等形成初步印象，评估职业发展前景和职业获取的必要性。

2. 调查内容

目标职业（以单位为标准）所处的外部环境（政治、经济、文化及法律环境），以及组织结构与工作流程、岗位环境、岗位要求等。

3. 调查方式

一是通过网络、数据库等进行信息收集，包括招聘广告分析、行业发展报告等都属于此类方法。二是通过走访业内人士进行深入了解。三是通过问卷调查的方式进行。

4. 调查结果分析

撰写的调查报告必须包括 3 个方面的内容：一是调查情况介绍；二是调查过程详细记录；三是调查后的感想、目标差距、改进办法等。

5. 注意事项

这类方法主要是帮助认知宏观环境为主，因此需要特别注意资料的可信度以及时效性。如果获得一些虚假的信息、或者相对比较陈旧的信息，对认识职业并无太大帮助。

（二）实习见习

1. 实习目的

树立职业（角色）意识，积累职业经验，评估职业获取的可行性。

2. 实习内容

针对你今后的目标或者你所学的专业，了解用人单位的管理状况、工作岗位内容和要求等。

3. 实习方式

通过多种方式到职业场所进行一定时间的实习、实践。暑期社会实践、毕业实习、勤工助学等都属于这类实践活动。

4. 实习结果分析

撰写的实习总结通常包括以下 3 个方面的内容：一是实习基本情况介绍；二是实习的收获，尤其是针对你所学的专业或者是你将来的职业目标；三是存在的问题，通过实习暴露出自己在专业水平、社交能力等方面的弱点，分析其原因，如何改进等。

5. 注意事项

实习（见习）是最能够直接接触职业的途径。每个大学生在大学生涯中都应该多多经历实习见习。通过实习见习，一方面能够积累实践经验，另一方面也能在具体的事务中加深对社会的认识，检验理论知识。但由于实习见习的时间通常都比较短，这就导致你接触的内容是局部的，是不全面的。因此，当你在实习见习中接收到了一些负面信息，就需要理性甄别，避免你个人的片面认识影响了对职业的正确认识。

(三) 情景模拟

1. 情景模拟目的

模拟测试注重考核业务能力，考核的标准是依据实际工作的要求拟定的。

2. 活动内容

考查准从业者应具备的职业素质和技能，岗位工作的内容与效果考核标准，岗位工作应注意的事项，了解应试者的心理素质和潜在能力，现场处理问题的控制能力、分析能力、判断能力和决策能力等。

3. 活动方式

会议模拟、管理游戏、角色扮演是其主要方式。例如法学专业中的模拟法庭等就是情景模拟。

4. 活动结果分析

撰写的体验报告通常包括3个方面的内容：一是活动情况介绍，包括活动的主题、参加人员、活动所用时间等；二是活动过程记录，包括活动的详细步骤以及主要的言谈行为；三是活动之后的感想、存在的问题、改进办法等。

5. 注意事项

这类方法有针对性强，用时短，趣味性较强的优势。参与者能够通过模拟的情境，较为全面地展现和梳理职场环境和个人能力，但现实往往比虚拟的环境要复杂，因此我们在总结存在问题时，要有前瞻性，要善于举一反三，不能就事论事。

(四) 生涯人物访谈

1. 访谈目的

经验从何而来，从亲身实践而来，从他人的经历而来。通过生涯人物访谈，学生可以了解和认识社会需求、行业需求等基本状况，丰富经验。同时，还能印证以前通过其他渠道获得的信息，评估职业获取的可行性。

2. 访谈内容

从业资格与从业条件。职业获取程序，工作岗位的职能与工作质量标准，岗位的一般和特殊技能要求，岗位工作应注意事项，职业发展的前景与条件。

3. 访谈形式

学生对自己感兴趣的职场人士进行采访。可以采用面对面交谈、QQ 聊天、邮件交流、电话沟通等各种形式。最好的访谈形式是面对面，在面对面的交谈中，能够更加真实地了解相关职业的知识、技能需求、待遇和发展前景。这是其他交流方式所不可比拟的。

4. 访谈程序

第一步：寻找职业人物，确定访谈对象。结合自己所选职业的性质、所属行业等，一般在相关领域内确定 2～3 位职场人士作为生涯人物访谈的对象。接受访谈者应在这个职位上具有一定的经验，一般应已经工作 3 年甚至更长时间。因为年龄较长者的职业经历丰富，对待事务也将更理性客观。

第二步：拟定访谈问题或提纲。对职业人物的访谈可以围绕职业探索、在校生努力方向、个人人格的塑造等方面进行。例如，在这个工作岗位上，每天都做些什么？大学生就业应该做好怎样的心理准备？

第三步：预约并实地采访。访谈时，可以从轻松的话题开始，比如先聊聊从其他渠道了解到的访谈人物的好消息，然后就可以按照事先设计好的问题开始访谈了。在访谈结束时，请访谈人物推荐其他相关的职业生涯人物对象，这样就可以以"滚雪球"的方式拓展自己的职业认知领域。

5. 访谈结果分析

撰写的生涯人物访谈报告通常包括 3 个方面的内容：一是访谈情况介绍，包括访谈的时间、地点、对象的情况及访谈所用时间等；二是访谈过程记录；三是访谈后的感想，特别是针对自己今后发展目标的感受。

6. 注意事项

能够与将来自己有志从事的行业从业者做一次交流是一次事半功倍的体验。从与他们的交流中，我们可以获得许多潜在的信息，并积累一定的人脉资源。因此，同学们千万不要过于羞涩，一定要大胆地邀约你想采访的对象，并大胆地提问。另外，还要精心设置问题，问题的设计和提问的水平也将影响你获取信息的质量。

资料链接 >>>

律师职业的生涯访谈

访问人：某大学法学专业大三学生——小郑

被访问人：杭州某律师事务所——朱律师

访谈全文：

问：朱律师，您能不能简单地介绍一下您的从业经历？

答：是这样的，我的经历代表了我们事务所大部分律师的经历，我不是科班出身的。1992 年大学毕业，学的是机械制造，然后在工厂里做了五年的机械工程师，

1997 年到杭州××大学上研究生，这个时候学习了财务和法律，毕业后先去一个投资公司做了项目投资人，一年后才阴差阳错来到这里，成了一名律师。

问：那您觉得从事这份职业中，您认为最艰难的时期是在什么时候？

答：对于每一个人都一样，就是在刚入行的时候。可能有的人半年就马上适应了，有的人一两年还不适应。这里面主要有两个问题：首先，你是不是对这份事业有着满腔热情，能不能为之付出，很多人觉得做律师是为了赚钱，但是律师刚入行是赚不了钱的，很多人被淘汰就是因为一开始没有摆正态度。其次，你做律师后有没有选对一个好的平台。现在的中国律师界可以说是散兵游勇，大部分律师事务所、从业的律师都是单干的，没有一个团队化的建设，也没有一个紧密的分工，这样就导致了中国整个律师行业非常散。有的师傅看你有灵气就理你，看你没有灵气就懒得搭理你，让你自生自灭，那么这一点尤其是对年轻律师是非常不利的。对于年轻律师，我们需要一个指导律师到部门、到所里这样完整的体系。

问：目前，杭州的律师业现状如何？

答：杭州的律师有将近 3000 名，律所有将近 100 家，但是这些所跟我们这样的专业律师事务所有所不同。因为其中大部分的律所是根据法律部门来分的，但是我们所是根据行业来分的。

问：贵所的国际业务如何？

答：我们的国际业务是做得非常不错的，我们说国际业务不是说去国外设立分所，也不是说熟悉每个国家的法律法规，而在于沟通，这一块我们做得很出色，可以说我们的客户去国外投资都会很放心，无论是去欧洲还是东南亚，我们都有一个联盟，我们会与当地律所合作，会将当地律所的资源转化为我们自身的资源。这是我们也是中国律所未来应当重点发展的。

问：您认为律所将来是走向精细化、专业化吗？

答：不能说是一个潮流，以后的律师行业我认为应该是百花齐放的。中国的律师行业是学习英美的，到现在不过 30 来年，而他们已经有上百年了，从他们的经验来看，各种各样的律所都有，有的律所就专门做行业，也有很小的服务个人的，也有很大的综合的，全世界都有分所。所以说随着我国的经济发展，律师行业为满足各类的需求，呈现多元化结构。

问：您能介绍一下律师行业的薪金吗？

答：顶尖的律师待遇还是很高的，但是基层的律师收入不高，特别是在一些提成制的所更是如此。如果你的师傅对你好一点会分你多一点，不好就少一点。但是我们越来越觉得像我们这样的事务所是越来越多了，大家都看到了原来的律师工资结构是不合理的也是不可持续的，不能吸引年轻人进入这个行业，为什么大多年轻人都很想成为公务员，就是因为律师刚入行很苦，收入又没有保障，自然而然会流失掉大量人才。现在很多提成制的所都有薪资律师，就是拿工资，也有生活的保障，一般现在刚入行的律师大概两三千，但是我们所的刚入行的律师哪怕是跟其他一些投资公司相比也是较可观的。

问：那您认为成为一名优秀律师应当具备哪些品质？

答：一是坚持，不坚持什么事情都做不成，这是最基本的。二是要找准自己的方向，把自己的特长发挥出来，把自己的资源都利用起来。万金油的律师现在是不行的，因为分得很细，有做投资的，有做劳动用工的，有做税务的，等等。

问：您也说了要找准自己的方向，那您认为找准方向应在大学就开始寻找还是在入职后再慢慢探索？

答：是这样的，在大学里区分非常具体的、非常明确的方向是不太现实的，更多的是培养一种理念，夯实基础。为什么国外的法科生都是要求大学毕业甚至有较丰富的生活阅历，就是因为律师这行，你没有一定的生活累积是无法真正搞懂一些实务的。大学的话我觉得一个是理论要学扎实，扎实的基础对你今后进一步的发展是非常有利的。另外，就是要进行大量的社会实践，在实践中获取综合能力的提升。所以，不是说在学校里看几本书就定下来要做什么方向，这是不科学的。

第二节　职业价值观的再澄清

案例 ►►►

2012 年 5 月 8 日的放学时分，一位年轻漂亮的女老师正在马路边疏导着一群初中生。突然，一辆原本停在路旁的客车，因驾驶员误碰操纵杆而发生失控，撞向学生，就在这危急时刻，这位老师勇敢地向前一扑，将车前的学生用力推到一边，而自己却被撞倒了，大腿被车轮碾压，血肉模糊，被轧伤的她昏迷多天后，醒来的第一句话是："那个孩子没事吧？"

经过医院的奋力抢救，她被迫高位截肢，当她的亲人和医护人员害怕她知道真相后会承受不住，没想到，她很快接受了事实，还反过来安慰父亲："当时车祸的场景我还记得，很幸运。如果车轮从我的头碾压过去，你就看不到我了，我救了学生，也保住了命，今后一定会很幸福的。"

有人问："你后悔吗？"她答道："不后悔，这样做是我的本能，我已经 28 岁了，我已经和父母度过了 28 年的快乐时光，那些孩子还小，他们的快乐人生才刚刚开始。"

这位美丽女教师的壮举感动了所在学校的学生，也感动了整个中国。她，就是2013年度感动中国人物——张丽莉。

在进入本节内容了解价值观如何推动日常行为前，张丽莉的事迹或许是一个好的开头。张丽莉从中吸纳的价值观推动她采取行动，本能地赋予她教师的职业使命：学生第一，救人生命。因此，我们所有人所拥有的价值观使我们根据这些价值观行事，这样做是我们人类本性的一部分。这将解释，为什么你对某些职业感兴趣而不对其他的职业有兴趣。在现实生活中，我们可能会面临这样一组矛盾：

我们去应聘的时候，雇主们更注重的是我们的能力而不是价值观。而我们在选择一份职业，选择一份工作时，更考虑的是这份工作能获得多少回报以及个人是否能得到满足。能力是你投入到工作中的技能和才干，而价值则更多的是你从自身的这份工作中所获得的报酬和感到满意的程度。然而能力和价值并不是相互排斥的，譬如说，若你从这份工作得到了令你满意的报酬或成就感与认同感，你可能会更愿意投入到这份工作中，并且最大限度地发挥自己的才干，反之，则让你会觉得度日如年。对于大三的学生而言，对于职业价值观的再探索、再澄清也将帮助他们进一步明确自己到底想要什么，究竟该选择什么。

一、价值观与职业价值观

价值观是指一个人对周围的客观事物（包括人、事、物）的意义、重要性的总评价和总看法。价值观对人们自身行为的定向和调节起着非常重要的作用。价值观决定人的自我认识，它直接影响和决定一个人的理想、信念、生活目标和追求方向的性质。

而一个人的人生目标和人生态度在职业选择方面的具体表现，也就是一个人对职业的认识、态度以及他对职业目标的追求和向往，这叫做职业价值观。理想、信念、世界观对于职业的影响，集中体现在职业价值观上。俗话说："人各有志"这个"志"表现在职业选择上就是职业价值观，它是一种具有明确的目的性、自觉性和坚定性的职业选择的态度和行为，对一个人职业目标和择业动机起着决定性的作用。

每种职业都有各自的特性，不同的人对职业意义有不同的认识，对职业好坏有不同的评价和取向，这就是职业价值观。职业价值观决定了人们的职业期望，影响着人们对职业方向和职业目标的选择，决定着人们就业后的工作态度和劳动绩效，从而决定了人们的职业发展情况。哪个职业好？哪个岗位适合自己？从事某一项具体工作的目的是什么？这些问题都是职业价值观的具体表现。

二、不同时期的职业价值观

社会上的各种职业都有一定的价值，不同的职业体现着不同的价值内容。不同时期、不同社会环境，对职业的社会评价会有所不同，这影响着我们对职业的选择。回顾不同时期的职业价值观，有助于把握我们一生的职业规划。

杨遇春曾专门撰文分析了自改革开放以来高校毕业生择业观念的变化。在他看来，高校毕业生择业观念大致可以划分为三个阶段：被动的、服从分配的就业观念（1978～1985 年）；主动的、注重经济利益的择业观念（1985～1995 年）；强调竞争性、务实性的择业观念（1995 年至今）。他在文中谈到，如今的大学生择业在择业动机和择业认识上都较以往有很大的不同。首先，在择业动机上，高校毕业生的竞争意识增强。这体现在两个方面：一是择业时间提前。80 年代后期，绝大部分高校毕业生在毕业前 2～3 个月才逐渐关心择业、就业动向问题，到了 90 年代初，这一时间逐步提前到了最后一个学期开始，而近几年，大学生对于就业的关注又不断往前移，不仅在最后一个学期开始，有的甚至在刚入学时就开始关注自己的择业、就业问题。其次，在择业认识上，如今的大学生更加务实。虽然他们在择业期望上仍然希望到发达地区去，到赚钱多的企业去，但是当择业受挫时，"先就业后择业"的观念则被他们所接受。在择业标准上，他们把个人成长、自我发展往往排在首位，并在就业政策给予支持的条件下，愿意到基层去、到边疆去、到祖国最需要的地方去。这不得不说，每一阶段大学生的职业价值观都与当时的社会有着密切的联系，这也影响着大学生的职业选择。

资料链接 >>>

随着社会越来越开放，就业面越来越广，而每一个年代的人所处的生长环境不同，导致价值观有所不同。下面就简单介绍一下在职场中常见的其他价值取向。

1. 性别

尽管不同的专业和职业对于男性和女性有不同的标准，但随着男性和女性在绩效、薪水、安全等方面都实行相同的标准，这种因性别而异的职业要求，其差异在逐渐降低。虽然男、女之间在能力、成就、人格、兴趣和价值观等方面存在差异，但并不是很明显。但在工人当中男女之间的差异要比一般情况下男女之间的差异大得多。根据霍兰德人格类型测试，男性更可能在现实型、研究型和管理型等维度上获得高分，而女性则更可能在艺术型、社会型和传统型维度上获得更高的分，她们对人际关系和内部价值观比男性得分更高。

2. 年轻的和年长的工作者

年龄的多样性比以往更突出地成为工作场所重要的特征。如今，一个单位中常常会出现60、70、80、90年代人共事的现象，所以根据年龄理解人们不同的观点是非常重要的。年长者和年轻人之间的最大差异就是他们对世界的看法。年长者对世界的看法通常是相当清楚的，他们对原则和规范严格遵循，维护了工作场所的稳定性。而许多年轻的员工则从其他的角度看世界，他们对规章和制度进行检验并提出异议。许多年轻员工认为工作本身没有内在价值，只有工作提供了自我满足感和（或）金钱时才会有意义。显然，这两类人对工作场所所持的不同观念，将会导致代沟和误解的产生。

（摘选自 Robert D. Lock 著《把握你的职业发展方向》（中文版））

三、职业价值观的再澄清

对于大三的学生而言，随着对自我、对职业环境的认识不断加深，职业价值观也在产生不同的变化。价值澄清学派提出了价值澄清的理论假设：人们处于充满相互冲突价值观的社会中，这些价值观深刻影响着人们的身心发展，而现实社会中根本就不存在一套公认的道德原则或价值观。因此，进行价值观的澄清十分有必要。

在运作过程中，价值澄清方法论强调四个关键因素：一是要以生活为中心，主要解决生活中的问题；二是要接受现实，即原原本本地接受他人，不必对他人的言行进行评价；三是要进一步思考、反省，并作出多种选择；四是要培养个人深思熟虑地进行自我指导的能力。

除了要考虑这四个因素外，还要按选择、珍视、行动三个阶段（表2-1），七个步骤（即自由选择、从多种可能中选择、对结果深思熟虑的选择、珍惜爱护自己的选择、确认自己的选择、依据选择行动、反复地行动）来进行操作。

表 2-1　职业价值观再澄清三阶段

阶　段	准　则
选择（choosing）	1. 自由的选择 2. 从不同的情境中选择 3. 经过考虑后才选择
珍视（prizing）	4. 重视和珍视自己的选择 5. 公开表示自己的选择
行动（acting）	6. 根据自己的选择采取行动 7. 重复实施

三个阶段说明如下：

1）选择：经过深思熟虑后，自由选择出各种可能因素所形成的后果。

2）珍视：重视并珍惜所做的选择并公开表达自己的选择。

3）行动：根据自己的选择采取行动并重复实施。

将七个步骤说明如下：

1）自由的选择：经过自由选择后所产生的价值观念，无论有无权威势力的监视，都能具有引导个人言行的效力。换言之，个人经过积极而自由选择后，所得的价值，越能觉得此价值是其思想的中心。

2）从不同的途径中选择：价值的定义是基于个人所做选择的结果，当个人发觉没有选择余地时，价值范畴所包含的内容就失去意义。开放越多的选择途径，我们越能发觉真正的价值所在。

3）经过考虑后才选择：个人对各种不同途径的后果加以深思熟虑，并予衡量比较后所做的选择，才是理智的选择。

4）重视与珍惜自己的选择：对于我们乐意选择、决定的价值，以它为荣，并珍惜和重视之，作为我们生活的准绳。

5）公开表示自己的选择：向他人表示和说明自己的选择，以起到一定的监督作用。

6）根据自己的选择采取行动：要重视自己的选择，并以自己的选择以指引，作出与选择相适应的的行为。

7）重复实施：对于所采取的行动采取持之以恒的态度，不断强化自身行为，以此接近自己的选择。

第三节　职业决策

案例 >>>

手拿多个 Offer 也心烦

某同学，男，是某高校的 2009 级公共管理专业毕业生。大学四年，他始终认真学习，成绩优秀，多次获得奖学金。另外，他还积极参与校内外各项活动，提升自身的实践能力，拓展自己的视野。在担任班级生活委员时，他积极协助老师开展班级工作，不仅成为老师的得力助手，也受到学生的喜欢。临近毕业之时，由于赵同学的出色表现，使他在面试中受到多家企业的青睐。最终，他拿到了外资企业和国有企业寄送的 2 个 offer。这在就业形势日趋严峻的当今，本该是一件令人高兴的事，但此时的他却也心烦。同时面对两家不错的单位，他不知道该如何从中选择哪个更适合他的单位和岗位……

作为一个个人，你总是要不断地做出决策。职业决策是职业生涯规划中的前导部分。决策制订的可行性与否，直接决定着职业生涯规划是否成功。如果希望获得最理想的职业发展目标，就需要认真地对自己进行完全剖析，知道自己希望得到什么，自己应该在社会里获得什么，这就需要自己认真制订职业决策了。

决策是为了达到一定的目的，从两个或两个以上的可行方案中选择一个合理方案的分析判断过程；是个人对重要问题，或将要从事的重要工作，做出慎重的最后决定。

一、职业决策的概念

（一）决策的概念

职业决策就是个人在多项选择之间权衡利弊以达成最大价值的历程。这一理念是美国经济学家凯恩斯提出的，他认为个体在面临选择时，往往会选择使个体获得最高报酬、并将损失降到最低的选择项。

对于每一位即将走向社会的大学生来说，下面是影响职业生涯发展的几项内容：

1）选择从事何种行业。

2）选择行业中的哪一个工种。

3）选择适用的策略以获得某一特定的工作。

4）从数个工作机会中选择其一。

5）选择工作地点。

6）选择个人的工作作风。

7）选择职业生涯目标或者系列的升迁目标。

（二）影响职业决策的主要因素

能够影响一个人做出职业决策的因素是多方面的，包括个体的教育程度、个体条件（健康，个性特征，兴趣爱好，性别，年龄、价值观等）、家庭因素、社会环境、机遇以及朋友、同龄群体等因素。下面是最常见的因素及问题，对这些因素或问题的意识和觉察，能帮助决策者采取必要的行动，以促进决策成功。

1. 健康状况

要做出有效的决策，决策者的身心健康状况特别重要。职业生涯就如同体育比赛，我们需要处在最佳状态并且做好准备，才能发挥出最高水平，获得更高的胜算。要做出有效的职业规划决策，就必须保证在做出决策时身体、情绪和精神状况都处在极佳状态。当疲惫不堪、紧张焦虑或者无法集中精力于决策事件本身时，都难以做出客观的决策。

2. 家庭因素

家庭成员以及与其他重要人的关系，都会影响有效决策的生成。对于大三的学生而言，主要的干扰可能来自于家长、老师，甚至是情侣。随着我们步入职场，在今后的职业决策中，我们还会受到配偶、孩子的强烈影响。有研究表明，与家庭其他成员高度融合或密切相连的人，往往在决策中很难保持自己情绪和心理上的独立。因此，当我们梦想和家庭的期望值存在巨大落差时，就需要进行双方在相互尊重的基础上的沟通。

3. 社会环境因素

从宏观上看，社会的、政治的、经济的、历史的和文化的力量都能够干扰个人有效决策的制定。如社会、经济的结构，风俗、文化的拘束，政治体制以及法律的限制等都属于社会环境因素。人们都会面临国家经济状况、性别和年龄歧视或职业评价等问题，从而使决策变得更加复杂。就连一些我们所熟知的企业家也时刻关注着社会环境，关心着各类政策的发布和实施，因为这影响着企业的整体发展。只有全面了解这些影响因素，在做决策时才会识别哪些有助于个体做出正确决策，哪些会阻碍个体做出正确决策。

二、职业决策的主要类型

决策需要随时随地做出。Robert D. Lock 指出，做出职业决策主要需要以下 8 个部分：

1）意识和投入：要意识到有关职业选择的问题并设法解决该问题。

2）研究自己所处的环境：研究了解你所处的社会、经济、政治、地理环境。

3）了解自己：分析有关你自身兴趣、动机、能力和工作价值观的个人情况。

4）找出各种选择：在职业决策过程中并找出多种职业前景，从中进行挑选。

5）收集信息：收集你所列出的备选职业的信息。

6）决策：根据你对自身特征及职业选择的了解做出判断，确定你的职业目标。

7）实施：通过获取必要的教育、利用求职技巧寻找职位空缺、写简历、面试等来落实你的职业决策。

8）获取反馈：评估职业决策的实际效果。当存在过多的负面反馈时，职业决策过程则需重新开始。

资料链接 >>>

通过下面的决策风格类型测试表，看看你的决策风格是怎样的。

情景陈述	符合/不符合	类型
1. 我常仓促作草率的判断	□ □	★
2. 我做事情时不喜欢自己出主意	□ □	●
3. 碰到难做的事情，我就把它放到一边	□ □	▲
4. 我会多方收集决定所必需的一些个人及环境材料	□ □	■
5. 我常凭一时冲动行事	□ □	★
6. 做事时我喜欢有人在身旁，以随时商量	□ □	●
7. 遇到需要做决定的，我就紧张不安	□ □	▲
8. 我会将收集到的材料加以比较分析，列出选择的方案	□ □	■
9. 我经常改变我所做出的决定	□ □	★
10. 发现别人的看法与我的不同，我就不知怎么办	□ □	●
11. 我做事总是东想西想，下不了决心	□ □	▲
12. 我会权衡各项可选择方案的利弊得失，判断出此时此地最好的选择	□ □	■
13. 做决定之前，我从未做任何准备，也未分析可能的结果	□ □	★
14. 我很容易受别人意见的影响	□ □	●
15. 我觉得做决定是一件痛苦的事情	□ □	▲
16. 我会参考其他人的意见，再斟酌自己的情况来做出最适合自己的决定	□ □	■
17. 我常不经慎重思考就做决定	□ □	★
18. 在父母、师长或亲友催促做决定之前，我并不打算做任何决定	□ □	●
19. 为了避免做决定的痛苦，我现在并不想做决定		▲
20. 经过深思熟虑之后，我会明确决定一项最佳的方案	□ □	■
21. 我喜欢凭直觉做事	□ □	★
22. 我常让父母、师长或亲友为我做决定	□ □	●
23. 我处理事情经常犹豫不决	□ □	▲
24. 当已经决定了所选择的方案，我会展开必要的准备行动并全力以赴做好它	□ □	■

三、职业决策的主要方法

从 20 世纪 60 年代开始，人们对如何做出职业决策的过程和行为进行研究，希望在各种不同的因素作用下，能够进行理性的选择和决策。下面介绍两种常用的、易操作的职业决策方法。

（一）SWOT 决策分析法

SWOT 分析法又称态势分析法，是在 20 世纪 80 年代初由旧金山大学的管理学教授提出来的。这是市场营销管理中经常使用的功能强大的分析工具，如今也衍生到了职业规划领域。利用这种方法可以从中找出对自己有利的因素，以及对自己不利的、要避开的因素，发现存在的问题，找出解决方法，并明确今后的职业方向。其中，S 代表 Strength（优势），W 代表 Weakness（劣势）；外部因素（"可能做的"）：O 代表 Opportunity（机会），T 代表 Threat（威胁）。通过表格清单的形式，对照实际，进行具体分析（表 2-2）。

表 2-2　SWOT 决策分析法

	对达成目标有帮助的	对达成目标有害的
内部（组织）	Strengths：优势	Weaknesses：劣势
外部（环境）	Opportunities：机会	Threats：威胁

（二）职业生涯决策平衡单法

SWOT 分析法适合针对某个前景做单独的分析。将前景的各个选项进行 SWOT 分析后，有时候它们之间的优劣对比很明显，我们可以比较容易地做出选择决定。而有时候，它们之间的优劣势对比不是那么明显。例如，可能某个选项在某些方面很适合自己，但其短处也十分明显，而其他的选项有自己的可取之处，但也不是十全十美。而这个时候，我们就需要利用职业生涯决策平衡单法来帮助自己做出选择，这种方法更为量化。

职业生涯决策平衡单法经常被应用于问题解决模式和职业咨询中，用以协助咨询者有系统地分析每一个可能的选项，判断分别执行各选项的利弊得失，然后依据其在利弊得失上的加权计分排定各个选项的优先顺序，以执行最优先或比较偏好的选项。其在职业咨询中实施的程序主要有下列步骤：

1）根据生涯前景建立"职业生涯决策平衡单"，列出可能的职业选项，咨询者首先需在平衡单中列出有待深入的潜在职业选项 3~5 个。

2）判断各个职业选项的利弊得失：将平衡单中提供咨询者思考的、重要的内容集中于 4 个方面，分别是"自我物质方面的得失，他人物质方面的得失、自我赞许（精神方面）的得失，他人赞许（精神方面）的得失"。考虑每个因素的得失程度，从−5～5 给分。

3）各项考虑因素的权重：咨询者在各个方面的利弊得失之间，会因身处不同情境而有不同的考量。因此，在详细列出各项考虑层面之后，需再进行加权计分。对每个考虑因素按照自己的情况设置权重，1～5 分，1 分表示不看重，5 分表示最看重。

4）计算各个职业选项的得分：把各因素的权重和利弊得失分数相乘后再累加，计算各个职业生涯选项的总分。

5）排定各个职业选项的优先顺序：依据各职业选项总分的高低，排定优先次序。职业选项的优先次序即可作为咨询者职业生涯决策的依据。

当然，有时即使你通过这两种科学方法进行决策，依然会存在很多困惑。这时，你可以通过辅导员、职业规划师等专业人士，给你一些专业性的意见和指导。

～ 问 题 思 考 ～

1. 根据你的实习经历，结合本节内容，谈谈你所了解的环境认识。

2. 请列出在你今后两年的职业生涯中，你认为最为重要的 10 项价值因素，并根据你的直觉来描述它们。测评后，思考一下你对自己的职业生涯有何新想法？

工作环境	灵活性 时间政策 最后期限 安全保障 薪资水平 升迁机会 工作地点 环境因素 工作进展速度
工作关系	文化的认同性 团队合作 信任程度 交流沟通 竞争性 协作性 人道主义/同情心 自主性 领导力 轻松愉快

续表

	能力
	创造力
	多样性
	学习
	知识
工作特性	挑战
	领导
	细节导向的
	控制
	社会卷入程度
	成就感
	正直
	尊重
	影响力
内在价值	认同
	互帮互助
	独立性
	权力
	身份

（该发展清单摘选自《全球职业规划师资格培训教程》）

3. 按照本章的概念阐述，在教师的指导下，认真完成一份生涯访谈。完成后，也请总结和梳理自我心得。

~ 信 息 园 ~

还记得我们在之前讲的各种职业决策方法吗？现在是时候让我们结合本章所学内容，尝试着做一次职业决策练习了。下面两个案例供你在使用中参考。

1. 小王的 SWOT 分析

基本情况：小王，女，浙江某高校大三学生。在校期间学习管理方面等理论知识，希望能结合所学专业及课程，从事物流、运输等相关领域的职业。她根据 SWOT 分析法，对照自己的实际情况进行分析。

	优势 Strengths	劣势 Weakness
内部 环境分析	1. 做事比较认真、踏实，有较强的求学欲； 2. 生性乐观，与人为善； 3. 有责任心、爱心，并且喜欢做相关的工作； 4. 对一切问题有寻根究底的兴趣，有一定的分析能力； 5. 有较强的竞争意识，做事积极主动； 6. 学习成绩较好，学习能力较强	1. 性格偏内向； 2. 办事不够细腻，有时考虑问题不够全面； 3. 做事不够果断，尤其事前作决定的时候会纠结； 4. 组织、协调经验相对欠缺

续表

	机会 Opportunities	威胁 Threats
外部 环境分析	1. 改革开放 30 多年来，我国的经济飞速发展。特别是十八届三中全会以来，经济形势发展良好； 2. 加入世贸组织后，国际化进程越来越快，物流业发展迅速且迫切； 3. 各类网商和中小型企业的快速崛起，网购逐渐成为人们的生活方式。这推动了物流行业的整体发展	1. 距离毕业还有不到一年的时间，就业时间紧迫； 2. 国际化的环境也意味着海外人才的不断涌入，与自己竞争的不仅是同龄人，还有海外高层次人才，竞争更加激烈； 3. 用人单位对毕业生的要求逐年提高

　　总体鉴定：通过以上的分析，可以看出小王希望从事的工作，个人优势与机会大于劣势。建议他在今后的一年中寻找相关的实习机会，从中积累有用的经验，积极做好就业准备

2. 小刘的职业生涯决策平衡单

　　小刘，女，英语本科专业毕业。就该专业而言，结合自身条件，家庭因素，社会环境等方面，她初步认为"管理咨询顾问"、"教师"、"外语翻译"这 3 个职业是比较适合她的。为了进一步确定，她用职业生涯决策平衡单法，做了一次细致的考量。其中，选择一表示翻译，选择二表示教师，选择三表示管理咨询顾问。权重表示每一分的分值。选择一的个人收入一栏中，最后得分为 3 * 5＝15 分。通过每一选项的得分计算，从最后总分可以得出，目前小刘最适合的工作是选择一"翻译"，其次依次为教师和管理咨询顾问。

职业决策 考虑因素		权重	选择一		选择二		选择三	
		1～5	得（＋）	失（一）	得（＋）	失（一）	得（＋）	失（一）
自我 物质 方面	个人收入	3	5（＋15）		2（＋6）		3（＋9）	
	未来发展	4	5（＋20）		2（＋8）		2（＋8）	
	休闲时间	2		－3（－6）	5（＋10）			－2（－4）
	对健康的 影响	1	2（＋2）		2（＋2）		1（＋1）	
他人 物质 方面	家庭地位	3	4（＋12）		2（＋6）		1（＋3）	
	家庭收入	2	5（＋10）		3（＋6）		4（＋8）	
自我 精神 方面	创造性	5	4（＋20）		0		0	
	多样性和 变化性	5	4（＋20）		2（＋10）		3（＋15）	
	影响和 帮助他人	4	5（＋20）		4（＋16）		2（＋8）	
	自由支配	4	3（＋12）		3（＋12）		2（＋8）	

续表

职业决策 考虑因素		权重 1~5	选择一		选择二		选择三	
			得（+）	失（一）	得（+）	失（一）	得（+）	失（一）
自我 精神 方面	适合兴趣	3	3（+9）		3（+9）		3（+9）	
	被认可	3	4（+12）		2（+6）		1（+5）	
	发挥认可	5	3（+15）		3（+15）		3（+12）	
他人 精神 方面	父亲	3		一4（12）	4（+12）			一2（一6）
	母亲	3	2（+6）		3（+9）			一3（一9）
	恋人	2	4（+8）		2（+4）		3（+6）	
	老师	1	5（+5）		1（+1）		2（+2）	
总分			188		140		84	

第三章 择业准备

案例 >>>

小 F 是浙江一所独立院校的大四学生,在求职时她采取了"海投"的策略,广泛撒网也颇有收获,手里也拿到了好几份 offer,最终她挑了一份市场销售的工作,吸引她的主要是这份工作收入很高,而且能留在杭州。但是工作了半年之后,小 F 却开始怀疑自己是否选错了职业,策划、产品推广、复杂的人际关系压得性格文静的她喘不过气来。

J 在毕业前期,一直是以"先择业"为指导方针的,但是因为就业市场供大于求,而他又缺乏择业的判断标准,同窗好友、至爱亲朋们七嘴八舌的"高见"搞得他一头雾水。临近毕业,眼看着同学们陆续找到了"东家",而自己却高不成低不就,面对父母期待的眼光,J 有点急了。这时正巧有家国有企业对他颇有意向,抱着"先就业再说"的想法,J 成了该国有企业市场开拓部的经理助理。但是在工作了一年之后,J 仍然觉得不适应,整天面对文件和会议,一点工作的激情都激发不起来,这时候的 J 很后悔当初没有"先择业,再就业"。

课前思考 >>>

1. 毕业生应该先就业还是先择业?
2. 择业时应该做哪些准备工作?

第一节 就业流程

一、毕业生个人的就业流程

毕业生在求职过程中要对整个就业的程序有一个整体了解,这有利于把握好求职的每一步,对最终的成功有着莫大的助益。许多同学由于平常并不重视就业程序,认为只是写好简历、面试时多做准备就万事大吉,到最后往往会出现这样或那样的问题。有的毕业生由于对求职缺乏思想准备,仓促应对,结果只能使自己陷入被动。须知机遇往往只钟情于有准备的人,在激烈的竞争环境下,错失良机等于被淘汰。由此可见,了解求职就业的这一整套程序非常重要和必要。对于大学毕业生而言,一个完整的择业过程主要包括自我分析、收集信息、准备材料、联系单位、双向选择、签订协议、办理离校手续、报到和走上工作岗位等环节。

（一）自我分析

自我分析是指求职前对自己进行全面、客观的自我评估，从而了解自己的优势，同时又清楚自己的缺点和不足，以期在求职的过程中能扬长避短，增大胜算。盲目求职不可取，理性分析是关键。我喜欢干什么？我能干什么？我能干好什么？这些问题，在决定求职之前应当仔细考虑，有了明确的个人定位和社会定位，才不会在找工作的时候感到患得患失。理性的选择往往是正确的，至少大部分是如此。另外，俗话说"旁观者清，当局者迷"，在进行自我分析的时候我们不妨与父母、老师、同学、朋友多谈谈心，认识一下别人眼中的自己，有时候你会有新的发现。

（二）收集信息

其实不仅限于"信息社会"，在任何时候要完成任何一项工作，信息的收集都是必不可少的。对于找工作而言，信息的收集是迈向成功的第一步，这是很简单的道理。倘若你不知道近来在什么时间、什么地点、有什么企业参加的招聘会，你那堆厚厚的简历将投向哪里？倘若你不了解当前的经济发展形势和各行业、各类企事业单位经营状况信息和用人需求，你如何能找到你心目中的理想工作？信息的重要性不言自明。需要注意的是，在收集信息的过程中，大学毕业生们应该做到有的放矢，目的明确，收集的信息要准确、客观、全面，才能对自己的求职有切实的帮助。

（三）准备材料

不能总说"我很优秀"，要拿出有说服力的证据。你说你成绩很好，那么成绩单呢？你说你获过很多奖，作品和获奖证书在哪里？你说你是某某名师的学生，推荐信有吗？还有英语四、六级证书呢……材料的准备非常重要。如果你不想在别人决定是否录取你之前对自己失去信心，那么首先要对你的诚信和资历进行评估；如果你不想在面试的时候多费口舌进行诸多解释，那么请准备齐全所有能证明你能力、经历的一切材料，越全面越客观越好。当然，求职材料并不只是证明材料，要找工作，理所当然需要准备一份"上好"的简历、一篇热情洋溢的求职信，等等。

（四）联系单位

对于没有太多社会经历的同学来说，主动联系用人单位无疑是一种很好的求职方法。那么，和哪些单位联系？怎么进行联系？和谁联系？其实联系用人单位有多种途径和方式，可以通过自己的社会关系，如师长、同学、朋友等联系，也可以自己主动联系，如邮递简历、电话应聘、参加招聘会、网上发送电子简历或登门造访进行毛遂自荐等。总之，要和用人单位负责人力资源管理或者是直接负责招聘的人联系，当然，如果有足够的把握，直接与该单位的领导联系也并无不可，这种表现往往会产生不俗的结果。

（五）双向选择

双向选择是指毕业生与用人单位相互选择的就业方式，即以毕业生和用人单位为主体的市场就业方式。重在"双向"，毕业生有选择用人单位的权利；同样，用人单位也有选择毕业生的权利。应聘的成功是双方合意达成的结果，非单方面的行为。这个过程往往不是草率决策的过程，许多单位都会给应聘者安排面试、笔试等考核方式，一些大型企业和单位往往会安排数次形式不同的面试或者其他形式的考核方式，以保证遴选到最适合企业的人才。正因为这个过程比较长，结果也是个未知数，大学生在求职时不可过于"专一"，要学会把握重点，"全面出击"，才不至于"吊死在一棵树上"。

（六）签订协议

在进行了一番马拉松似的"双向选择"之后，终于可以松一口气了。如果单位对你感觉"不错"，向你抛出难得的"绣球"——接收函或录用通知书，而你也对单位感觉"尚可"的时候，就可以考虑"签约"的事情了。"约"者是合同，下笔须慎重，如果你没有做出留下的决定，千万不要轻易签订就业协议。在签订就业协议之前，应该对该单位进行全面的了解，咨询各方意见，同时也要注意最后的决定一定是自己做出的，而不能人云亦云，失去主见。

（七）办理离校手续、报到和走上工作岗位

签订了就业协议后，求职过程便告一段落了。几个月来各大职场之间来回的奔走，如今终于有了回报，没有什么比这更高兴的事儿了。对校园生活的依恋、对同学校友的情怀，还有对新工作的憧憬，对未来生活的希望，恐怕是你想得最多的问题了。此时你可以自由享受这剩下不多的校园生活了，但别忘了还要办理离校手续。离校后，当带齐所需材料前去用人单位报到后，你将步入一个新的天地，在一个崭新的环境里，开始新的生活。

资料链接 >>>

毕业生就业程序

毕业生就业工作一般从毕业生在校的最后一学年开始。

1）由高校提供就业信息，并负责推荐；

2）毕业生与用人单位供需见面，双向选择；

3）用人单位向高校返回接受意见《推荐表》；

4）毕业生与用人单位、高校签订《毕业生就业协议书》；

5）到省级毕业生就业主管部门办理就业手续；

6）到学校办理离校手续；

7）到接收单位报到。

二、用人单位的招聘流程

毕业生除了要了解个人的求职流程，也应该熟悉用人单位的招聘流程，以便做到有的放矢，更有针对性地准备求职。用人单位的招聘活动流程大致如下：

（一）筛选申请材料

申请材料一般有简历、应聘申请表等。人员选拔的第一步是对应聘者填写的各种申请表格进行审查，用人单位借此了解应聘者的基本信息（如学历、工作经验等），淘汰不符合要求的应聘者（淘汰比例为 6∶1 左右）。

（二）预备性面试

当应聘者填妥申请表之后就可以开始预备性面试了。预备性面试比较简短，通常是人力资源部门人员进行，目的是为了确定应聘者的能力、工作经历是否符合岗位要求。在预备性面试中，招聘人员一般会向应聘者解释拟聘任职位的具体要求，并回答应聘者关于公司、工作等的相关问题。

在预备性面试中，大家应该着重关注以下六个方面的问题：

1）对你的简历内容作简要的核对。

2）注意自己的仪表、气质特征是否符合职位要求。

3）在谈话中，招聘人员会留意你的概括化思维水平。

4）你的非言语行为（如目光接触、面部表情、手势、体势、空间距离等）是否恰当得体。

5）你是否符合职位要求的硬性条件。

6）招聘人员有可能了解你的薪资要求及联系方式。

（三）心理测试

很多公司的招聘喜欢对求职者进行心理测试，其主要功能是劣汰，也就是淘汰求职者中不符合岗位基本要求的人。大家需要注意的是，在此之前的招聘工作主要是人力资源部进行，而从这一步开始，部门经理开始介入招聘过程。

（四）笔试和面试

笔试：第一次考试通常为笔试。笔试通常要考查候选人的能力、悟性、智商、专业知识，具体内容根据职位和公司文化而定。

面试：有些职位人员可能通过笔试能够判断，但是绝大多数职位还是需要借助面试来判断。由于应届毕业生没有工作经验，因此用人单位对他们的面试重点在于考察基本素质，即对潜质进行考察。

（五）评价中心技术

评价中心的主要功能是选优，主要来考察应聘者的人际交往技能、领导技能和个人影响力等，其测试方法有很多，如文件筐测试、无领导小组讨论、情景评价、公文写作、角色扮演、演讲、管理游戏等。

（六）背景调查

背景调查通常是用人单位通过第三者对应聘者提供的建立情况进行验证的方法。这里的"第三者"主要是应聘者以前的雇主、同事以及其他了解应聘者的人员，或者是能够验证应聘者提供资料准确性的机构或个人。背景调查一般是对应聘者的受教育状况、工作经历、个人品质、工作能力等进行调查。调查的方法通常是打电话、访谈、要求提供推荐信等。

（七）录用决策

录用决策就是在对选拔结果进行评价的基础上确定录用名单。用人单位的人员录用决策模式一般有两种：

1）多重淘汰模式。该模式是让求职者依次经历多种考察和测验项目、每一次淘汰若干个低分者。考察项目全部通过的求职者，根据随后测验或者面试的得分，排出名次确定最终的录取名单。

2）综合补偿式。在这种模式中，求职者不同的考察或者测验项目的成绩可以互为补充，各占一定比重，最后根据求职者的总成绩决定录用人选。

三、就业关键词

（一）生源地

简言之，即考生的来源地。对于就业工作，毕业生生源地核对是一项不可或缺的工作内容。本科毕业生的生源地，多指入学前户籍所在地。如学生入学后户籍所在地发生变更，需向学校出具相关证明。本科毕业后直接攻读研究生的毕业生，其生源地为本科入学前户籍所在地；研究生入学前有工作经历并已经在工作地落户的毕业生，以其工作单位户籍所在地为生源地。

（二）就业推荐表

《毕业生就业推荐表》是高校向用人单位推荐毕业生的书面材料，表中所填内容反映了学生个人信息、学习成绩、奖惩情况、社会实践经历等方面的情况，是用人单位选择人才的重要依据，直接关系毕业生的切身利益。

（三）三方协议

三方协议是《全国普通高等学校毕业生就业协议书》的简称，它是明确毕业生、用人单位、学校三方在毕业生就业工作中的权利和义务的书面表现形式，能解决应届毕业生户籍、档案、保险、公积金等一系列相关问题。协议在毕业生到单位报到、用人单位正式接收后自行终止。

三方协议一旦签署，就意味着大学生第一份工作就基本确定。因此，应届毕业生要特别注意签约事项。大学生签三方协议前，要认真查看用人单位的隶属，国家机关、事业单位、国有企业一般都有人事接收权。民营企业、外资企业则需要经过人事局或人才交流中心的审批才能招收职工，协议书上要签署他们的意见才能有效。应届毕业生还要对不同地方人事主管部门的特殊规定有所了解。

签三方协议要留心六个细节：

第一，要看填写的用人单位名称是否与单位的有效印鉴名称一致，如不一致，协议无效；填写自己的专业名称时，要与学校教务处的专业名称一致，不能简写。

第二，外企、合资企业、私企一般采用试用期，根据合同期的长度，可以从1～3个月不等，通常试用期为3个月，不得超过6个月。国家机关、高校、研究所一般采用见习期，通常为一年。

第三，不少单位为了留住学生，以高额违约金约束学生。学生在协商中要力争将违约金降到最低，通常违约金不得超过5000元。但是，劳动法规定，"对负有保密义务的劳动者，用人单位可以在劳动合同或者保密协议中与劳动者约定竞业限制条款，并约定在解除或者终止劳动合同后，在竞业限制期限内按月给予劳动者经济补偿。劳动者违反竞业限制约定的，应当按照约定向用人单位支付违约金。除上述两种法律规定的情形外，用人单位不得与劳动者约定由劳动者承担违约金。"所以学生要力争取消违约金这一条规定。

第四，现行的毕业生就业协议属"格式合同"，但"备注"部分允许三方另行约定各自的权利义务。为了防止用人单位承诺一套、做一套，毕业生可将签约前达成的休假、住房、保险等福利待遇在备注栏中说明，如发生纠纷，可以此维护自己合法权利。

第五，当下许多高校为了提高自身就业率，就强迫学生找熟人或亲属签订"虚假"协议，这对于毕业生来说是不利的，毕业生不应当屈服。

第六，学生在签订协议时，要严格按照规定的步骤进行。等用人单位填写完毕、盖章后再到学校就业指导中心签证盖章。切忌自己填写完毕后就直接到学校毕业生就业指导中心要求盖章。这样带来的后果是，单位在填写时，工资待遇等与过去承诺的大相径庭。学生却因为自己和学校都已经签字盖章，回天乏力，或者逆来顺受，或者就被迫因违约而赔偿用人单位。

（四）报到证（派遣证）

报到证全称是《全国普通高等学校本专科毕业生就业报到证》，它是由教育部统一印制、省级高校毕业生就业主管部门签发的，只有列入国家就业方案的毕业生签署就业协议书后才会持有。是用人单位安排毕业生工作，并接转毕业生人事档案、户口的有效凭证。一人一份，凡自行涂改、撕毁的报到证一律作废。

如报到证遗失，应由毕业生本人提出申请，由高校上报省级毕业生就业主管部门批准并予以补发。签署就业协议书的毕业生都会有一张报到证，报到地依据就业协议书所填单位为准：如报到单位拥有人事接收权，则往往直接到单位报到；如单位无人事接收权，则往往要到签约单位所挂靠人才中心报到。申请将户口及档案派回生源地的毕业生，也会拥有报到证，报到单位为生源地人事机构或教育机构。申请将户档暂存学校的毕业生，则无报到证。

毕业生领取《报到证》后，未到单位报到会怎样？

根据教育部《普通高等学校毕业生就业工作暂行规定》第 50 条，对自领取《报到证》之日起，无正当理由超过三个月不去就业单位报到，或报到后拒不服从安排并被用人单位将其户口、档案退回学校的毕业生，要在向学校交纳全部培养费用和偿还在校期间的全部奖（助）学金后，由学校将其户口、档案转回生源地，按社会待业人员处理。学校不再负责其后续的事宜。

资料链接 >>>

三方协议与劳动合同的区别

三方协议不是劳动合同，主要体现在以下几个方面：

1）主体不同。就业协议的主体是毕业生、用人单位和学校，其中毕业生与用人单位的主体作用不言而喻，学校作为一个主体，其作用是维护毕业生就业工作的良好秩序，保障毕业生和用人单位的合法权益，并兼有学生毕业信息真实性佐证之功效。而劳动合同是劳动者与用人单位之间在遵循平等自愿的原则下依法签订的，只有劳动者和用人单位两个主体。

2）依据不同。就业协议的依据是国家关于高校毕业生就业的法规和规定，劳动合同依据的是《劳动合同法》。

3）内容差异。就业协议可规定毕业生自身情况、就业意向、用人单位同意接收、学校审议派遣等，而在劳动合同中，依法必须明确劳动合同期限、工作内容、劳动保护和劳动条件、劳动报酬和劳动纪律、合同终止条件，以及违反合同的责任等必备条款。除此之外，双方还可以协商约定其他内容，在具体涉及某项时还可以优先适用本地地方法规和规章。

4）签订时期不同。就业协议一般在学生毕业前签订，正式签订劳动合同一般在入职时。

5）效力不同。就业协议只是毕业生在"择业"过程中签订的协议，其效力始于签订之日，终于毕业生到用人单位工作岗位报到之时。劳动合同的有效期，是劳动者与用人单位以合同方式确定的，除法律规定的情形外，双方不得随意变更、中止。对毕业生来说，到用人单位报到后，在双方签订劳动合同之后，原就业协议随之失效。从这点来看，就业协议不能替代劳动合同。

综上所述，就业协议与劳动合同是用人单位聘用毕业生所订立的两种书面协议，二者分处两个相互联系的不同阶段，并发挥不同的作用，其区别是明显的。

（摘自 http://www.pkusz.edu.cn/index.php? m＝content&c＝

index&a＝show&catid＝166&id＝1181）

第二节　搜　集　信　息

案例 ≫≫≫

李颖从决定找工作开始，就一直关注校园招聘会的信息，她所在的城市有好几所大学，通过各个学校的同学，她拿到了每个学校就业网登录的账号和密码，并且与本校和其他学校一起找工作的同学商定，每天"互通有无"，相互提醒有哪些重要的招聘会，这样"眼观六路、耳听八方"，将所有本地校园招聘会信息尽收眼底。

李颖每天晚上必做的几件事：

在本校就业网上查询第二天的招聘会信息。查询内容包括招聘单位、时间、地点、需求职位、职位要求等；

登录外校就业网，查询该校第二天的招聘会信息；

打电话、发短信询问一起找工作"盟友"第二天的招聘信息，以防自己疏忽大意漏掉重要信息；

比较多个招聘信息，根据自己找工作的目标，决定第二天去哪些招聘会。

通过这种缜密的信息搜集办法，李颖没有错过任何一场自己想去的招聘会，获得了很多好的应聘机会,找工作不到 3 个月,她就通过校园招聘会拿到了一家著名外企的 offer。在每个学校至少找一个同学做自己的"线人",随时了解各个学校的招聘会信息,你会获得更多的好机会!

这个时代是信息爆炸的时代,信息与人们的各种活动息息相关,一个人获取的信息量的多少会成为决定事业成功与否的关键。求职就业也不例外,拥有真实、准确、针对性强的丰富的求职信息,是毕业生迅速就业的可靠保证。求职信息是毕业生求职择业的基础和必备条件。及时获得有效的求职信息,对于毕业生的就业至关重要,搜集求职信息是毕业生求职的第一要务。

一、要搜集什么样的求职信息

在通讯技术发达的今天,纷繁多样的就业信息唾手可得,而到底什么样的就业信息才是对毕业生有帮助的,值得耗费精力搜集的呢?一般包括:就业形势、就业市场、行业形势、用人单位和岗位信息等几个方面。

(一)就业形势

国家宏观的就业形势关系到劳动力市场的供需关系,也关系到毕业生能否充分就业。了解就业形势,可以帮助毕业生根据社会的需要,有目的、有针对性地进行求职择业的相关准备活动。

(二)就业市场

了解就业市场的情况,既要了解有形市场,又要关注无形市场。

了解有形市场,就是要了解招聘会举办的时间、地点、参加单位、招聘人才的类型等,做到有的放矢。了解无形市场,就是要经常浏览有关就业方面的网站,了解检索方法,有效地检索信息。

(三)行业形势

行业形势包括以下几个方面:

第一,行业的状况。即了解行业发展的前景如何、是朝阳行业还是夕阳行业、行业的社会地位等。

第二,行业的声望和待遇。由于行业的不同,行业之间的声望和待遇都存在着很大差异,所以,在就业活动的准备阶段,还要对行业的声望和待遇等信息进行一定收集。

第三,行业的要求。由于各个行业有着自身的特殊性,对从业人员有一定的要求,因此,大学生应该注意搜集不同行业的要求信息,看看自己是否满足或是通过什么途径来达到相关要求。

（四）用人单位

1. 用人单位类型

了解用人单位类型和其对于毕业生的要求对求职者的目标定位和求职准备有很大的指导意义。求职者结合对自我的了解，可以根据用人单位的要求有针对地完善和提高自己，做好求职准备。

2. 用人单位的业务

用人单位的业务关系到大学生未来从事的工作内容和职业发展前景，大学生应该了解用人单位主要涉足的领域、主要服务的群体和影响地区等。

3. 薪金待遇

薪金待遇也是毕业生要重点关注的方面，目标单位的薪酬和福利情况是作为择业的重要依据。

4. 企业文化

每个单位都有自己的企业文化，充分了解单位的文化背景，对于大学生的择业有重要意义，因为文化背景在一定程度上决定了员工的生存状态。

二、如何搜集求职信息

收集求职信息不能只靠自己到处跑着找单位或发求职信，一般来说这种办法的成功率并不高。要善于利用各种渠道、通过各种途径收集信息。这些渠道和途径主要有：

（一）通过学校就业主管部门获得信息

学校的毕业生就业办公室或毕业生就业指导中心，是高校学生毕业就业工作的行政管理部门，在长期的工作交往中与各部委和省市的毕业生就业主管部门及用人单位有着密切的联系，社会需求信息往往汇集到这里。而且，在毕业生就业过程中，他们会及时向毕业生发布有关需求信息，进行就业指导，让毕业生大致了解当年社会对大学生需求的状况及有关就业的政策规定，学生本人也可以就有关问题进行咨询。学校毕业生就业办公室或毕业生就业指导中心是获取用人单位信息的主渠道，他们提供的信息无论是数量还是质量，都有明显的优势。通过学校毕业生就业办公室或毕业生就业指导中心获得的信息有以下几个特点：

1) 针对性强。一般用人单位是在掌握了该校的专业设置、生源情况、教学质量等信息后，才向学校发出需求信息的，这些信息是完全针对应届毕业生，针对该校学生的，针对性强。而在人才市场和报刊杂志上获得的需求信息，是面向全社会人士的，针对性较弱。

2）可靠性高。本着对广大毕业生负责，在把用人单位给学校的需求信息公布给学生之前，学校就业主管部门要先经过对就业信息的审核，保证信息的可靠性。

3）成功率大。一般毕业生只要符合条件并善于把握自己，供需双方面谈合适，马上就能签下协议书，成功率较大。

（二）通过各级毕业生就业指导机构获得信息

国家教育部成立了全国高校毕业生就业指导中心，各地也陆续建立了毕业生就业指导机构。这些机构的一项重要任务，就是与毕业生和用人单位交流信息，提供咨询服务。

（三）通过社会各级人才市场获得信息

随着社会主义市场经济建设的发展，我国人才市场中介机构也应运而生，在那里不仅可以了解到许多各类不同的机构和职位，而且还为你提供了一次极好的锻炼面试技能和增强面试自信心的机会。

（四）通过新闻媒体获得信息

每年大学生毕业就业之际，报刊杂志上一般都会刊登一些关于大学生就业的指导信息，信息从不同角度反映了当年就业单位的需求情况。在传媒业高速发展的今天，广播、电视、报刊、杂志等新闻媒体受到了招聘机构和求职者们的共同青睐，如《大学生就业》等每期都刊载有数量不等的招聘信息，除此以外，还辟出"择业指导"和"政策咨询"等专栏，为毕业生就业提供指导。

（五）通过社会关系网获得信息

在寻找就业信息的时候，你千万不要忘记了你周围的亲戚、朋友，以及朋友的朋友，也许他们会给你提供一些机会。实际上大多数用人单位更愿意录用经人介绍和推荐进来的求职者，他们认为这样录用的人比较可靠，如果你有这种机会最好不要放过。从另一方面来讲，招聘单位每天收到数百封求职信函，而且这些求职信函在内容上并无太大的差别，所述的求职资格和工作能力也都相差无几，谁也不比谁更为突出。那么招聘者面对如此众多的没有太大区别的陌生人，用什么方法分辨出哪一个更强些，强多少？所以，在求职中，能够让用人单位更多地注意你，就必须想些切实可行的办法。因此，在关键时候找个"关系"帮你推荐一下，也许是最为有效的。当然，关系要靠自己去发掘，途径也应该正当，切不可不择手段。

通常来讲，你可以通过以下几类人收集到有效的求职信息：

1. 家长亲友

他们都相当关心毕业生的就业问题，又来自社会的各个方向，与社会有多种联系，可以从不同渠道带来各种用人单位的需求信息。家长亲友提供的职业信息主要来源于其个人的社会关系，相对固定，但也有相当大的局限性。一般不反映职业市场的实际供求状况，也往往不太适合那些专业比较特殊、学生本人就业个性比较强或具有某些竞争优势（如学习成绩优秀、共产党员、学生干部、有一技之长等）的毕业生。但信息的可靠性比较大，传递到毕业生本人的职业信息，一旦被接受，转变为就业岗位的可能性比较大。毕业生由家长亲友提供的职业信息的数量和"质量"有很大的个人差异。对有些毕业生来说，家长亲友提供的职业信息是其主要的选择，对有些毕业生而言，则可能只是聊胜于无。

2. 学校的教师或导师

由于本专业的教师，比一般人更了解本专业毕业生适合就业的方向和范围，在与校外的研究所、企业、公司合作开发科研项目和教学活动中，对一些对口单位的人才需求信息了解得比较详细。毕业生可以通过专业教师获得有关这些企业的用人信息，从而来不断补充自己的信息库，而且可以直接找他们作为推荐人或引荐人。

3. 自己的校友

校友提供的职业信息的最大特点是比较接近本校、尤其是本专业的毕业生在人才市场上的供求状况及其在具体行业中的实际工作、发展状况，近几年毕业的校友更有着对职业信息的获取、比较、选择、处理的经验和竞争择业的亲身体会，这比一般纯粹的职业信息更有参考、利用价值。

（六）通过社会实践（或实习）过程获得信息

社会实践是大学生自我开发职业信息的重要途径。在社会实践的过程中，通过自己的努力赢得用人单位的好感、信任，取得职业信息甚至直接谋得职业的大学生不乏其人。因此，大学生在各种社会实践活动中，在了解社会、提高思想觉悟、培养社会能力的同时，要做一个收集职业信息的有心人。另外，还有一个很重要的实践环节是毕业实习，实习单位一般比较对口，通过实习可以直接掌握就业信息，如果在实习过程中与用人单位达成就业协议也是一个很好的就业途径。

（七）通过计算机网络获得信息

随着信息时代的到来，计算机网络的应用已经越来越普遍。通过网络求职是近年来才兴起的人才交流方式，对许多求职者特别是高校应届生来说不再陌生。网络人才交流，是将求职信息及招聘信息上网公开，用人单位和求职者可以通过网络互相选择、直接交流。网络人才交流，最大的优势在于即使求职者身在异地也能获得大量招聘信息及就业机会。网络人才交流，突破了人才信息与招聘信息沟通的种种限制，实现跨越时空界限、打破单向选择的传统人才交流格局。网络人才交流，讲究的是规模效应，因此其信息容量之大是其他人才交流方式所不能比拟的。毕业生不仅可以自由地从因特网上取得各种职业信息，而且还能利用因特网把自己的履历放入其中。

（八）通过各种类型的"人才交流会"、"供需见面会"获得信息

这类活动有的是学校主办的，有的是当地毕业生就业主管部门组织的。因为是供需双方之间见面，不仅可以掌握许多用人信息，而且可以当场拍板，签订协议，比较简捷有效。

除了以上提到的几种信息获得的渠道外，你还可以通过自己在有关专业报刊上刊登广告，或者直接向数百家公司投递求职信件和个人简历，或者查阅电话簿后电话联系用人单位和亲自拜访等方法来取得有用的就业信息，但对大学毕业生来讲，一般不提倡这几种方法，因为要花的精力太大，而且收效往往小。

从费用角度讲：关注校内信息和网上招聘信息所需的费用最少，而参加社会上的人才招聘活动除了需要门票开支外，还需要做必要的文字材料准备和衣着准备。求助于亲友虽然有时并不需要花费什么，但是感情投资却是相当的。对学生而言，查看各类报纸上的招聘广告并不需要太大的花费，而在报纸上刊登个人求职广告的开支却与借助中介机构的费用持平甚至高于想象的费用。

从周期角度考察，不论何种途径都需要漫长的等待，但是相比较而言还是有所区别。求助亲友花费的时间或许是最短的，而到刊登招聘广告的单位应聘，如果被选中，会通知你参加面试，到录用还要等待。参加人才招聘会，尽管也有面试的成分，但是由于招聘活动的规模过大，竞争比较激烈，所以需要耐心的等待。虽然说网络的发展缩短、缩小了人与人间交流的时间和空间，但是在决定一个人是否被录用的事情上，任何一家用人单位都不会草率行事，面试是必不可少的，因此等待的时间与参加人才招聘会等待的时间基本是一致的。同样，求职于中介机构，不论是登记本人信息还是查找单位信息，时效性都会打折扣。

对个人而言，花费力气最小的求职方式莫过于浏览网上信息，在网上不仅能迅速查阅到需求信息，而且能够了解到单位动态，从中掌握一个单位的发展前景，从而为就业决定奠定基础。虽然关注校内的就业信息是每个毕业生的选择，但是还是有些毕业生过于迟钝，等、靠、要，对那些重要信息视而不见、充耳不闻。参加人才招聘会与找一家中介机构相比，一个好的中介机构似乎更难找些，参加招聘会更耗费心力和体力。

三、求职信息的处理与利用

从以上各种渠道收集到的求职信息内容可能杂乱无章、虚实兼有，有些甚至真假难辨。因此，独立院校毕业生在广泛收集求职信息的基础上，应结合自己的实际

情况，依据国家和当地的就业政策和法规，对求职信息进行一番去伪存真、去粗取精的整理筛选，使筛选后的信息具备准确性、全面性和有效性，从而使信息更好地为自己的求职服务。

（一）求职信息的筛选

对于多种多样的求职信息，首先，要学会鉴别它们。一些招聘者出于损人利己的目的，利用毕业生求职心切、好高骛远、追求名利的心态，发出带有欺骗性、诱惑性的求职信息，一些独立院校毕业生常常兴高采烈去面试，过后却大呼上当受骗。轻则求职未成，浪费宝贵的时光和精力，重者人财两空，错过就业黄金时段。因此，在收集求职信息同时，必须鉴别它的真伪，要根据自己的实力筛选，更要去掉虚假信息。其次，要注意抓住重点，选择适合自己的求职信息，这也是筛选求职信息的重心所在。信息对自己是否重要，其依据就是是否适合自己。要面对现实、实事求是、与时俱进，毕业生求职定位一般不宜过高，切忌好高骛远、人云亦云、迷失自我、爱慕虚荣，而应根据自己的实力和技能量力而行，量"能"择业，量"才"定位。

（二）求职信息的使用

在初步筛选求职信息的基础上，必须从以下两点来使用信息：

一是迅速地做出正确的选择。择业的成败在很大程度上取决于对求职信息如何选择。求职信息有很强的时效性，毕业生必须在较短的时间内从已筛选的求职信息中迅速发现最有用、最重要的信息，作出正确的求职选择。

二是要善于开拓，迅速反馈。许多信息蕴含的价值往往不能直观体现，但经过使用者的深入思考、挖掘，才能发现它的重要价值，这就需要善于开拓信息渠道。同时，信息又具有很强的时效性，及时用之是财富，过期用之是垃圾。求职信息一旦选定，就应不失时机地主动与用人单位联系应聘，及时询问应聘方式、时间、地点和要求，并准备好自己的应聘材料，及时递上，使求职信息尽早成为供需双方深入沟通的切入点。否则，不能及时利用求职信息作出反馈行动，就会错失良机。

资料链接 >>>>

通过社会关系获得好职位

有人谈论找工作的途径时说："你从来不知道飞机上坐在你身边的人或者你叔叔的一个朋友可能知道你梦寐以求的公司正在公开招聘一个职位。要集众人智慧。"找工作的时候，要充分利用一切社会关系，包括父母、亲戚、朋友等的社会关系，寻找好的求职机会。也许你会说，这样不是靠父母找饭碗吗？是的，你已经承认了，有独立谋生的能力，但是你依旧需要机会。充分利用社会关系只是主动给自己寻找机会，而能不能把握好这个机会最终还得靠你自己。如果你真的有实力，那么，好的机会将会让你如虎添翼！

第三节　求职材料制作

案例 >>>

　　王经理所在的杂志社这个月要招几名新员工，有朋友极力向他推荐一个大学应届毕业生陈丽，并拍着胸脯向他保证"绝对是个优秀的人才，有很丰富的实习经验"。

　　王经理答应给她一次面试机会："行，先见一面吧。"

　　可以说，王经理是满怀期待去面试的，结果一见面，他就有种不祥之感：这人可能不行。为什么？她简历上的问题太多了！

　　浏览完简历，王经理皱着眉头对陈丽说："你工作经验挺丰富的，但在简历上基本反映不出来。"

　　看着陈丽将信将疑的样子，王经理指着简历上"工作经历"一栏，说："虽然你在三家单位待过，但你所写的根本不是工作经历，而是岗位描述。你自己想想，看我说得对不对？"

　　他边说便把简历递到陈丽面前，原来陈丽的简历上"工作经历"一栏是这样写的：

2011/04—2012/06：杭州××××报刊发行有限公司　审读

1）审读公司报纸各版面校样、审样。

2）根据既定标准审核报纸选文。

3）向策划组提供"金点子"，为公司发展、报纸发行建言献策。

4）完成领导交办的其他工作及协助同事。

2010/05—2011/01：浙江××××文化传播有限公司　策划编辑

1）担任图书的责任编辑，负责整体流程，具体包括选题策划、催稿、安排审读、联系封面设计、提交清样、送审、出片、核片、交付印刷、检查样书、发布新书信息、协助发行、维护作者资源。

2）协助同事审读、核片并协助发行等。

2009/07—2010/03：浙江××××文化发展中心　编辑

1）负责教辅图书的编校、修订工作，并参与选题策划及封面文案的写作。

2）完成领导交办的其他工作及协助同事。

看陈丽若有所悟的样子，王经理进一步解释道：

"像你写策划编辑这一块，你说你负责'选题策划、催稿、安排审读、联系封面设计、提交清样、送审、出片、核片'等，哪个策划编辑不是这么做的？就像有些人喜欢在简历上罗列他上大学时上过哪些课，试问，都是中文系的学生，你们大学开设这些课，难道我们大学的中文系就没有这些课吗？哪怕你的课程十分特殊或者老师特别优秀，那你上过这些课，你的同班同学就没有上过吗？

同样的道理，你在简历上写这些，根本反映不出作为个体的你，做过哪些事情，做得怎么样。你只是先后描述了一下审读、策划和编辑是干什么的。至于'完成领导交办的其他工作'、'协助同事'一类的，基本上是套话，谁都可以这么说。我这话说得有些糙了，但你想想是不是这么回事？"

陈丽听完有些不好意思地笑了："是这样的，我的简历确实做得不好。"

王经理说："既然来了，那简历我也不细看了，我们直接聊吧。你跟我说说你具体做过哪些事情吧……"

最后，他发现这是个比较有想法的女孩子，阅读面广，工作主动。尤为难得的是，工作这么些年，她还保持着写作的习惯——这对一个从事文化工作的人来说，是多么重要又是多么稀缺的品质啊！可以说，若非他有找人面谈的习惯，这个人极可能就与他擦肩而过了，而问题就出在她不会做简历上。

一、求职材料的内容

对即将面临就业的每个毕业生而言，当务之急的事情恐怕就是制作一份个人求职材料了。因为在双向选择过程中，大部分用人单位安排面试的依据是有关反映毕业生情况的求职材料，通过这些求职材料来判断和评价毕业生的学习成绩、工作潜力。怎样让用人单位认识自己、了解自己、选择自己，从而实现自身就业愿望，就必须利用各种途径和方法正确地宣传自己和展示自己，并且，大部分用人单位在多数情况下，是通过自荐材料来了解求职者的，因此，求职材料准备的充分与否，对于求职者能否成功就业是关键的一环。

广义的求职材料应包括封面、求职信、个人简历、毕业生推荐表、成绩单和其他相关材料组成的完整的材料。毕业生的求职材料应多方面、多角度准确全面地反映自己的专业水平、组织能力、领导能力和综合素质。通过准备的书面求职材料，用人单位可从中了解到毕业生的身份、能力、综合素质等基本情况，以判断和评价毕业生的学习成绩、工作潜力，从而确定能否给毕业生提供面试的机会。

对于应届毕业生来说，求职材料通常包括封面、自荐信、毕业生推荐表、个人简历，还应有辅助材料（包括在校期间各式证书，例如获奖证书、英语、计算机、普通话等各种技能等级证书和已发表的文章、论文和取得的成果等，注意如果单位没有特别说明，请不要加身份证复印件）。

很多公司就是根据应聘材料的内容来决定是否给你面试的机会。虽然现在的应届毕业生的应聘材料越来越厚，但并不是都能让招聘单位满意。对一些经济承受能力较低的同学而言，制作应聘材料已经成为一种经济负担。实际上，应聘材料并不是越厚越好。

从总体上讲，一份好的应聘材料，应该达到准确、完整和诚实三个要求。

1. 准确

在应聘材料的首页不必费尽心思去做一些图片，但要准确地反映出应聘者的基本信息。这样有助于招聘单位对材料整理，分类。这些基本信息包括：学校名称，所在学院名称，所在系名称，专业名称，学历，毕业类型（统招，委陪等），性别，姓名，出生年月日，生源所在地，应聘职位和联系方式（电话，电子邮件等）。有些应聘者不注明专业名称，应聘职位或联系方式，以至于招聘单位无法安排面试。

2. 完整

一份完整的材料应该包括以下内容：基本信息（在前面有详细描述），个人简历，成绩单，资格证书复印件（英语等级证书，计算机等级证书等），学校推荐信，其他课外活动或科技成果清单，个人特长介绍，其他希望说明的信息。其中，基本信息，成绩单，资格证书复印件是必需的材料。另外，对于在应聘材料中提供复印件的证件，在面试时要携带证件原件。

另外，像自己有几本什么样的藏书、学校介绍等内容，就不必写在应聘材料中。

3. 诚实

诚实问题是应聘材料中最大的问题。一些毕业生由于成绩不好或其他一些原因，在材料中提供虚假的信息，或采用一些含糊其辞的写法希望蒙混过关，这些都是不可取的。例如，某些毕业生认为自己的专业不理想或其他一些原因，喜欢隐藏这些基本信息，这样只能会影响招聘单位安排面试，并且给招聘单位不诚实的感觉。

首先，最常见的不诚实体现在学习成绩上，有的毕业生擅自更改自己的学习成绩，或者只把成绩高的课程写到材料中。对于前者，只要招聘单位与学校进行核对，问题很快就会被发现。像篡改成绩这种不诚实情况，即便已经签署了毕业生就业协议，招聘单位也可以随时将学生退回（这种事情在各个学校每年都有发生）。对于课程成绩不完整的毕业生，往往更能引起招聘单位的警惕。所以，奉劝这些同学，还是在平时好好学习，不要玩这些小聪明。

其次，不诚实还体现在社会实践和个人特长上。一些毕业生认为社会实践不好调查，自己可以随便写一些。实际上，在面试时，面试者只需要进行一些提问，就知道你是否诚实。有些应聘软件开发的毕业生，为了证明自己在这方面的特长，会说自己曾经做过什么项目，甚至可以拿出开发的成品。在这些学生中，有一部分确实有真才实干，但还有一部分是在夸大其词。实际上，一个人的真实水平，通过专业面试一般都可以判断出来。

二、求职信

求职信是求职过程中很重要的一环。在你未与 HR 正式接触前，一封求职新就是你们之间沟通的桥梁。可见求职信的书写是求职的一个很重要的部分。撰写求职信的目的就是要推销自己，引起雇主的注意。一份能展示你长处的求职信，会使获得面试的机会大大增加。那么，如何写好一份求职信呢？

（一）称谓

称谓是对收信人的称呼，写在第一行，要顶格写收信者单位名称或个人姓名。单位名称后可加"负责同志"；个人姓名后可加"先生"、"女士"等。在称谓后写冒号。

求职信不同于一般私人书信，收信人未曾见过面，所以称谓要恰当，郑重其事。

（二）主体部分

主体部分是求职信的重点，它是求职者的个人资料。

1）写求职信的原因。首先简要介绍求职者的自然情况如：姓名、年龄、性别等。接着要直截了当地说明从何渠道得到有关信息以及写此信的目的。如："我叫李民，现年 22 岁，男。是一名财会专业的大学本科毕业生。从报上我看到贵公司招聘一名专职会计人员的消息，不胜喜悦，以本人的水平和能力，我冒昧地毛遂自荐，相信贵公司定会慧眼识人，使我有幸成为贵公司的一名会计人员。"这段是正文的开端，也是求职的开始，介绍有关情况要简明扼要，对所求的职务，态度要明朗。而且要吸引收信者有兴趣将你的信读下去，因此开头要有吸引力。

2）对所谋求的职务的看法以及对自己的能力要做出客观公允的评价，这是求职的关键。要着重介绍自己应聘的有利条件，要特别突出自己的优势和"闪光点"，以吸引对方。如："我于 2012 年 7 月毕业于东北财经大学财会专业。毕业成绩优秀，在省级会计大奖赛中，获得'能手'嘉奖（见附件），在海南金融杂志上发表过多篇学术论文（见附件）。我在有关材料上看到过关于贵公司的情况介绍，我喜欢贵公司的工作环境，钦佩贵公司的敬业精神，又很赞赏贵公司在经营、管理上的一整套的切实可行的规章制度。这些均体现了在当前改革开放的经济大潮中，贵公司的超前意识。我十分愿意到这样的环境中去艰苦拼搏；更愿为贵公司贡献我的学识和力量。我相信，经过努力，我会做好我的工作的。"写这段内容，语言要中肯，恰到好处；态度要谦虚诚恳，不卑不亢。达到见字如见其人的效果。要给收信者留下深刻印象，进而相信求职者有能力胜任此项工作。这段文字要有说服力。

3）向收信者提出希望和要求。如："希望您能为我安排一个与您见面的机会"或"盼望您的答复"或"敬候佳音"之类的语言。这段属于信的内容的收尾阶段，要适可而止，不要啰唆，不要苛求对方。

（三）结尾

结尾处要写表示敬祝的话。如：此致之类的词，然后换行顶格写"敬礼"、或祝"工作顺利"等相应词语。这两行均不加标点符号，不必过多寒暄，以免画蛇添足。

写信人的姓名和成文日期写在信的右下方。姓名写在上面，成文日期写在姓名下面。姓名前面不必加任何谦称的限定语，以免有阿谀之感，或让对方轻看你的能力。成文日期要年、月、日俱全。

三、简历

简历是求职者对自己生活、学习、工作、经历、成绩的全面概括，是求职者获得机会的敲门砖。一份好的简历不仅是为了让用人单位了解你，更应该说明你的出类拔萃和与众不同，这样才能使你从众多应聘者中脱颖而出。

一份简历主要包括：基本信息、求职意向、教育背景、实践经历、个人技能、奖励荣誉等。

（一）基本信息

基本信息主要包括：姓名、性别、出生年月、毕业院校、专业名称、政治面貌、籍贯、联系方式、电子邮箱等。

（二）求职意向

求职意向是你期望从事的岗位，在填写求职意向时，需要注意的是：

1）求职意向不宜过多，一般1～3个比较合适。

2）一张简历上有多个求职意向时，要根据意愿程度的高低对求职意向进行排序，换言之，你越想从事的岗位就要排得越靠前。

3）当求职意向差异特别大时，最好针对不同的求职意向制作不同版本的简历，例如"网页设计"和"销售专员"，如果你把这两个求职意向放在同一张简历上，面试官就无法把握你的核心能力，也无法对你的职业发展方向作出判断。

（三）教育背景

教育背景包括毕业院校、所学专业、毕业时间等。如果是应届毕业生，由于没有较多的工作经历吸引用人单位，可将与所应聘岗位相关的课程写在醒目位置，以引起注意。

（四）实践经历

根据有关调查，用人单位最看重的是简历中的实践经历，因为实践经历代表着求职者是否真正从事过相同或者相似的工作，而这一点直接决定着求职者到岗后能否迅速上手。

应届毕业生没有工作经验，实践经历就是简历中最重要的环节。实践经历主要有企业实习经历、学校社团活动、项目实践经历、勤工俭学、兼职活动、社会调查等。

在填写这一块内容时，要做到以下七点：

1）挑选与申请职位相关的实践经历。

2）按与应聘岗位相关度高低对实践经历进行排序，相关度越高排序位置越靠前。

3）逐条罗列具体工作内容。

4）用 5W1H（What、When、Where、Who、Why、How）的模式撰写实践经历，注意条理清晰。

5）准确使用专业术语，语言精练。

6）用量化数字体现成绩。

7）总结实践经历的收获。

（五）证明材料

证明材料在毕业生的求职过程中有两个作用：一是证明求职信或者简历的内容是真实的，另一个是证明大学生具备了某个方面的能力或素质。以下是大学生常用的几种证明材料：

1）英语等级证书。包括大学英语四、六级，全国公共英语考试的证书以及托福和雅思考试的证书等。

2）计算机等级证书。主要有全国计算机等级证书。

3）实习、兼职证明。代表着学生对相应领域进行过的实际锻炼，可以看做一种浅显的工作经验。

4）学习成绩单。学习成绩的好坏不仅仅代表着学生的能力与水平，更代表着学生在校期间的学习态度。

5）各类获奖证书。包括奖学金证书、评奖证书、各类竞赛获奖证书等。

资料链接 ≫≫

知名外企对简历的偏好

惠普：有亮点和特点的简历容易通过。

惠普公司希望应聘者能够用最短的时间吸引招聘人员。多了解公司招聘的职位，多了解职位的要求，然后在自己的简历里强调自己适合这个职位的东西，让招聘人员知道你有这方面的能力、经验和知识。所以，一般来说，应该有一个亮点或者突出的部分，概述性地交代自己在什么学校毕业，有几年工作经验，有哪些证明，等等，让招聘人员看到这几条就觉得这个人是我想要的。这样招聘人员也节省时间，对路不对路马上就可以区分出来。

微软：简单明了的简历容易通过

一般来说，微软希望简历既简单又明确，能让读到它的人感觉清楚明了，不复杂，不麻烦。具体来说，微软主要有四个职能部门，包括全球的技术支持中心、亚洲研究院、研发中心和销售市场部，各个职能部门的要求不太一样。像技术性的职位，如技术支持中心、研发中心或研究院，微软希望能够在简历中罗列出参加过的学术会议、研究成果，而且要列出自己的技术特点，比如像"我熟悉 JAVA 编程语言"或"我对微软的 Windows 平台是专家级的了解"等，也就是说，要能够注明自己的优势。

IBM：主题明确的简历容易通过。

IBM 公司招聘人员表示，我们在看简历的时候，对于内容和格式比较清楚、各个段落比较分明的简历，会比较容易有良好的第一印象。另外，主题要明确一些，简历最好能针对应聘岗位条件表达自己的能力是不是符合 IBM 公司的要求，把能够表达自己能力的重点写的突出一些。在简历中，讲到自己做过一些什么样的工作时，最好不要只说明做过什么工作，而且要强调自己是怎么做到的，业绩如何。

（摘自《决战大学生就业》）

第四节　评价中心技术介绍

案例 ≫≫≫

某百货公司要聘请一位总经理，招聘方给三位候选者放了这样一段录像：上午 9 时 30 分，一家百货商场进来一位高个小伙，他掏出 100 元买了一支 3 元钱的牙膏。上午 10 时整，又进来一位矮个小伙子买牙膏，他掏出 10 元钱递给售货员，找钱时，他却说自己给的是张百元票，双方起了争执。商场总经理走来询问，小伙子提高嗓门说："我想起来了，我的纸币上有 2888 四个数字。"售货员在收银柜中寻找，果真找到了这样一张百元票。

录像结束，问题是：明知对方在欺诈，假如您是总经理，该如何应付？

这场情景面试旨在考察候选者的三层素质：洞察力——对事件本质的把握；全局观——对"顾客至上"理念的理解；道义感——对社会上反诚信现象的态度。

第一位候选者的答案是：首先向顾客道歉，然后当众批评女售货员，并如数找给小伙子 97 元。这位候选者的优点在于能够从公司大局出发，但其做法有向不法行为低头之嫌。

第二位候选者的答案是：他会在小伙子耳边说："哥儿们，我们有内部录像系统。"这位候选者犯了一个大忌，就是职业经理人应以诚信为本，因为商场内根本没有录像系统。

第三位候选者的答案是："既然您没有支付 10 元钱，那么，收银柜内今天收到的所有 10 元纸币上就不会有您的指纹。您能保证吗？"这位候选者敏锐地抓住了诈骗者逻辑上的盲区，并当场予以揭穿。最后，他成功胜出。

评价中心（Assessment Center，简称 AC），是一种包含多种测评方法和技术的综合测评系统。一般而言，它是针对特定的岗位来设计、实施的相应测评方法与技术。通过对目标岗位的工作分析作业，在了解岗位的工作内容与职务素质要求的基础上，事先创设一系列与工作高度相关的模拟情景，然后将求职者纳入到该模拟情景中，要求其完成该情景下多种典型的管理工作，如主持会议、处理公文、商务谈判、处理突发事件等。在求职者按照情景角色要求处理或解决问题的过程中，面试官按照各种方法或技术的要求，观察和分析求职者在模拟的各种情境压力下的心理、行为表现，并测量和评价他们的能力、性格等素质特征。

广义的评价中心包含了传统的心理测验（评价被试的人格、能力、职业兴趣等特质）、面谈（主要是结构化面谈）、投射测验（评估被试的深层次人格特质、职业动机、职业价值观等）和情景模拟等。对国内外的大量的研究文献分析发现，实际应用领域特别是研究领域中的评价中心主要是指以情景模拟为核心的系列测评技术，是狭义上的评价中心。

比较经典的情景模拟技术包括文件筐测验、无领导小组讨论、管理游戏、角色扮演等，其他的技术如案例分析、演讲、事实搜寻、情景面谈等也常常结合具体的实际需求加以应用。

下面简单介绍几种经典情景模拟技术的基本概念与操作思想。

一、公文筐测验

一般也称文件筐测验。测验时，面试官给求职者一些公文，这些公文是经理或高级管理人员日常工作中必须处理的，其中有电话记录、命令、备忘录、请示报告等各种函件，是根据每个经理经常会遇到的各种典型问题而设计的，要求求职者在一定时间内处理完毕。处理后还要通过文字或口头方式，回答这样处理的原则和理由。美国电报电话公司使用的文件筐测验，要求候选人必须在 3 小时以内以主管人身份处理 25 项事物——备忘录、订单和商业信件等。考官观察求职者的活动，看他们是否有系统性，是否能建立先后次序，是否能授权下级等。

二、无领导小组讨论

将求职者按一定人数编成小组（一般 6～8 人），要求他们按照便于交流讨论的形式坐好（为了便于评价员观察评价，一般要求组员按照椭圆形就座）。主考官事先设计准备好讨论的背景材料，测评时主考官通过清晰的指导语指示被试以小组为单位就指定的主题进行小组内的自由讨论，要求小组能在规定的时间内（一般 1 小时）达成解决问题的一致性意见。背景材料一般是与工作情境相关的（也可以是假设的，在避免由于求职者专业背景不同而影响测评成绩时往往采用假设的材料），用于讨论的主题应该富于讨论空间，保证求职者能够在给定的时限内进行充分的交流讨论，在指导语中一般不确定讨论会的主持人，不指定发言的先后，也不提出诸如积极主动、观点清晰之类的其他具体要求，只是强调指出要求被试以小组为单位进行讨论，通过讨论来解决问题。在这个过程中，主考官及评价员按照事先拟定的测评因素及其评分标准对求职者的行为表现进行观察评价。

三、角色扮演

角色扮演是一种主要用以测评求职者人际关系处理能力的情景模拟活动。在这种活动中，主考官设置一系列尖锐的人际矛盾与人际冲突，要求受测者扮演某一角色并进入角色情景，去处理各种问题和矛盾。主考官通过对求职者在不同人员角色的情景中表现出来的行为进行观察和记录，测评其相关素质。

在角色扮演中，主试对受测求职者的行为表现一般从以下几个方面进行评价。第一，角色适应性。求职者是否能迅速地判断形势并进入角色情景，按照角色规范的要求采取相应的对策行为。第二，角色扮演的表现。包括求职者在角色扮演过程中所表现出来的行为风格、人际交往技巧、对突发事件的应变能力、思维的敏捷性等。第三，其他。包括求职者在扮演指定的角色处理问题的过程中所表现出来的决策、问题解决、指挥、控制、协调等管理能力。

四、管理游戏

管理游戏是一种以完成某项或某些"实际工作任务"为基础的标准化模拟活动，通过活动，观察和测评被试者实际的管理能力。因为模拟的活动大多要求求职者通过游戏的形式进行，并且侧重评价被试的管理潜质，管理游戏因此得名。

在管理游戏测评中，求职者置身于一个模拟的工作情境中，面临着一些管理中常常遇到的各种现实问题，要求想方设法加以解决。同文件筐测验类似，管理游戏中涉及的管理活动范围也相当广泛，可以是市场营销管理、财务管理，也可以是人事管理、生产管理等。在测评过程中，主考官常常会以各种角色身份参与游戏，给求职者施加工作压力和难度，使矛盾激化、冲突加剧，目的是全面评价被试的应变能力、人际交往能力等素质特征。

五、结构化面谈

结构化面谈是由多个有代表性的考官组成一个考官小组，按规定的程序，对报考同一职位的考生，始终如一地使用相同的考题进行提问，并按相同的追问原则进行追问；这些试题必须是与工作相关的；考生的行为根据事先确定的标准进行评定；面试的结果采用规范的统计方法记分；面试合格的考生按其分数由高到低的顺序进入考核。

结构化面谈有很多优点，如内容确定、形式固定、便于考官面谈时操作；面谈测评项目、参考话题、测评标准及实施程序等，都是事先经过科学分析确定的，能保证整个面试有较高的效度和信度；对于有多个考生竞争的场合，这种面试更易做到公平、统一；更主要的是这种面试要点突出，形式规范，紧凑，高效，能更加简洁地实现目标。在比较重要的面试场合，如录用公务员，选拔管理人员、领导人员等，常采用结构化面谈。

问 题 思 考

1. 针对用人单位的招聘流程，求职者应该如何做？

2. 你准备通过哪些渠道搜集有效的就业信息？

3. 你打算对择业做哪些准备？

4. 请制作一份完整的求职材料。

≈ 信 息 园 ≈

集体面试有技巧

集体面试，除了可节省面试时间，某种程度来说，可视为压力测验。多位主考官共同面试，所问的问题比较多元，能甄别出面试者的临场应变能力。要想在集体面试中脱颖而出，也要讲究技巧。

在这样的场合，即使没轮到自己发言，也要记得千万别露出事不关己的样子，最好表现出仔细聆听的态度，以免被认为有"不喜团队合作"的倾向。因为在面试现场，有多双考官的眼睛，从各个角度紧紧地盯着你。

当主考官抛出问题，要由一群人抢答时，若你能打破沉默率先回应，可令主考官留下深刻印象。特别是有意争取业务性质的职位时，展现主动积极，对面试成绩将有加分效果。

另外，即使觉得其他应聘者的发言匪夷所思或出人意表，也千万别噗嗤大笑，或硬生生打断对方谈话，这样会表现出你无礼的一面。

在其他应征者自我介绍时，不妨记下每位应征者的姓名。在回应主考官问题时，可用"我很同意刚刚王小姐的见解，此外我还想补充的是……"等方式，表示对其他人发言内容的尊重，同时也展现自己"乐于与人沟通"的特质。

第四章　求职技巧

小刘是一名文科毕业生，读书时就曾任校刊的副主编，同时在不少杂志上写稿，应该说对采编业务非常熟悉。他认为自己去应聘一家内刊的编辑有十拿九稳的把握。没想到，不知天高地厚的自负害了他。

那个内刊隶属于一家国际知名的大公司。他当时是看中了这家公司的知名度，并考虑到自己在其他方面的发展前景才去应聘的，从内心里对内刊编辑的位子多少有些不屑，认为自己当个不对外发行刊物的编辑绰绰有余。所以，也就没对面试进行过多准备。

没想到的是，这样一个在他看来并不起眼的职位，却引来了许多应聘者，而且，大家都有备而来，手里拿着包装得非常漂亮的个人材料。相比之下，小刘的材料就显得很黯淡，但他只是担心了一下，是金子就会发光，我的实力是很明显的，他这么想。

面试开始，十几位面试者坐在环形桌前，先填写一份问卷，回答一些"你对本公司了解多少、个人有什么爱好、将来有什么打算"之类的问题。小刘觉得这张问卷一点儿也不显示专业水平，于是迅速作答，然后东张西望，看着那些略显紧张的其他应聘者。

问卷全部交上之后，主考官走了进来，同求职者开始一场集体谈话。先是每个人自我介绍。不少人很详细地说明自己的姓名、籍贯、专业、特长、得过什么奖、参加过什么活动之类的，这在小刘看来，都没有什么新意，而他别出心裁的个人介绍也确实赢来了考官关注的目光。他暗自得意。

接下来是回答提问。这时候，他发现自己犯了一个错误，没有很认真地了解公司情况。他所知道的只是一般大众都知道的该公司的形象。对于公司的业务领域、特别是一些技术进步方面的问题，他知之甚少，而这也绝不是一个文科生的特长。这时候，那些理科学生的优势凸显出来，他们表现活跃，而小刘有点插不上嘴。好不容易等到考官问有关杂志编辑的专业知识，他逮住了机会，一下子滔滔不绝。他看到考官很注意地在听，他想，自己应该能通过考试吧！

可惜，他满怀希望等来的却是未被录取的消息，更受打击的是他得知公司录取了一个工科专业女生，他当时第一反应就是：主考官太没水准！

在他情绪低落之时，班主任和他谈了一次话。原来，班主任和给他们面试的主考官是大学同学。主考官告诉小刘：他未被录取的理由不是业务素质、个人能力不行，而是他不合适他们招聘的职位。他们认为，以他的个性和自我期望值，不会踏踏实实安心于本职工作。而且，他与他人的合作精神似乎也欠佳。

老师的话让小刘顿悟，而在这之前，他把面试失败的责任完全归罪于考官。在下一次的面试时，他吸取教训，认真准备，不再掉以轻心，因此被顺利录用。

课前思考 >>>

1. 小刘在面试中犯了什么错误？
2. 在求职时应该注意哪些问题，你了解求职的技巧吗？

第一节　自荐艺术

案例 >>>

1. 引吭高歌

世界歌王帕瓦罗蒂到中央音乐学院参观访问，很多家长都想让这位歌王听听自己子女唱歌，目的就是想拜他为师。帕瓦罗蒂出于礼节，只得耐着性子听，一直没有表态。

黑海涛是农民的儿子，凭着自己的刻苦努力考入这所著名的音乐学院，他也想得到帕瓦罗蒂的指点，但他知道自己没有背景。难道白白浪费这么好的机会吗？黑海涛不甘心，灵机一动，就在窗外引吭高歌世界名曲《今夜无人入睡》。一直茫然的帕瓦罗蒂立即有了反应："这个年轻人的声音像我！他叫什么名字？愿意做我的学生吗？"黑海涛就这样幸运地成为这位世界歌王的学生。1998年，意大利举行世界声乐大赛，黑海涛取得了第二名的优异成绩，由此成为奥地利皇家剧院的首席歌唱家，名扬世界。

2. 反客为主

阿毛应聘一家广告公司策划主管的职位。由于待遇丰厚，接待大厅被应聘者挤得水泄不通。阿毛灵机一动，走到入口处高声喊道："请大家自觉遵守秩序！前来应聘的人排成三排。"应聘者看到阿毛与公司的工作人员站在一起，以为他也是考官，便很快排好了队。阿毛又把大家的简历收在一起，把自己的简历放在最上面，这样阿毛便得到了第一个面试的机会。考官已将阿毛刚才的行为看在眼里，看了他的简历和作品后，便说："你被录用了。"

3. 吹毛求疵

世界首富比尔·盖茨上高中时，曾到一家软件公司应聘，因为年纪太小而遭拒绝。他没有气馁，半夜跑到那家公司的垃圾堆里，找到了公司废弃的程序资料，并逐一修正，然后毛遂自荐跑到公司求职。公司老板被他小小年纪就有这样的才华所折服，破例给他安排了一个重要职位。

一、自荐的主要方式

所谓自荐，就是毕业生在求职过程中向用人单位展示自己、推销自己。自荐是自我宣传的一种有效方式，在很大程度上决定着求职者能否获得与用人单位进一步接触的机会。自荐主要有以下几种方式：

（一）口头自荐

口头自荐是求职者直接面对招聘者，通过较强的口头表达能力来推销自己，在较短的时间内得到用人单位对自己的了解和赏识。目前，大学毕业生寻找工作的主要渠道之一就是通过参加各种各样的人才招聘会，投递求职材料，寻找工作。在这种场合如果毕业生学会用口头自荐的方式推销自己，将会事半功倍。

（二）书面自荐

书面自荐是采用书面形式来推销自己的一种自荐方式。对于路途比较远的用人单位，毕业生不便登门拜访进行口头自荐时，可通过邮寄个人求职材料的形式来实现自荐。其优势是不受时空限制，有利于展示自己严谨认真的工作态度。特别适用于各方面取得突出成绩，又有较好文笔和写得一手好字的毕业生。

（三）登门自荐

登门自荐要求求职者亲自到用人单位、直接面对用人单位进行毛遂自荐，展示个人综合素质。这种自荐方式经常和口头自荐、书面自荐方式结合使用，其优点是可直接在招聘者面前展露才华，给人留下深刻印象，甚至现场录用；其缺点是涉及面有限，尤其是对路途遥远的单位更难实现。登门自荐需要求职者具有一定的勇气和自信。毕业生如果觉得自身条件不错，表达能力强，可以采取这种方法，但必须充分做好了解用人单位情况、选好自荐时间、修饰见面仪容、带好求职材料、掌握求职礼仪等准备。

（四）网络自荐

目前，许多专业招聘网站、人事人才网、用人单位和学校都会利用互联网发布招聘信息，方便学生随时查阅选择。因此，越来越多的学生开始热衷于通过互联网求职应聘。他们要么针对招聘信息投递个人电子简历，要么直接在招聘网站上注册发布个人电子简历，等待用人单位相中自己。网络自荐对毕业生来说，不但方便快捷，也有利于其和用人单位双方的双向选择，将越来越受到学生的青睐。不过毕业生要注意，通过网络招聘的用人单位一般对求职者的工作经验要求比较高。

（五）实习自荐

实习自荐是指毕业生通过各种实习、社会实践的机会，与实习、实践单位领导进行沟通交流，推荐自己。一般这种自荐方式的成功概率比较高，因为经过一段时间的实习实践，毕业生和用人单位彼此相互熟识，相互了解，如果毕业生完全符合用人单位的招聘要求，用人单位肯定会欣然接受。

（六）广告自荐

广告自荐是求职者借助新闻媒体进行自我宣传，如利用报刊刊登个人求职广告、利用广播插播个人求职信息。这种自荐方式覆盖面宽，可以扩大应聘范围，但广告词要写好，注意突出自己的特长，写明自己的条件和要求，语言要简明扼要、有吸引力。

（七）电话自荐

电话自荐是指求职者通过电话这种快捷、方便的通讯工具来向用人单位推荐自己的一种求职应聘方式。

二、自荐的技巧

对于即将毕业的学生来说，自我推荐是一种说服手段，即让对方认可、接受、肯定自己的人格、知识、技能和理想，从而获得更多的机会。因此，在自荐过程中，注意一定的方法和技巧是必要的。

（一）自荐要有自信、主动和勇气

自信、主动和勇气是现代人成功所必须具备的心理素质。自我推荐首先必须自己相信自己，清醒地知道自己具备达到目标所需的实力，并完全依靠自己的实力进行竞争，这是求职者成功自荐的奥秘之一。自荐是求职者的主动行为，任何消极等待的态度都是不可取的。

在推荐自己时，必须积极主动。例如，不等对方索要材料，便主动呈送；不等对方提问，就主动向对方介绍；不消极等待对方回音，就主动询问。这样，往往给人一种态度积极、求职心切、胸有成竹的感觉。

成功的自荐还必须具有足够的勇气，不怕失败。你要在别人面前介绍自己、证明自己，如果没有"初生牛犊不怕虎"的勇气，畏缩不前、犹豫不决，就会紧张，拘谨甚至自卑。常常可以遇到这样一些情况，有的学生去用人单位之前，脑子里已准备好了对各种问题的回答，甚至语调、礼貌语言、动作都想好了，可等到用的时候，全忘光了，聪明才智不见了，剩下的只是呆板、不知所措。这样的情景如果形成恶性循环，就会越发紧张和拘谨，结果给人一种缩手缩脚、没有魄力、无所作为的印象。还有一些学生在洽谈会上，家长和老师陪着东转西看，出谋划策，很令招聘单位费解。其实，这正好反映出部分学生对自荐既缺乏自信，又缺乏勇气的被动应付心理和态度。

（二）自荐要诚恳、谦虚、有礼貌

诚恳、谦虚、有礼貌是为人处世的基本要素，是赢得用人单位好感的应有态度，对应聘十分重要。诚恳，即做到言而有信。自荐应以信为本，在介绍自己时，要讲真话，有诚意，不吹牛撒谎，不虚情假意，给对方以信任感。在自己对某问题不明白时，可以直接告诉招聘人："对不起，我不知道这个问题。"这恰恰反映你直率诚实的性格。谦虚，是一种美好的品德，是尊重对方的一种态度。在任何时候，谦逊都是用人单位最为欢迎的态度。礼貌，是道德的一种外在表现形式，它在人际关系调节中具有不可忽视的作用。自荐时，无论是一个表情，还是一句称呼、一声感谢、一个小动作，都能反映一个人的内在修养和素质，都会被招聘单位看在眼里，作为评价的话题。因此，自荐时要以礼待人，不能认为这都是小节，不说明什么问题。即使对方当场回绝或不太理睬你时也要表现冷静，给自己找个台阶下，给对方留下明理的印象。

（三）自荐要注意对方的需要和感受

自我推荐，应注意对方的需要和感受，根据他们的需要和感受说服对方，让对方接受自己。做到自己所告诉的正好是对方想知道的，自己所问的正好是对方要告诉的。因此，要事先有所准备，分析用人单位需要什么，他们会提出什么问题，对什么最感兴趣。要学会察言观色，把握对方心理，随机应变。

（四）自荐要善于展示自己

现代社会已经不再是"酒香不怕巷子深"的年代。即将走上社会的年轻人要善于展示自己，适时、适度的把自己的优点展示在对方面前。热门的用人单位往往门庭若市，要想在强手如林的竞争中引人注意，脱颖而出，就必须做到以下几点：

1）要学会介绍自己。"良好的开端就是成功的一半。"自荐时，要单刀直入，一开始就简明扼要，说明来意。在介绍自己时要有理有据，言简意赅。

2）要善于提出问题。英国著名哲学家弗兰西斯·培根说过："如果你从肯定开始，必将以问题告终；如果你从问题开始，必将以肯定结束。"提出问题往往比解决问题更重要。因为提问中就蕴含着你的思考和创新。提问题时要能够为自我服务，除了掌握情况之外，还可以借助提问题，更好地展示自己。必要时，也可率先开口，主动出击，不要等对方提问。

3）要巧妙回答问题。回答问题是为了说明情况，展示自己。因此，要学会正确运用闪避、转移、引申、模糊应答等方法来巧妙应对一些问题。

4）要表现自己特色。自荐必须从引起别人注意开始，如果别人不在意你的存在，那就谈不上推荐自己。引起别人注意的关键是要扬长避短，有自己的特色，让对方对自己产生兴趣。虽然毕业生自身特点因人而异，但关键在于会表现，做到"技高一筹"。

5）要善于包装自己。在竞争激烈的今天，良好的包装能弥补个人的不足，提高个人价值，发挥促销作用。外在包装是通过一些非语言媒介对自荐发挥作用，如衣着、发式、动作、行为举止、体态、气质等要得体、适度，给人以大方、潇洒、端庄、有知识、有涵养、有信心、符合学生身份的感觉。研究结果表明，外表有吸引力者，一般会被理解为聪明能干，办事认真可靠，使人另眼相待。内在包装是建立在真才实学的基础上，将多种能力和水平综合起来进行自我推销的一种有效方法，包括个人积累的知识、出色的口才、流利的外语、熟练的操作、扎实的专业技能等。

（五）选择恰当的自荐方式

毕业生采用何种自荐方式，应从自己的实际情况出发。如果具有较强的口头和文字表达能力，可采用口头自荐和书面自荐方式。过去是书写，现在绝大多数是打印。近年来，有的干脆把自己的有关信息刻录成光盘，携带方便、涵盖的信息量大，还可以将自己的技能操作加入其中。自荐材料的递送方式也应注意。邮寄的自荐材料可能不易引起用人单位的注意和重视，当面呈递自荐材料，易于加深用人单位对自己的印象，增强求职成功的可能性。

此外自荐时还可以注意一些小窍门。如求职的最佳时机是用人单位将要但还未向社会公布招聘信息，大多数求职者还不知道用人单位需要招聘的时候。这时，如果毕业生主动联系用人单位，进行自我推荐，将会减少竞争压力，可能被事先录用。另外，毕业生在招聘会现场投递求职材料进行自荐时，尽量不要和自己同校同专业同班级的同学同时进行。因为一方面，熟人在场不利于毕业生的现场发挥；另一方面，也可能容易让招聘者拿其他同学的优势和你的劣势进行比较，当场可能就剔除掉你的求职材料。

资料链接 >>>

毛遂自荐的故事

　　大敌当前，赵国形势万分危急。平原君赵胜，奉赵王之命，去楚国求兵解围。平原君把门客召集起来，想挑选 20 个文武全才一起去。他挑了又挑，选了又选，最后还缺一个人。这时，门客毛遂自我推荐，说："我算一个吧！"平原君见毛遂再三要求，才勉强同意了。

　　到了楚国，楚王只接见平原君一个人。两人坐在殿上，从早晨谈到中午，还没有结果。毛遂大步跨上台阶，远远地大声叫起来："出兵的事，非利即害，非害即利，简单而又明白，为何议而不决？"楚王非常恼火，问平原君："此人是谁？"平原君答道："此人名叫毛遂，乃是我的门客！"楚王喝道："赶快退下！我和你主人说话，你来干吗？"毛遂见楚王发怒，不但不退下，反而又走上几个台阶。他手按宝剑，说："如今十步之内，大王性命在我手中！"楚王见毛遂那么勇敢，没有再呵斥他，就听毛遂讲话。毛遂就把出兵援赵有利楚国的道理，作了非常精辟的分析。毛遂的一番话，说得楚王心悦诚服，答应马上出兵。不几天，楚、魏等国联合出兵援赵。秦军撤退了。平原君回赵后，待毛遂为上宾。他很感叹地说："毛先生一至楚，楚王就不敢小看赵国了。"

第二节　面试技巧

案例 >>>

　　那时我接到了一家知名高薪企业的面试通知，这让我既高兴又紧张，因为我从来没有面试的经验。我在图书馆里泡了好几个晚上，啃《面试轻松过关》、《面试宝典》之类的书，看得头昏脑涨。

　　真正面试的那一天终于来到了。我走进考场后才发觉，与我一同面试的其他五个人都是男生。考场是一个很小的会议室，中间是一张圆桌，考官坐在圆桌一边，我们几个人坐在另外一边。服务员拿来六杯水，其他几个男生直接端起自己面前的水杯就开始喝。我一转念，不对啊，几个考官都还没有水喝呢，我们怎么可以抢先呢？于是，我很有礼貌地把杯子递给离我最近的一个考官。

　　"还是女孩子心细啊！"坐在中间的一位考官说，另外几个正在喝水的男生立刻窘住了，面面相觑。我暗暗自得，不忘对考官们露出谦逊的微笑。

　　几位考官介绍了公司运营方面的具体情况，也聊了聊我们的专业和对公司的想法。由于刚才的"喝水事件"，另外几个男生都比较拘谨，反倒是我和考官们谈笑自如。这时，坐在正中央的主考官突然问了我一个意想不到的问题："你的简历上写着会跳舞，你会跳哪种舞呢？"我立刻懵了。小时候我的确学过一点舞蹈，后来就没再进行过舞蹈训练。要是说实话，多丢面子啊。于是我就扯个谎说会跳新疆舞，说完之后就觉得脸有些发热，谁知考官要求我随便摆个姿势看看。我窘极了，从头到脚都无所适从，只好站起来原地转了个圈。

好不容易面试结束，考官们走出会议室讨论了一下，把我叫了出去。

"根据你的性格特点，我们想把你安排在外事部门，不过户口方面可能还需要再争取。"听到这句话，我愣住了："你们不是答应可以解决吗？"后半句被我吞进了肚子，我的感觉越来越不妙。要是户口解决不了，我也许根本就不会来应聘……我左思右想，轻轻咬着下唇说："要不，我跟爸爸妈妈商量一下。"

主考官也突然愣了一下，我马上意识到，自己似乎说错了什么。

"好吧。"他微笑着说，"不过要记得，以后你参加面试的时候，不要说'和爸爸妈妈商量'的话，因为这样会显得你没有主见，明白吗？"

我抬头看了看他的眼睛，他眼里满是真诚。我意识到，我错失这个机会了。

一、面试的基本形式

面试忽视不得，它是整个求职过程中的主要环节。面试时，最要紧的是有效地回答面试者提出的尖锐问题。要想在面试中表现得尽可能出色，必须为此做好准备，对问题做出精彩回答。通常，面试的基本形式有以下几种。

（一）个人面试与集体面试

根据求职者人数的不同，可以将面试分为个人面试和集体面试。

1. 个人面试

个人面试又称单独面试，指主考官与应聘者单独面谈，是面试中最常见的一种形式。单独面试又有两种情况，一是只有一个主考官负责整个面试的过程。这种面试大多在较小规模的单位录用较低职位人员时采用。二是由多位主考官参加整个面试过程，但每次均只与一位应试者交谈。公务员选拔面试大多属于这种形式。个人面试的优点是能够提供一个面对面的机会，让面试双方可以较深入地交流。

单独面试一旦通过，一般可以参加小组面试。经过小组面试和小组讨论，从中即可筛选出参加最终面试的应聘者。最终面试会再次出现个人面试的情况，这时，可能会有五六位考官、也许还会有更多的考官坐在你的面前，他们中的任何人都可能提出各种各样的问题让面试者来回答。然而，无论哪种场合，个人面试所要谋求的是尽可能地挖掘出应聘者的真实内涵，通过交谈，相互了解，要牢记自己的目的是要让对方接纳自己，这是应试者回答问题的出发点。

2. 集体面试

集体面试主要用于考查应试者的人际沟通能力、洞察与把握环境的能力、组织领导能力等。在集体面试中，通常要求应试者分小组讨论，相互协作解决某一问题，或者让应试者轮流担任领导主持会议、发表演说等。

无领导小组讨论是最常见的一种集体面试法。众考官坐在离应试者一定距离的地方，不参加提问或讨论，通过观察、倾听，为应试者进行评分，应试者自由讨论主考官给定的讨论题目，题目一般取自于拟任岗位的职务需要，或是现实生活中的热点问题，具有很强的岗位特殊性、情景逼真性、典型性及可操作性。

（二）一次性面试与分阶段面试

根据面试的进程不同，可以将面试分为一次性面试与分阶段面试。

1. 一次性面试

一次性面试即指用人单位对应试者的面试集中于一次进行。在一次性面试中，面试考官的阵容一般都比较"强大"，通常由用人单位人事部门负责人、业务部门负责人及人事测评专家组成。在一次面试情况下，应试者是否能面试过关，甚至是否被最终录用，就取决于这一次面试表现。面对这类面试，应试者必须集中所长，认真准备，全力以赴。

2. 分阶段面试

分阶段面试又可分为"按序面试"和"分步面试"两种。按序面试一般分为初试、复试与综合评定三步。初试一般由用人单位的人事部门主持，将明显不合格者予以淘汰，初试合格者则进入复试。复试一般由用人部门主管主持，以考查应试者的专业知识和业务技能为主，衡量应试者对拟任岗位是否合适。复试结束后，即再由人事部门会同用人部门综合评定每位应试者的成绩，最终确定合格人选。

分步面试，一般是由用人单位的主管领导以及一般工作人员组成面试小组，按照小组成员的层次，由低到高的顺序依次对应试者进行面试。面试的内容依层次各有侧重，低层一般以考查专业及业务知识为主，中层以考查能力为主，高层则实施全面考查与最终把关。实行越来越严逐层淘汰筛选。

（三）常规面试与情景面试

根据面试的形式不同，可以将面试分为常规面试与情景面试。

1. 常规面试

常规面试就是我们日常见到的主考官和应试者面对面以问答形式为主的面试。在这种面试条件下，主考官处于积极主动的位置，应试者一般是被动应答的姿态。主考官根据应试者对问题的回答以及应试者的仪表仪态、身体语言、在面试过程中的情绪反应等对应试者的综合素质状况作出评价。

2. 情景面试

情景面试是面试形式发展的新趋势。在情景面试中，突破了常规面试即主考官和应试者一问一答的模式，引入了无领导小组讨论、公文处理、角色扮演、演讲、答辩、案例分析等人员甄选中的情景模拟方法。在这种面试形式下，面试的具体方法灵活多样，面试的模拟性、逼真性强，应试者的才华能得到更充分、更全面的展现，主考官对应试者的素质也能作出更全面、更深入、更准确的评价。

二、求职面试的基本准则

（一）了解招聘公司

面试前，你要有意识地通过网络或其他途径调查了解该公司，调查其经营服务范围、经营理念、企业文化、存在的问题、发展前景和在行业中的地位等。

（二）表现积极的态度

面试时，言辞应该谦虚，但这并不意味着自卑，你应该直接告诉面试官你最近取得了哪些成绩、你所具备的条件以及你将来的职业生涯目标。尽量早些告诉面试官，不要等到他先来问你，要时刻保持必胜的信心。

（三）落落大方，面带微笑

在求职择业面试中，大方与微笑很重要。任何一位面试官都喜欢落落大方的人。

（四）专心倾听

1）当面试官讲话时，你应目视着他，使他知道你对他所讲的感兴趣，你的眼神会告诉他：我在专心听您的讲话；或者使用一些常用的"热词"，如："噢"、"好的"、"嗯"、"是吗"等，以示你在认真地听面试官讲话。

2）倾听的时候，最好是在椅子上坐直，并稍微向前倾身，但身体不要僵硬，也不要像在家里看电视那样随意。

3）不要感情用事与他争辩，无论面试官说什么，都不要认为他无知和幼稚。如果从心里产生抵触情绪，这就为专心听他说话制造了心理障碍。面试官在讲话时请认真倾听，尽量不要插话或作补充说明，因为这种帮助不仅不会使他高兴，而且会令他很尴尬。

4）摆脱视觉上的干扰，注意听讲，不要摆弄你的眼镜、钢笔或其他任何与倾听无关的东西。面试中，尽可能做点笔记，不要漫不经心地乱画，更不要去研究室内的装饰摆设或外面的风景等。

5）倾听要有精神，以显示出你对面试官讲的东西有极大的兴趣。你对他讲话的内容可适当地改变面部表情，可以偶尔点头或者做出赞同的评论，这有助于沟通。

（五）注意自己的外表形象

很多面试评估表格都有一条：此人外表形象如何。即使有些表格上没有具体这样写，但无论如何你的外表形象都将直接影响你是否能成功通过面试。很多求职者意识不到自己没有被录用的原因是由于自己的形象不佳。

（六）表现出激情

任何一家招聘单位都会考察你是否对工作和生活充满激情。如果你想达到自己的职业生涯目标，那么，求职时一定要表现出激情，并与面试官共同分享。人们对周围的一切，特别是职业充满激情是一件好事。你可以自信地认为你是面试官遇到的最有价值的人，遇到你这样既充满激情又符合基本工作条件的人，面试官肯定会喜欢你。

（七）不要让面试官等待

约定的面试迟到了，即使你可以找出许多合情合理的理由来解释，但这一切都无济于事了。不管什么原因迟到，见面时首先得道歉，不道歉就糟极了。如果没有赴约而又不打电话道歉，那是绝对不理智的。为了确保面试不至于迟到，预先要考虑各种意想不到的情况，时间安排表上要留有足够余地。

（八）谨慎谈及工资报酬与福利问题

面试时，不要对工资报酬与福利流露出太多关心。一般来讲，关于应聘者的福利待遇用人单位早已根据自身的情况拟定。尽管你比较优秀，但用人单位可能雇不起你。因此，在谈及工资报酬及福利待遇时，一定要谨慎。涉及工资问题，面试官可能直接问你："你要求多高的报酬？"你要回避这个问题，不要做正面回答，要让对方主动说出一个数目。

（九）必须准备好对方想听的内容

面试官到底想听你说些什么？别忘了一条宗旨，他们是在选好职员。一个好员工是这样的一个人：不只为薪水工作的人；可靠的人；有头脑、有精力、有热情的人；严于律己、组织性强、目标明确、善于把握时间的人；工作认真负责、任务完成出色的人；守时、按时上班或提前上班，下班后仍继续工作甚至在办公室干到很晚的人；热爱学习、有培养前途的人；机智灵活、善于应付各种形势、对工作环境适应力强的人。

三、面试的方法和技巧

（一）应试者的基本礼仪

1）应提前 5～10 分钟到达面试地点，以表示诚意，给对方以信任感。

2）进入面试场合时，不要紧张。如门关着，应先敲门，得到允许后再进去。开关门动作要轻，以从容、自然为好。见面时，要向招聘者主动打招呼问好致意，称呼应当得体。在主试人没有请你坐下时，切勿急于落座。主试人请你坐下时，应道"谢谢"。离去时，应询问："还有什么要问的吗？"得到允许后，应微笑起立，道谢并说"再见"。

3）对主试人的问题要逐一回答。对方给你介绍情况时，要认真聆听。为了表示你已听懂并感兴趣，可以在适当的时候点头或适当提问、答话。

4）在整个面试过程中，在保持举止文雅大方，谈吐谦虚谨慎，态度积极热情。如果主试人有两位以上时，回答谁的问题，你的目光就应注视谁，并应适时地环顾其他主试人以表示你对他们的尊重。

（二）应试者语言运用的技巧

1）口齿清晰，语言流利，文雅大方。

2）语气平和，语调恰当，音量适中。

3）语言要含蓄、机智、幽默。

4）注意听者的反应。

（三）应试者回答问题的原则

1）把握重点，简洁明了，条理清楚，有理有据。

2）讲清原委，避免抽象。

3）确认提问内容，切忌答非所问。

4）有个人见解，有个人特色。

5）知之为知之，不知为不知。

（四）消除过度紧张的技巧

由于面试成功与否关系到求职者的前途，所以，大学生面试时，往往容易产生紧张情绪。有些学生可能由于过度紧张导致面试失败，因此，必须设法消除过度的紧张情绪。

1）面试前，可翻阅一本轻松活泼、有趣的杂志书籍。阅读书刊可以转移注意力，调整情绪，克服面试时的怯场心理。

2）面试过程中，注意控制谈话节奏。进入试场致礼落座后，若感到紧张，先不要急于讲话，而应集中精力听完提问，再从容应答。讲话速度过快往往容易出错，甚至张口结舌，进而强化自己的紧张情绪，导致思维混乱。为了避免这一点，一般开始谈话时，可以有意识地放慢讲话速度，等自己进入状态后再适当增加语气和语速。这样，既可以稳定自己的紧张情绪，又可以扭转面试的沉闷气氛。

3）回答问题时，目光需要转向提问者。有的人在回答问题时眼睛不知道往哪儿看。经验证明，魂不守舍、目光不定的人，使人感到不诚实；眼睛下垂的人，给人一种缺乏自信的印象；两眼直盯着提问者，会被误解为向他挑战，给人以桀骜不驯的感觉。如果面试时把目光集中在对方的额头上，既可以给对方以诚恳、自信的印象，也可以鼓起自己的勇气，消除自己的紧张情绪。

（五）面试中的提问技巧

面试是通过当面交谈问答对应试者进行考核的一种方式。在面试即将结束时，通常主考会问类似"我们的问题都问完了，请问你对我们有没有什么问题要问"这样的话题，众多毕业生对此常常茫然不知所措。其实，用人单位此举一是给毕业生了解企业的机会，二是借此进一步考察毕业生。此时，毕业生应抓住机会，通过向用人单位提问，获取自己所需的信息，同时也可进一步表达自己。毕业生在提问时，需注意以下几个方面。

1. 提出的问题要视主试者的身份而定

面试前，你最好弄清主试者的职务，要知道主试者是一般工作人员，还是负责人，是哪一级的负责人。要视主试者的职务来提问题，什么问题都问，搞得主试者无法回答，引起主试者对你的反感。

2. 应试者通常可提的问题

一般情况下，应试者可向主试者提出以下几个方面的问题：一是单位在同行业中的地位、发展前景、所需人员的专业及文化层次和素质要求；二是单位的用工方式、内部分配制度、管理状况、经济效益和社会效益等。但不要问类似"请问你们在我们学校要招多少人？"这样的问题，大部分单位都会回答你"不一定，要看毕业生的素质而定"。

3. 要注意提问的时间

要把不同的问题安排在谈话进程的不同阶段提出。有的问题可以在谈话一开始提出，有的可以在谈话进程中提出，有的则要放在快结束时再提。不要毫无目的地乱提，更不可颠三倒四反反复复提那么几个问题。

4. 要注意提问的方式、语气

有些问题，可以直截了当地提出来，如贵单位人员结构、贵单位岗位设置等。

而有些问题，则不可直截了当地提出，要婉转、含蓄一点，如了解求职单位职工收入情况和自己去了以后的收入等问题，不可直接问，而应该婉转地问："贵单位有什么奖惩条例、规定？""贵单位实行什么样的分配制度？"等。因为这些问题清楚了，自己对照一下可能就会知道有多少收入。另外，在询问时，一定要注意语气，要给人一种诚挚、谦逊的感觉。

（六）求职者面试的禁口话题

面试时，下面话题是不能提起的：

1）性别或种族偏见。
2）政治话题。
3）宗教话题。
4）心爱的明星球队或运动员。
5）为面试官取得某物或某种特殊商品的提议。
6）尽量少谈及私人问题。
7）漫无焦点的扯淡。
8）开口就问薪资待遇。

（七）巧答尴尬提问

1. 你对薪酬的要求是多少

一般说，让你去面试的单位和你在这个问题上没有很大的谈判余地，除非你是对方急需的人才。因此，你只要说各单位都有自己的规定，表示自己会入乡随俗，薪水要经过工作实践来确定。

2. 你如何看待你所应聘的岗位

通常，各个岗位在责任、权力、利益、分工、合作、技能等方面，都有明显的要求，你不能说"我能干这，也能干那"，而应该明确哪些是自己力所能及的。

3. 你如何证明自己是最优秀的

这时，你最好回答："以我所受过的良好教育以及此前的经验，能够胜任这项工作，为单位的发展尽力。"

4. 你有什么业余爱好

在回答这类问题时，应该不温不火，既要显示自己的情调与修养，又能展现自己的事业心，以此为原则说明实际情况。

5. 你的住处离单位距离如何

这也许是在试探你对上班时间和加班的想法。如果这真是你理想中的单位，而你的住处离此单位又较远，应该在回答中表示会遵守单位规定的作息时间，按时上下班，如果需要经常加班则可以想办法住得近些，不会影响工作，也不会给单位增添麻烦。

6. 你有什么缺点

谈到自己的缺点，可以说一些虽然是缺点但也可以理解为优点的话，比如：我性格耿直，原则性强，容易得罪人；是个工作狂，不会调理自己生活等。

(八) 面试中常见问题的回答技巧

1. 请你自我介绍一下

思路：①这是面试的必考题目。②介绍内容要与个人简历相一致。③表述方式上尽量口语化。④要切中要害，不谈无关、无用的内容。⑤条理要清晰，层次要分明。⑥事先最好以文字的形式写好背熟。

2. 谈谈你的家庭情况

思路：①这对于了解应聘者的性格、观念、心态等有一定的作用，这是招聘单位问该问题的主要原因。②不宜简单地罗列家庭人口。③宜强调温馨和睦的家庭氛围。④宜强调父母对自己教育的重视。⑤宜强调各位家庭成员的良好状况。⑥宜强调家庭成员对自己工作的支持。⑦宜强调自己对家庭的责任感。

3. 你有什么业余爱好

思路：①业余爱好能在一定程度上反映应聘者的性格、观念、心态，这是招聘单位问该问题的主要原因。②最好不要说自己没有业余爱好。③不要说自己有哪些庸俗的、令人感觉不好的爱好。④最好不要说自己仅限于读书、听音乐、上网，否则可能令面试官怀疑应聘者性格孤僻。⑤最好能有一些户外的业余爱好来"点缀"你的形象。

4. 你最崇拜谁

思路：①最崇拜的人能在一定程度上反映应聘者的性格、观念、心态，这是面试官问该问题的主要原因。②不宜说自己谁都不崇拜。③不宜说崇拜自己。④不宜说崇拜一个虚幻的或是不知名的人。⑤不宜说崇拜一个明显具有负面形象的人。⑥所崇拜的人最好与自己所应聘的工作能"搭"上关系。⑦最好说出自己所崇拜的人的哪些品质、哪些思想感染着自己、鼓舞着自己。

5. 你的座右铭是什么

思路：①座右铭能在一定程度上反映应聘者的性格、观念、心态，这是面试官问这个问题的主要原因。②不宜说那些易引起不好联想的座右铭。③不宜说那些太抽象的座右铭。④不宜说太长的座右铭。⑤座右铭最好能反映出自己某种优秀品质。⑥参考答案——"只为成功找方法，不为失败找借口"。

6. 谈谈你的缺点

思路：①不宜说自己没缺点。②不宜把那些明显的优点说成缺点。③不宜说出严重影响所应聘工作的缺点。④不宜说出令人不放心、不舒服的缺点。⑤可以说出一些对于所应聘工作"无关紧要"的缺点，甚至是一些表面上看是缺点，从工作的角度看却是优点的缺点。

7. 谈一谈你的一次失败经历

思路：①不宜说自己没有失败的经历。②不宜把那些明显的成功说成是失败。③不宜说出严重影响所应聘工作的失败经历。④所谈经历的结果应是失败的。⑤宜说明失败之前自己曾信心百倍、尽心尽力。⑥说明仅仅是由于外在客观原因导致失败。⑦失败后自己很快振作起来，以更加饱满的热情面对以后的工作。

8. 你为什么选择我们公司

思路：①面试官试图从中了解你求职的动机、愿望以及对此项工作的态度。②建议从行业、企业和岗位这三个角度来回答。③参考答案——"我十分看好贵公司所在的行业，我认为贵公司十分重视人才，而且这项工作很适合我，相信自己一定能做好。"

9. 对这项工作，你有哪些可预见的困难

思路：①不宜直接说出具体的困难，否则可能令对方怀疑应聘者能力不行。②可以尝试迂回战术，说出应聘者对困难所持有的态度——"工作中出现一些困难是正常的，也是难免的，但是只要有坚韧不拔的毅力、良好的合作精神以及事前周密而充分的准备，任何困难都是可以克服的。"

10. 如果我录用你，你将怎样开展工作

思路：①如果应聘者对于应聘的职位缺乏足够的了解，最好不要直接说出自己开展工作的具体办法。②可以尝试采用迂回战术来回答，首先听取领导的指示和要求，然后就有关情况进行了解和熟悉，接下来制定一份近期的工作计划并报领导批准，最后根据计划开展工作。

11. 与上级意见不一致，你将怎么办

思路：①一般可以这样回答，我会给上级以必要的解释和提醒，在这种情况下，我会服从上级的意见。②如果面试你的是总经理，而你所应聘的职位另有一位经理，且这位经理当时不在场，可以这样回答：对于非原则性问题，我会服从上级的意见，对于涉及公司利益的重大问题，我希望能向更高层领导反映。

12. 我们为什么要录用你

思路：①应聘者最好站在招聘单位的角度来回答。②招聘单位一般会录用：基本符合条件、对这份工作感兴趣、有足够的信心的人。③如"我符合贵公司的招聘条件，以我目前掌握的技能、高度的责任感和良好的适应能力及学习能力，完全能

胜任这份工作。我十分希望能为贵公司服务，如果贵公司给我这个机会，我一定能成为贵公司的栋梁！"

13. 你能为我们做什么

思路：①在基本原则上"投其所好"。②回答这个问题前，应聘者最好能"先发制人"了解招聘单位期待这个职位所能发挥的作用。③应聘者可以根据自己的了解，结合自己在专业领域的优势来回答这个问题。

14. 你是应届毕业生，缺乏经验，如何能胜任这项工作

思路：①如果招聘单位对应届毕业的应聘者提出这个问题，说明招聘单位并不真正在乎"经验"，关键看应聘者怎样回答。②对这个问题的回答最好要体现出应聘者的诚恳、机智、果敢及敬业。③可这样回答：作为应届毕业生，在工作经验方面的确会有所欠缺，因此，在读书期间，我一直利用各种机会在这个行业里做兼职。我也发现，实际工作远比书本知识丰富、复杂。但我有较强的责任心、适应能力和学习能力，而且比较勤奋，所以在兼职中均能圆满完成各项工作，从中获取的经验也令我受益匪浅。请贵公司放心，学校所学及兼职的工作经验使我有信心一定能胜任这个职位。

15. 你希望与什么样的上级共事

思路：①通过应聘者对上级的"希望"可以判断出应聘者对自我要求的意识。②最好回避对上级具体的希望，多谈对自己的要求。③可以回答：作为刚步入社会的新人，我应该多要求自己尽快熟悉环境、适应环境，而不应该对环境提出什么要求，只要能发挥我的专长就可以了。

第三节　求职礼仪

案例 >>>

细节展示修养

1) 一家公司招聘行政助理，几个应聘者在一楼大厅接待处办好手续，接待人员让他们一起到三楼人力资源部去面试，在上楼梯时，一位怀抱文件的工作人员急冲冲地下来，与他们撞了个正着，文件散落一地，只有一个应聘者停下来帮着捡起地上的文件，而其余的人都毫不犹豫地直奔三楼。结果，这位帮着捡起文件的小伙子被录取了。

2) 恰科，法国一个银行大亨。在他年轻时，找工作并不顺利，52次应聘均遭失败。第53次时，他直接来到最大一家银行的董事长办公室，可是没谈上几句又被拒绝了，他虽很失意，但还是礼貌地说完再见，转身往外走。突然，他看见一枚大头针横在门口，他知道这东西虽小，弄不好也会对人造成伤害，就弯腰把它拾了起来。第二天，他出乎意料地接到了这家银行的录用通知。原来，他捡大头针的举动被董事长看见了。

3）一位涉外文秘专业毕业的女孩玲玲，在一家外资企业应聘总经理秘书，顺利通过了初试、复试，最后一关是总经理面试。玲玲凭借自己出色的专业知识和流利的英语口语，赢得了总经理的赞许，当面试快结束时，总经理故意碰了一下桌面上的文件，一页文件掉在了地上。但玲玲似乎没有注意到这一动作，她仍在兴致勃勃地说话，总经理这时也似乎没了刚才的兴趣，他对玲玲说："面试就到这里吧！"玲玲一脸茫然地出去等待结果。一会人力资源部的经理来了，被录取的是另外一个人。经理遗憾地对玲玲说："我们本来很看好你的，但你连捡一张纸都不愿意，又怎么能当个好秘书呢？"

人们常说："一屋不扫何以扫天下"。从一件小事、一个细节，就可以看出一个人的本性。小伙子弯腰捡文件，有助人为乐的精神；恰科拾起一枚大头针，显示了他的细心、为他人着想的品格，而玲玲的失败也恰恰是因为她缺乏这种礼仪。面试8秒钟内的第一印象，是考察你是不是专业人员及能否胜任所应聘职位的重要因素。人生由3亿多个8秒钟组成，但你的命运却决定于那为数不多的几个8秒钟。在仅仅8秒钟之后，你就给主考官留下了印象：能力大小、是否有团队意识、自信程度、符合征聘的要求或让人失望等。第一印象往往会直接决定你的面试沟通是否成功。

一、服装饰品

服装及饰品是求职者留给面试考官的第一印象，良好的穿着装扮、发型设计能为求职加分不少。同时，得体的穿着装扮能增加自信，从而在面试中发挥更好。

服装：选择服装的重点是看职位要求。应聘银行、政府部门、文秘，穿着偏向传统正规；应聘公关、时尚杂志等，则可以适当地在服装上加些流行元素，显示出自己对时尚信息的捕捉能力。仪表修饰最重要的是干净整洁，不要太标榜个性，除了应聘娱乐影视广告这类行业外，最好不要选择太过突兀的穿着。对于应届毕业生来说，应有一些学生气的装扮，即使面试名企，也可以穿休闲类套装。它相对正规套装来看，面料、鞋子、色彩的搭配自由度更高。值得注重的是，应聘时不宜佩戴太多的饰物，这容易分散考官的注意力，有时也会给考官留下不成熟的印象。

化妆：女性切忌浓妆艳抹，男性最好不要有夸张纹身。化妆要自然而不露痕迹，且弱化个性、强调共性。女性可以用薄而透明的粉底营造健康的肤色，用浅色口红增加女性的自然美感，用棕色眉笔调整眉形，用睫毛膏让眼睛更加有神。男性可以用点清洁类的化妆品，给人干净、阳光的感觉就可。在香水的使用上要格外谨慎，避免使用浓烈或者味道怪异的香水，淡淡的清香轻易让别人产生愉快的感觉。

发型：发型不仅要与脸形配合，还要和年龄、体形、个性、衣着、职业要求配合，才能体现出整体美感。求职者首先忌颜色夸张怪异的染发，男性忌长发、光头；其次，发型要根据衣服正确搭配，如穿套装，最好将头发盘起来，这样才显精神；再次，要善于利用视觉错觉来改变脸形，如脸型过长的人，可留较长的前刘海，并且尽量使两侧头发蓬松，这样长脸看起来不太明显；脖颈过短的人，则可选择干净利落的短发来拉长脖子的视觉长度；脸型太圆或者太方的人，一般不适合留齐耳的发型，也不适合中分头路，应该适当增加头顶的发量，使额头部分显得饱满，在视觉上减弱下半部分脸型的宽度；最后，根据应聘的不同职业，发型也应有所差异。比如应聘空姐，盘发更加适宜；而艺术类工作对发型的要求更宽泛一些，适当染一点色彩或者男生留略长一点的头发也可以接受。但不管设计什么发型，都应保持头发的清洁。

二、面试语言

假如说外部形象是面试的第一张名片，那么语言就是第二张名片，它客观反映了一个人的文化素质和内涵修养。求职者在生疏的考官面前，由于胆怯和紧张很容易发挥失常。心态决定状态，只有驾驭心态，才能让自己的行为表现积极起来。面试语言要做到以下几点。

1. 有明确的职业规划

面试中经常会碰到这几个问题：你如何看待这个职位？怎么理解工作内容？你的职业目标是什么？这表明一个了解工作内容、有明确职业目标、有清楚职业规划的应聘者是受企业欢迎的。切忌"你看我适合干什么"或者"这几个职位我都可胜任"这样的回答。你可以询问公司的培训制度、晋升制度、员工规则等，来代替直接询问"薪酬福利"、"是否加班"这些略带功利性的问题，以显示自己的长远眼光。

2. 显示出智慧

考官提问说，我想请你担任某个差班的班主任，在你之前已有 5 个班主任离任了。请问你该如何做？应聘者们大多滔滔不绝地讲述了自己的授课方式和带班经验，只有一位回答说："我会和前 5 位班主任沟通，将他们的经验和教训一一总结。"如今的面试问题已不再局限于工作内容的阐述和专业性问答，凡是针对高层领导的面试，更多的是考核求职者的聪明和应变能力，这需要用一个聪明的回答才能让你脱颖而出。

3. 避免五种语言

有五种不利于求职成功的语言：言过其实、自卑、自负、请求和恭维。"我从原单位辞职，决定破釜沉舟，干一番大事业"，这样自负的话会吓到面试官。"我父毋下岗，家里全靠我支撑，请给我一次机会"，这样请求的话也不可取，因为企业挑选人是为了创造价值而不是施舍；过分谦虚自卑，会给人没有主张、懦弱胆怯的印象。相反，谦虚、诚恳、自然、亲和、自信的谈话态度会让你在任何场合都受到欢迎。语言能力不是一蹴而就，平时要注重积累，不断培养自己的倾听能力、思维能力、记忆能力和联想能力。

三、形体语言

求职者在面试过程中不经意表现出的形体语言对面试成败也非常关键，有时一个眼神或者手势都会影响到整体评分。这里给出几条建议，求职者可以对照着进行自己演练。

眼神：眼睛是心灵的窗户，恰当的眼神能体现出聪明、自信以及对公司的向往和热情。正确的眼神表达应该是：礼貌地正视对方，但应避免长时间注视对方，否则易给人咄咄逼人之感；目光可三秒钟移动一下，注视的部位最好是考官的鼻眼三角区（社交区）；目光平和而有神，专注而不呆板，眼神不要因紧张而飘忽不定；切忌斜视、下视、仰视，更不能有心不在焉，甚至挑逗眼神。

手势：有些求职者由于紧张，双手不知道该放哪儿，而有些人过于兴奋，在侃侃而谈时舞动双手，这些都不可取。不要有太多小动作，这是不成熟的表现，更切忌抓耳挠腮、耸肩、为表示亲切而拍对方的肩膀等。

坐姿：良好的坐姿也是给面试官留下好印象的要素之一。可全身稍稍放松，否则会显得坐姿僵硬；坐椅子时最好只坐 2/3，不要靠着椅背；上身挺直，这样显得精神抖擞。女生最好两腿并拢，身体可稍稍倾斜，别抖动双腿或将双手叉于胸前。

资料链接 >>>>

电话面试礼仪

1. 充分了解应聘公司的文化背景

俗话说"知己知彼，百战不殆"。在面试之前要充分做好准备，收集该公司的相关资料。电话中要说什么，对方可能会问些什么，理清说话的顺序，备齐与通话内容有关的材料。这样才能从容应对电话面试。

2. 注意通话方式

接通电话后，应先向对方问声"您好"，这样会留给对方较好的第一印象，切忌脱口而出一个"喂"。在明确对方的身份后，记着要主动自我介绍。要注意礼貌用语，经常使用"请讲"、"请问"等。

3. 控制语气语调，把握好语速

通话时，态度要谦虚，声调要温和并富有表现力，语言简洁，口齿清楚。要尽量保持与对方相同的语气、语调和语速。打电话的时间不宜过长，但要说清同时让对方听清。通话结束要说"谢谢，再见"，切不可随意打声招呼就挂断电话。

4. 注意倾听，用心专注

打电话时要认真倾听对方讲话，重要内容要边听边记。如果对方说出自己的名字或职务时，一定要用心记住。同时，还要礼貌地呼应对方，适度附和、重复对方话中的要点，不要只是说"是"或"好"，要让对方感到你在认真听他讲话，但切记不能轻易打断对方的谈话。

5. 精心自荐

要想在求职电话中充分展示自己的优势，尽可能地给对方留下深刻清晰的印象，除了讲究打电话的技巧，最重要的是注重利用电话自荐的方法。当对方回应后，就可以做简短的自我介绍，除了姓名、学历和所学专业外，要用简短的话语表达自己的经历。当对方表示出愿意与你做进一步的交流时，就说明介绍已经初见成效。对于接下来的询问，一定要注意捕捉对方最为关注的问题及兴趣所在，然后积极思考，运用恰当的语言和表达方式使回答达到最理想的效果。

接到电话面试，要讲究技巧和礼仪，这不仅有助于提升自己的形象，更有助于获得求职的成功。

～ 问 题 思 考 ～

1. 你所了解的面试有哪几种形式？对于每一种形式你做过哪些了解？
2. 面试用语和肢体语言需要注意哪些方面？
3. 和你的同学组织一场模拟面试。

～ 信 息 园 ～

面试之后做什么

面试结束后，并不是只能坐等成功或束手待毙，你还可以去做一些事情，它们是一种礼貌，更是提高求职成功率的好办法。在求职的过程中，许多求职者只留意面试时的礼仪，而忽略了面试后的善后工作。

1. 写封感谢信

为了加深招聘人员的印象，增加求职成功的可能性，在面试后的两三天内，求职者最好给招聘人员写封信表示感谢。感谢信要简洁，最好不超过一页纸。感谢信的开头应提及自己的姓名、简单情况和面试的时间，并对招聘人员表示感谢。中间部分要重申对公司、应聘职位的兴趣。结尾部分表示对自己的信心，以及为公司的发展壮大做贡献的决心。

2. 耐心等待结果

在一般情况下，每次面试结束后，招聘主管人员都要进行讨论和投票，然后送人事部门汇总，最后确定录用人选，这个阶段可能需要三五天时间。因此在这段时间内，一定要耐心等候消息，不要过早打听面试结果。

3. 收拾心情

如果同时向几家公司求职，在一次面试结束后，则要注意调整自己的心情，全身心投入第二家单位的面试。

4. 查询结果

一般来说，在面试的两周之后，或主考官许诺的时间到来时还没有收到对方的答复，就应该写信或打电话给招聘单位，询问面试结果。

5. 做好再冲刺准备

应聘中不可能个个都是成功者，万一在竞争中失败了，千万不要气馁，这一次失败了，还有下一次，就业机会不止一个，关键是必须总结经验和教训，找出失败的原因，并针对这些不足重新做准备。

第五章 求职心理

刘婷，某独立学院工程管理专业大四女生，学习用功，成绩中等。从小到大，家里总是对她不放心，很多事情都是直接帮她安排好。初中和高中，她的学习成绩不怎么好，家里的长辈就更操心她的事情了，喜欢事事都帮她想好应对的法子。渐渐的，她也习惯很多事情都听从父母的决定。

同样，当她刚开始思考大四实习去处的时候，父母已经帮她安排好了实习单位。他们认为，女孩子要找个安定的、工作环境好一些的工作。因此，他们通过关系，给刘婷找了图书馆管理员的实习工作。但刘婷不喜欢这份实习，她想从事的是与专业相关的工作。可这又是父母花了心思帮忙找的工作，刘婷说不出拒绝，只得先去实习看看。

一个多月的实习之后，刘婷基本熟悉图书馆管理员的工作，但是却始终对这份工作提不起热情。她把自己的想法告诉了父母，却没有得到父母的支持。他们认为工作就是谋生手段，喜欢不喜欢不是最重要的；现在找工作那么不容易，家里帮忙搭好线有什么不好？刘婷说服不了父母，只得继续实习下去，心里却一直闷闷不乐。之后，她和父母沟通过这种想法，父母总是有理由去说服她。

周边的同学有些已经找到心仪的工作，刘婷情绪非常低落。因为她真的不喜欢这份实习工作，父母思索再三之后，又托人给刘婷找了一份实习工作。这次去的是区里面的建设分局，刘婷觉得这个单位和自己的专业非常对口，实习的时候也特别用心。领导分配给她的工作任务是整理小区环境调查问卷，她每天都要和调查问卷打交道，非常单调，但从中也学到了一些东西。可惜的是，区建设分局当年没有争取到招聘指标。所以，刘婷只能再一次寻觅实习单位。

在父母的帮助下，她去了一家招投标公司实习，专业还算对口。去的第一周，基本上没有什么事情可以做，刘婷也不在意，刚开始过去总是要熟悉环境的。第二周开始，刘婷接到了自己的工作任务，负责部门内的发票报销。用刘婷的话来说，这家单位的发票报销非常变态：所有的出租车票要剪成大小一样的，一张张贴好。每天刘婷做得最多的事情就是剪发票和贴发票，专业相关的工作一点也没有接触到。更让她觉得无法忍受的，财务室的那些人总是鸡蛋里面挑骨头，报销的时候经常免不了被她们冷嘲热讽几句。所以，刘婷兴高采烈地过去实习，结果却让她大失所望。实习了2个月之后，公司提醒刘婷可以签三方协议了，刘婷很犹豫：这份工作和她设想的差别太大，可还有 2 个月就毕业了，班里面的大多数同学都已经找好工作，她再不签约就晚了。

课前思考 >>>

1. 如果你是刘婷，你会怎么做？
2. 你觉得积极的就业心态有哪些？

第一节　求职心态及误区

案例 >>>

杨海玲，女，某高校英语专业大四学生，在校期间成绩优秀，多次获得奖学金，还获得"校级优秀毕业生"荣誉称号。各个方面表现都非常优秀的她，找工作的时候却碰到了难题，应聘多家单位都遭到拒绝，这让她受到了非常大的打击。在非常迷惘的时候，她预约了就业咨询老师。

"老师，最近我一直在找工作，但是找了好多家单位，不知道为什么，面试之后就没有回音了。"杨海玲十分沮丧，"我的很多同学都已经签约。家里打电话问我工作的事情，我都不敢说，怕爸爸妈妈担心。"

"别着急，我们慢慢说，看看到底是怎么回事。"

"一开始，对找工作我还是很有信心的。我成绩不错，又做过学生干部，老师和同学都还是比较肯定我的。可我总是在面试的时候被淘汰了，也不知道是什么原因？每次都抱着很大的期望去面试，到头来总是一次次失望。"

"找工作的过程难免会被拒绝，其实很多同学都是和你一样的，我这里就接触过不少。你不能因为几次失败，就对自己失去信心，调整好状态，总能找到一份相对满意的工作。"

听说其他同学也和她有类似的经历，杨海玲显得放松了一些："那会不会是因为我太胖了，长的也不漂亮，所以才找不到工作啊？"

"你确实算不上漂亮，但看着清爽大方，很有亲和力。"咨询师正面解答了她的疑问，并鼓励她调整好心态，"很多同学都有面试失败的经历，关键是要积极应对，总结失败的原因，进行针对性地调整和改进。"

杨海玲和咨询师一起回顾了她的面试经历。她告诉咨询师，她参加的第一次面试是一家培训机构的面试。面试之前她做过功课，了解到面试的着装要正式一些。为了准备面试的衣服，她跑了好几个商场，但自己有点胖，一直没有挑到满意的衣服。加上面试那天雪很大，她就穿了件羽绒服去了。然而进入面试间之后，看到 3 个面试官穿着非常正式，她心里立马就咯噔了一下，后悔没有穿正装。面试的感觉也不是很好，紧张得不得了，自我介绍都说的磕磕巴巴的；过程也不太顺利，问的问题都比较刁钻，不好回答。其中的一位女考官很直接地建议她下次去其他地方面试的时候穿正装。当时她的脸刷地一下就红了，恨不得找个地方躲起来……她解释说没有穿正装是因为她跑了好几个商场，都没有找到合适的衣服，可那位女考官却只告诉她这并不是理由。

那次面试让她既尴尬又恼怒。在那之后，虽然每次面试她会好好准备，穿着也非常正式，可面对考官的时候，总觉得不自在。碰上质疑她的考官，她总会下意识地去反驳。有一次甚至把质疑她的面试官说的哑口无言，当然，那次面试也失败了。

"你似乎习惯性地去反驳考官的一些质疑，把面试看成对考官的一种挑战了，不知道我说的对不对？"

咨询师的话，让杨海玲一下子愣住了。她沉默了好一会儿才说："第一次面试的时候，那个考官的态度就很差，她就是这么对我的，我又不是菜市场的大白菜！"

其实，这就是问题所在。第一面试失败带来的心理失衡，使得她不能很好摆正自己的面试心态，造成了后来几次面试的失败……

在求职中被拒绝，这是很多毕业生都会遇到的事情，杨海玲也不例外。大学期间成绩优秀，各个方面表现都不错的她，原本以为找工作对她来说并非难事，却没有想到应聘了多家单位都没有成功。这让她的自信心受到很大的打击，甚至一度怀疑是因为自己太胖了，个人形象不佳才找不到工作。很显然，连续的求职受挫让杨海玲对自己产生了质疑。

那成绩优秀，原本颇为自信的她为什么一直面试失利呢？咨询师分析她的求职经历，发现她几次都是在面试环节失利。第一次应聘培训机构的面试经历使得她在后面的面试过程中，无法容忍面试官对她的质疑。不是杨海玲不够优秀，也不是她没有机会，而是第一次面试的经历，让她对考官产生了抵触情绪，也使得她面试心态受到了影响。一味地沉浸于面试失利的情绪中，给她带来了一系列的麻烦……

这个故事告诉我们，在求职过程中，心态往往能决定成败。但是，心态在很多时候又非常容易被人忽视。社会心理学认为，一个人的态度对他的行为具有指导性或动力性的影响。同样对于大学毕业生来说，良好的求职心态，是增加就业成功率的不二法宝。

一、什么是求职心态

一个人的心理素质是在先天素质的基础上，经过后天环境与教育的影响而逐步形成的。通常所说的心理素质与心理健康是有区别的。心理素质包括人的认知、情绪情感、意志、气质和性格等诸多方面的品质。心理健康指的是一个人积极适应环境的能力或状态。但是两者又是紧密相关的，良好的心理素质是保持心理健康状态的基础，而健康的心理状态又是培养良好心理素质的基本条件。

求职心态是指大学生对于自己的求职目标定位、求职过程中出现的负面情绪、困难与挫折等的一种心理状态，受个人心理素质的影响，有积极和消极之分。积极的就业心态能够帮助我们直面就业时的困难和挫折，能以乐观的心态分析问题，扬长避短，运用自己的智慧和行动来改变现实，为顺利毕业、成功就业做好准备，最终实现自己的求职目标。

二、常见求职心理误区

心理误区是指人在心理上，特别是在认知和人格上陷入无出路而不能自拔的境地，且本人对此又缺乏意识的状态。面对择业，学生的心理往往是复杂而多变的，渴望却又恐惧，喜悦却又忧虑，这种复杂的心态往往使学生在就业过程中产生种种心理矛盾，甚至导致一定的心理误区。

1. 自卑心理

自卑是一种缺乏自信心的表现。有这种心理的大学生往往对自己的能力评价过低，看不到自己的长处和优势，觉得自己处处不如人，觉得自己性格内向不善言谈，所学专业市场前景不好，自身专业知识、技能不如他人。在求职择业中，他们不可避免地产生强烈的自卑感，面对用人单位表现的缩手缩脚，过于拘谨，特别在乎别人对自己的态度，甚至有沮丧、失望、孤寂等心理，影响了自己的求职就业。

2. 自负心理

自负也是大学生就业过程中常见的一种心理表现。与自卑心理相反，由于自己所学专业热门紧俏或者自身条件较为优秀等原因，一些毕业生因为对自己的不足和就业困难估计不足，觉得自己是"皇帝的女儿不愁嫁"，不切实际地挑选用人单位。在这种自负心理的支配下，毕业生在求职择业时往往好高骛远、眼高手低，给用人单位留下浮躁、不踏实的印象，不受用人单位的欢迎，也会因此失去很多就业机会。

3. 焦虑心理

面对择业、就业过程中的不确定因素，大学毕业生难免会有一定程度的患得患失和心理压力：担心没有单位选中自己，成绩优秀的担心找不到理想工作，女生则担心择业中的性别歧视，等等。理想的职业需要不懈努力，而用人单位在选择人才时往往需要经过多方面的了解考察，需要一个等待过程，这种等待往往不可避免地会给求职者带来一定的焦虑心理。

4. 嫉妒心理

嫉妒心理就是在就业过程中对他人的成就、特长或优越的地位等既羡慕又敌视的情绪。这种心理的主要特征是把别人的优势视为对自己的威胁，因此感到心理不平衡。在择业问题上，通常表现为因别人某些方面择业条件好或找到比较理想的工作，产生羡慕转而痛苦而又不甘心的心态，甚至采取背后拆台等不良手段。就业过程中，产生的嫉妒心理往往会使人把朋友当对手，使彼此关系恶化，还会使人陷入内心的矛盾与痛苦中，当然也会影响求职的顺利进行。

5. 实惠心理

不少大学毕业生在求职过程中过分看重实惠，过分看重地位，一心只想进大城市、大公司，去沿海经济发达地区，到挣钱多、待遇好的单位，可能就是出于这样一种心理，这类大学生选择职业时，往往会把"工作条件好、经济收入高、社会地位高"作为择业的目标，而不愿意去基层单位。当然，希望选择一份既能施展才能、实现人生价值，又有获取高收入、高地位的工作的想法是无可厚非的，也是合情合理的。但这一心理若是不加以引导、任其发展，会使得大学生择业面变窄，甚至会直接导致求职失败。

6. 攀比心理

攀比心理是指大学生在择业过程中不从自身实际出发，不考虑所选单位是否适合自己，盲目与他人攀比的心理。有这种心理的大学生，在择业活动中往往显得缺乏主见，极易受别人干扰。他们把注意力过多地集中到别人的择业取向中，即使有的单位非常适合自身发展，但因为某个方面比不上同学选择的择业单位，就选择了放弃。事实上，每个人生活的环境、家庭背景、能力、性格以及机遇是不尽相同的，在就业目标和就业选择上往往也不具有可比性。攀比心理往往使毕业生忽视自身特点，一味追求超过别人的好工作，导致与许多就业岗位擦肩而过，浪费了大好的择业机会。

7. 从众心理

从众心理是指个体在群体压力下，在认知、判断、信念与行为等方面与群体多数人保持一致的心理，通俗点讲就是"随大流"、"人云亦云"。表现为一味追求大多数人认可的工作，过于追求热门行业、职位，盲目考研、出国，却很少根据自己的实际情况作出切合实际的选择。大学生正处于人格逐渐完善和成熟的阶段，容易受社会潮流和社会观念的影响，缺乏个人主见，择业观念容易受到舆论的影响，过于追求热门单位、热门岗位，而不从职业发展、个人前途、国家需要等方面去考虑。这种从众心理的存在，也使大学生们错过了许多就业机会。

对于大学生就业过程中出现的种种心理误区，要给予正确的认识，不可一概视为消极心态。只有当学生处在心理矛盾之中时，他们才会寻求解决办法，寻找新的出路，这样才能使他们的心理发展趋向成熟。为此，要积极引导学生挖掘择业心理中的积极因素，引导学生调整就业心态并合理择业。

资料链接 >>>

拒绝从众，莫要一条道路走到黑！

李辉，男，杭州某高校法律专业的毕业生。学法律的学生不太好找工作，加上不愿意去律师事务所工作，考公务员似乎成了他的唯一选择。大四那年，他先后参加了国家公务员考试和省公务员考试。国家公务员考试成绩不理想，没进面试。省公务员考试，李辉专心备考两个多月，顺利进入了面试环节。尽管争取到了面试机会，但李辉心里还是非常的忐忑，公务员面试会考些什么内容，他是一点把握都没有。加上一门心思准备公务员考试，没有去找过工作，他一点面试的经验都没有。他在网上查找了很多关于公务员面试的资料，心里却越发没底了——大家都说公务员面试很难。再三抉择下，李辉报名参加了8天的封闭式面试培训。培训费、来回路费、面试的置装费……李辉一下子花了1万多元，最终却没有成功通过面试。他越想越不甘心，决定再战明年的国考和省考。

毕业后的第一年，李辉一门心思扑在了公务员考试的复习和准备上。为了更有把握，李辉还参加了笔试培训班，历年的考试真题更是一题一题啃下来。半年多的专心复习之后，李辉参加了国家公务员考试，十分顺利地进入了面试环节。可惜的是，这一次，他同样没有通过面试。李辉并没有泄气，国家公务员考试高手如云，难度系数自然也更高。这样的结果，他亦有心理准备——省考再加把劲可能就过了！

国考之后，李辉全身心地投入到省考的复习中。他自信满满地走入省考的考场，并以笔试第二的成绩进入面试。有了两次公务员面试经验，这一次李辉有底多了。不过，为了加大胜算，他还是报名参加了公务员考试的面试培训班。只可惜，理想是丰满的，现实却是骨感的。李辉满怀着希望步入了面试考场，却还是在面试的PK中败了下来。

一年的闭关复习，近五万的考试成本，还是没让李辉顺利通过"考公"这座独木桥。他非常不甘心，却又非常茫然——其他同学，经过一年的努力多数都适应了现有工作，有些更是做得非常出色。而自己呢，待业一年准备公务员考试，却没有得到想要的结果。继续"考公"吧，又不知道结果会如何？未来的路，要怎么样去选择，李辉突然觉得非常的迷惘……

近年来，公务员报考热度持续不减。据有关部门的数据显示2011年国家公务员考试报考人数约142万，平均招录比为89∶1。2012年浙江省各级机关招录公务员9456名，共有284740人报名，大致是招录人数的28倍，平均录取率仅为3.5%。中国一线城市、经济发达城市及省会城市的公务员考试竞争比例也长期居高不下，招考一人的职位，吸引上百人，乃至上千人报考，已是司空见惯的事情。

大多数考生都知道他们只是"考公"大军中的群众演员，成功的机会十分渺茫，但是"考公"的热情依然难以阻挡。其工作的稳定性和舒适性、福利待遇的优厚性及社会地位等优势，使很多大学生将公务员作为求职首选，类似李辉的情形普遍可见。公务员真正适合李辉吗？同样在前赴后继的"考公"大军中，又有多少人真正思考过这个问题？

李辉的故事，折射的其实是求职过程中，毕业生们的从众心理，从众心理很容易导致盲从。经济学上有一个词语叫做"羊群效应"：羊群是一种很散乱的组织，平时在一起也是盲目地左冲右撞，但一旦有一只头羊动起来，其他的羊也会不假思索地一哄而上，全然不顾前面可能有狼或者不远处有更好的草。这一效应比喻的就是人的盲目跟风、从众的心理。职场中，"羊群效应"也是随处可见。公务员稳定、收入也不错，大家都去考公务员；做IT赚钱，大家都想去做IT；做管理咨询赚钱，大家又蜂拥而上……

当然，我们不是羊，我们会用自己的头脑去思考，去衡量自己。一份工作，只有与个人的职业价值观相匹配，才能给个人带来足够的满足感和成就感。这就是为什么有的人做着高薪工作却并不开心；有的人虽然收入不高，但是工作得很开心。所以，对于毕业生而言，求职过程中不加思考，盲目从众是不可取的。在求职过程中，我们要学习前人的经验，发挥从众的优势；又要努力避免从众的劣势，在参考众人意见的基础上，根据实际情况，通过独立的思考和分析，去寻找真正属于自己的工作，而不是所谓的"热门"工作。

8. 依赖心理

部分大学生在就业过程中有比较严重的依赖心理，缺少主见和主动性，没有明确的择业思路，总想依赖社会关系，依赖学校和老师，甚至依赖父母和亲属为自己找工作，当要做出选择时自己又不能决断，把希望寄托在别人身上。这种依赖心理的一个重要表现是等的心理、靠的心理，即依靠关系就业的心理，等待学校给自己推荐，等待用人单位找上门，等待父母、亲友给自己找工作。依赖心理的另一个表现是缺乏主见、缺乏独立意识，在选择职业时过于依赖父母老师、家人亲友的意见，自身缺乏应有的分析能力和决策能力，往往使自己在择业中处于被动地位，处于劣势的状态中。

第二节　求职心态调适

案例 >>>

陈凡，男，某独立学院计算机科学与技术专业的一名毕业生，成绩一般，大学期间没做过学生干部，没拿过奖学金，是大学里的再普通不过的一个学生。

刚进大学的时候，他对自己的大学生活充满了憧憬：虽然高考没有发挥好，但是他就读的计算机科学与技术专业却是学院里的强势专业，听说师资力量很强，学生毕业了都很好找工作。男生多的专业，玩游戏的人自然也多。对于陈凡来说，游戏是一个新鲜事物。高中的时候，学习紧张，家里又管得非常严，他没有玩过游戏。最初的时候，他只是站在边上看别人怎么玩，很快他也开始沉迷其中。大一的时候，他还能较好地克制自己。大二开始，他大部分的时间都花在游戏上，学习只求 60 分万岁。

进入大四，班里越来越多的同学开始考虑将来的出路问题：并一个个都开始行动。陈凡也受到一些感染。他跟着室友跑了几场招聘会，在人头攒动、挂满横幅的招聘会现场挤得满头大汗，却没有送出去一份简历。各个单位的招聘要求都不低，再看看自己的简历，没做过学生干部，没拿过奖学金，单薄的连一张 A4 纸都写不满，陈凡实在是不好意思把这样的简历递给用人单位。

之后，陈凡就不再跟着同学去跑招聘会了。他开始尝试在网上查找招聘信息、投递简历，但是也全部都是石沉大海。渐渐地，他对找工作完全失去了信心，像他这样三本院校的学生，学得不扎实，又没有其他社会关系，肯定是找不着工作。

随着毕业的临近，班里的同学陆陆续续地找到工作，陈凡这边却是一点动静也没有。班主任非常担心陈凡的求职进展，先后给陈凡介绍了好几个单位，有网络公司、软件公司，让他好好准备去参加面试，陈凡都找各种理由推脱，不愿意去。他觉得自己的专业知识不够，去了也是打打酱油，不如不去，免得表现太差还会给班主任丢脸。了解了陈凡的想法之后，班主任给他出了个主意：游戏测试人员对计算机专业能力要求不高，又适合了陈凡的兴趣爱好，不妨去试着应聘看看？

一开始，陈凡不愿意去。他觉得好歹也学了四年的计算机，找这样的工作会被人笑话。在班主任的再三动员和鼓励下，他勉为其难地找了一些相关的招聘信息，投了 5 份简历。结果他收到其中 3 家单位的面试通知，这让他十分的诧异，也对自己有了信心。最终，在班主任的帮助和自己的努力下，陈凡和其中一家非常不错的网游公司签订了就业协议，成功就业。

自卑心理在大学生求职过程中是比较常见的。自卑心理的产生主要是来自于客观因素和主观感受两个方面。客观因素主要是自身条件的限制，比如学历、身高、相貌、家庭背景等。这所有的一切都可能影响你对自我的判断，从而影响你的心态。主观感受指的是那些发生在我们身上的事情由此带来的他人的点评，以及自己与他人作比较得出的结论。无论是客观因素还是主观感受带来的自卑心理，都会严重影响我们的自我判断，影响我们的工作、生活质量，甚至人生观和价值观。比如本案例中的陈凡，就觉得自己的学校不够好，专业学得不够扎实，肯定是找不到工作的。

庆幸的是在班主任的再三动员和鼓励下，陈凡跨出了勇敢的一步：筛选网络游戏公司的招聘信息，网投简历。没料到最终获得了不错的就业机会。

这个故事告诉我们，其实求职过程中的心理误区并不可怕，可怕的是沉溺于其中，不能自拔。只要不怨天尤人，不自暴自弃，就能够勇敢地走出心理误区并战胜它。比如陈凡，就是因为勇敢踏出第一步并得到肯定（收到 3 家单位面试通知），这使他对自己产生信心，并在外力（班主任的鼓励和帮助）帮助下战胜自卑，一点点纠正过低的自我评价。

一、影响求职心态的因素

大学生的择业过程受到个人素质、价值取向、人才供求、家庭情况等诸多因素的影响，而由此产生的各种矛盾和冲突，导致大学毕业生们在求职过程中产生心理失衡，甚至走入了某些心理误区，影响了他们的职业选择和心理健康。影响求职心态的因素虽然是多样的，但归纳起来，可以概括为客观因素和主观因素两个方面。

（一）客观因素

1. 社会因素

虽然"双向选择、自主择业"的择业模式较好地解决了人才个体的合理使用问题，也进一步确定了大学生在择业过程中的主体地位，充分调动了当代大学生的积极性和主动性。但目前我国大学毕业生的择业市场机制尚不健全，存在不少问题，如户籍问题、供需信息不畅、就业制度改革不配套、择业市场与协议缺乏权威性、择业公平性不够，等等，学生择业机制不完善，对大学生的择业心理也会产生一定的冲击，导致大学生择业心理认识上的误区。此外，社会保障体系不健全、不良的社会风气等，这些也给大学毕业生的择业带来了一定的心理压力。

2. 高校因素

目前，国内高等学校地域分布的不合理，高校专业设置和课程体系没有很好地紧贴地方或区域经济的发展需要，高校职业指导工作滞后、高校职业指导工作在观念上存在问题等，都是造成人才培养与社会需要相脱节的原因，也导致毕业生不适应市场需求和择业困难。这也必然加大了大学毕业生的择业心理压力。

3. 用人单位因素

偏重能力与学历的双高标准、用人单位对人才的高消费，也会为大学生择业带来就业心理压力。随着择业环境不断变化，现代人力资源管理的理念不断被引入企业和其他各类组织，用人单位更加关注人力资源的高效率，注重实用型人才的选择和对大学生综合能力的考察，成为大多数用人单位的必然选择。毕业生往往要过五关斩六将，才能通过用人单位的精挑细选，实现自己的择业梦想。这在一定程度上也给大学毕业生带来了巨大的就业心理压力。

4. 家庭因素

家庭作为个人社会化教育的第一所学校，其经济条件、父母职业等都会对大学生的就业目标产生影响。从目前国内的家庭状况来看，受传统思想和观念的支配下，不考虑子女的主观愿望和个性特点的家庭不占少数。相当一部分家长喜欢给子女设计好择业蓝图，按照他们自己的想法给子女安排一切。而当家长和子女就业想法不一致，甚至大相径庭的时候，大学毕业生们所承担的择业心理压力往往不可言喻。

（二）主观因素

1. 大学生特有的心理特点

处在这个时期的大学毕业生，多幻想，好冲动，接受事物快，自我意识强。但是，这个阶段的学生的心理发展尚不成熟、不稳定，生理与心理发展存在着明显的不同步，加上知识结构不完善，个体生活体验差别等因素，他们的个性心理特征有着较大差异，在求职择业中也会表现出心理活动的复杂性和矛盾性。

2. 不恰当的自身期望值

大学毕业生缺乏社会实践经验、对社会了解不多，在分析就业困难和自我评价上缺少理性的眼光。面对激烈的就业竞争和一些不公平的择业现象，他们往往不能客观地认识社会，评价自我，从而会引发现实自我与理想自我、自我期望与社会需要之间的矛盾，导致在择业时会出现期望值过高或则过低的现象。

3. 心理素质脆弱

心理发展不成熟、不稳定，阅历相对单一，社会实践经验缺乏，这使得大学毕业生们在面对复杂的社会环境以及种种就业压力时，不善于调整自己的心态，不能正确地认识问题和分析问题，特别是一旦遇到挫折便容易出现心理失衡、焦虑、冲动、自卑等不良情绪。

二、大学生求职心态调试

（一）客观评价自我，树立正确的职业观

正确的自我评价是当代大学生择业的基础，在就业过程中客观全面地分析自己的实力，做出对自己实事求是的评价非常重要。大学生在求职过程中表现出来的自卑、自负、焦虑、依赖等不良心理，很大程度上是因为对自我的认识不够全面和客观。每一位大学生都要认清自己，明白自己能干什么和不能干什么，要认识自己的长处同时善待自己的不足，并通过努力逐步克服缺点。

面对择业中的各种矛盾问题，毕业生需要进行思考和自我反省：我的职业发展方向是什么，我的性格气质是什么，我的优势和劣势是什么，等等。此外，还可以通过与自己条件、情况类似的人进行比较，通过他人的评价和态度，通过所参与的社会活动的结果分析等来客观认识自己，以避免孤立地认识和评价自己。当然，也

可以借助心理测验，明确自己的个性特点，找出适合自己的职业方向，从而减少择业的盲目性，避免承受不必要的心理挫折。

（二）有效的心理调节和控制

1. 合理宣泄

当处于焦虑、抑郁等负面情绪状态时，要及时地进行宣泄，释放心理压力。可以向知心朋友、老师倾诉，把心中的不快说出来，甚至可以大哭一场，还可以去打球、爬山、唱歌、看电视、逛街、听音乐、玩游戏，等等，使紧张的情绪得以缓解或消除。当然，宣泄情绪时要注意场合、身份、气氛，不伤害他人、不伤害自己、不伤害物品，宣泄要没有破坏性。

2. 松弛练习

松弛练习是一种通过练习学会在心理和躯体上放松的一种练习方式，常用的有肌肉松弛训练、意念放松训练等放松练习法。放松练习可帮助人减轻和消除各种不良身心反应，如焦虑、恐惧、紧张、失眠等症状。在择业时如有此类心理反应，可在专业人员的指导下尝试进行放松练习。

资料链接 >>>>

全套超觉静默法

简单来说，超觉静默就是端正姿势，调整呼吸，闭目养神，内视自己，控制感觉，把意识集中于一点，进入万念皆空的境界。练习者体验到思想过程愈来愈宁静，直到一种完全静止的精神状态，是专门用于健脑益智的一种极其简单、极短时间内便可有效的放松身心的心理调适方法。

全套超觉静默法分三步骤，共需3分钟，时间短，但每个步骤需认真做才能保证效果。

1. 调身

基本姿势是静坐。练习者可以采用椅坐：端端正正坐在椅上，不偏不倚，腰部下沉，两腿自然分开，小腿尽可能垂直地面，两脚平行与肩同宽，脚掌贴紧地面。

对身体各部位要求：①头部：头颈端正，目视前方，下颌微收，舌舔上腭，颈部不用力，呈自然状态。②上身：脊梁挺直，腰固定不动。从侧面看，身体沿铅直线稍向前倾。切不要挺胸、端肩。③上肢：沿体侧自然下垂，双肘稍弯曲，双手掌轻放大腿上，拇指指尖相对，双手重叠，手心朝上，腋下空虚可放一鸡蛋。

2. 调息（2分钟）

其基本步骤为：①两眼微闭：即"半眼秘诀"。②腹式呼吸：深沉地吸气，肚子慢慢鼓起，到最大限度后把废气徐徐呼出。一分钟十几次，逐渐减少到一分钟

5～6次为佳。③数息法：默记呼吸次数，不必发出声音，在心中默念。

3. 默念真言（1分钟）

默念一句短语，短语选择要能代表自己愿望、信念或有所激励的，如"做则成，弃则废"、"坚持下去，一定胜利"等。默念真言一分钟，轻轻睁开眼睛。这时，自然的心理、生理节律完全平衡，心头万念俱空，大脑像晴空一样清澈明快。

3. 自我激励法

自我激励法主要是指用生活中的哲理、榜样的事迹或明智的思想观念来激励自己，同各种不良情绪进行斗争，坚信未来是美好的。因为失败和挫折已将成为过去，要勇敢地面对下一次，尽可能把不可预料的事当成预料之中的。即使遇到意外事件出现或择业受挫，也要鼓励自己不要惊慌失措、冲动、急躁，而是要开动脑筋，冷静思考，寻找对策。大学毕业生在择业面试中常常出现胆怯、信心不足等现象，可以通过积极的自我暗示、自我激励进行调节，增强自信心，走出自卑、消除怯懦。

4. 合理情绪疗法

合理情绪疗法（又称ABC理论）由美国著名心理学家埃利斯创立，其理论认为引起人们情绪困扰的并不是外界发生的事件，而是人们对事件的态度、看法、评价等认知内容。

举个简单的例子：两个同事一起上街，碰到他们的总经理，但对方没有与他们招呼，径直过去了。这两个同事中的一个认为："他可能正在想别的事情，没有注意到我们。即使是看到我们而没理睬，也可能有什么特殊的原因。"而另一个却可能有不同的想法："是不是上次顶撞了老总一句，他就故意不理我了，下一步可能就要故意找我的岔了。"两种不同的想法就会导致两种不同的情绪和行为反应。前者可能觉得无所谓，而后者可能忧心忡忡，甚至无法平静下来干好自己的工作。

由这个简单的例子不难看出，人的情绪及行为反应与人们对事物的想法、看法有直接的关系。在这些想法和看法背后，有着人们对一类事物的共同看法，即信念。合理的信念会引起人们对事物适当、适度的情绪和行为反应；而不合理的信念则相反，往往会导致不适当的情绪和行为反应。人们坚持某些不合理的信念，长期处于不良的情绪状态之中，最终将导致情绪障碍也就是C的产生。要改变情绪困扰不是致力于改变外界事件，而是应该改变认知，通过改变认知，调整了对诱发事件的认识和评价，领悟到理性观念，进而改变情绪。因此，大学生在就业过程中处于消极情绪状态时，要善于从中分析，抽取非理性的综合观念，概括出理性的看法，使自己走出非理性的误区。

5. 积极面对挫折

挫折，即个体有目的的行为受到阻碍而产生的紧张状态与情绪反应，包含挫折情境、挫折认知和挫折反应等三个因素。挫折情境指对人们有动机、目的的活动造成的内外障碍或干扰的情境状态或条件，如面试失败；挫折认知，即指对挫折情境的知觉、认识和评价；挫折反应，即指个体在挫折情境下所产生的烦恼、困惑、焦虑、愤怒等负面情绪交织而成的心理感受。

求职过程中，不可避免地会遇到一些挫折。大学毕业生要认识到挫折是通往胜利的必由之路，也是锻炼意志、增强能力的好机会。遇到挫折，最好的解决办法是采取积极的态度，放下心理包袱，理性分析正确归因。比如应聘经验或个人修养不足导致的求职失败，平时要注意经验的积累和个人提升。此外，还要积极寻求社会支持，比如征求父母、老师、同学、朋友的建议和鼓励。这些都能帮助毕业生积极面对挫折，缓解心理压力。当然，一个人战胜挫折的能力不是一时的努力就能形成的，大学毕业生在平时的学习生活中，也要有意识、有目的地加强挫折心理承受力的训练。

第三节　求职心理测量工具介绍

一、何谓心理测试

（一）定义

心理测试，即通过心理科学方法和手段，对反映在人的行为活动中的心理特征，依据确定的原则进行推论和量化分析，并给以相应的科学指导。虽然心理测试作为心理学研究的必要手段目前应用越来越广泛，但是，心理测试的结果仅仅表示个人在进行测试的那个时间点的状况特点，人是变化、发展、成长的，所以对测试结果进行解释的时候必须慎重，它只是提供一个专业的心理学方面的参考，并不能为一个人下终生的论断。

（二）心理测试类型

心理测试的种类很多，常见的心理测试按目的可以分为以下几种：

（1）能力测验：包括智力测验和特殊能力测验。前者主要测量人的智力水平，后者多用于升学、职业指导服务（如绘画、音乐、手工技巧、文书才能、空间知觉能力等）。

（2）人格测验：主要测量人的性格、气质、兴趣、态度等个性特征和各种病理个性特征。

（3）记忆测验：包括短时间记忆测验和长时间记忆测验，主要用于外伤引起的记忆损害和老年人记忆减退的测验。

（4）适应行为评定：评估人们社会适应技能，包括智慧、情感、动机、社交、运动等因素。

（5）职业咨询测验：是近年来发展迅速的心理测验，由于许多年轻人希望在未来竞争中既能发挥自己的潜能、气质，又能适应自己的兴趣、爱好，因此在择业前往往求助心理学家。

（三）心理测试的优缺点

心理测试的优点主要有以下几方面：

1）迅速。心理测试可以在较短的时间内了解一个人的心理素质，潜在能力和其他的各种指标。

2）相对科学。目前世界上还没有一种完全科学的方法，可以在短期内全面了解一个人的心理素质和潜在能力，因此目前心理测试则能比较科学地了解一个人的基本素质。

3）具有可比性。因为通过智力、性格、职业潜能等方面的心理测试，受试对象的测试结果可以比较，因为用同一种心理测试的方法得出的结果有可比性。这也是企业在员工招聘中引入心理测试的一个原因，测试心理素质比较高的员工可以脱颖而出。

当然，心理测试也存在一定的缺点，心理测验最大的问题是理论基础不够坚实，有待于在使用中发展和完善。因此，过分夸大心理测验的准确性，滥用、不正确使用心理测验，都是不可取的。如今，人们越来越重视心理健康，网上心理测试的题目随处可见。但测试结果只能作为我们知晓事物的一个参考，千万不能夸大其作用、放大其效果。处于大学阶段的青年，对事物的判断还把握不准，一旦迷信心理测试结果，容易受到心理暗示，因而容易导致不良结果。

二、求职心理测量工具

心理测量经过近百年的稳步发展，现已成为最有效、最客观的专业测评手段。本书所介绍的求职心理测量工具，主要是一些心理健康量表、心理状态测量量表。

（一）心理健康量表

1. 焦虑自评量表

焦虑自评量表（Self-Rating Anxiety Scale，SAS）由华裔教授 W. K. Zung 编制（1971）。从量表构造的形式到具体评定的方法，都与抑郁自评量表（SDS）十分相似。它适用于具有焦虑症状的成年人，具有广泛的应用性。国外研究认为，SAS 能够较好地反映有焦虑倾向的精神病求助者的主观感受。而焦虑是心理咨询门诊中较常见的一种情绪障碍，所以近年来 SAS 是咨询门诊中了解焦虑症状的自评工具。

SAS 采用 4 级评分，主要评定症状出现的频度，其标准为："1"表示没有或很少时间有；"2"表示有时有；"3"表示大部分时间有；"4"表示绝大部分或全部时间都有。20 个条目中有 15 项是用负性词陈述的，按上述 1～4 顺序评分。其余 5

项（第5，9，13，17，19）注＊号者，是用正性词陈述的，按4～1顺序反向计分。

SAS的主要统计指标为总分。将20个项目的各个得分相加，即得粗分；用粗分乘以1.25以后取整数部分，就得到标准分。按照中国常模结果，SAS标准分的分界值为50分，其中50～59分为轻度焦虑，60～69分为中度焦虑，70分以上为重度焦虑。

焦虑自评量表（SAS）：

请注意：1. 请根据您一周来的实际感觉在适当的数字上划上"√"表示，请不要漏评任何一个项目，也不要在相同的一个项目上重复地评定。

2. 题目的理解

量表中有部分反向（即从焦虑反向状态）评分的题，请注意保障在填分、算分、评分时的理解。

序号	题目	没有或很少时间有（1分）	有时有（2分）	大部分时间有（3分）	绝大部分或全部时间都有（4分）	评分
1	我觉得比平常容易紧张和着急（焦虑）。					
2	我无缘无故地感到害怕（害怕）。					
3	我容易心里烦乱或觉得惊恐（惊恐）。					
4	我觉得我可能将要发疯（发疯感）。					
5	我觉得一切都很好，也不会发生什么不幸（不幸预感）。					
6	我手脚发抖打颤（手足颤抖）。					
7	我因为头痛，颈痛和背痛而苦恼（躯体疼痛）。					
8	我感觉容易衰弱和疲乏（乏力）。					
9	我觉得心平气和，并且容易安静坐着（静坐不能）。					
10	我觉得心跳很快（心慌）。					
11	我因为一阵阵头晕而苦恼（头昏）。					
12	我有晕倒发作或觉得要晕倒似的（晕厥感）。					
13	我呼气吸气都感到很容易（呼吸困难）。					
14	我手脚麻木和刺痛（手足刺痛）。					

续表

序号	题目	没有或很少时间有（1分）	有时有（2分）	大部分时间有（3分）	绝大部分或全部时间都有（4分）	评分
15	我因为胃痛和消化不良而苦恼（胃痛或消化不良）。					
16	我常常要小便（尿意频数）。					
17	我的手常常是干燥温暖的（多汗）。					
18	我脸红发热（面部潮红）。					
19	我容易入睡并且一夜睡得很好（睡眠障碍）。					
20	我容易做恶梦。					
总分统计						

资料链接 >>>

可以缓解焦虑的放松训练

放松训练对于应付紧张、焦虑不安和气愤的情绪非常有用，能帮助处于焦虑或者其他不良情绪状态的人们振作精神，恢复体力，消除疲劳，有助于全身肌肉放松，平稳呼吸，增强个体应对紧张事件的能力，且简便易行。

放松训练程序：

找一个你认为舒服的姿势，可以靠在椅子上或者躺在床上。要在安静环境中进行，光线不要太亮，减少无关刺激的干扰。放松的顺序是：手臂——头部——躯干部——腿部。

1）手臂的放松：伸出右手，用力握紧拳头，紧张右前臂，然后松开；伸出左手，用力握紧拳头，紧张左前臂，然后松开；双臂伸直，两手同时握紧拳头，紧张手和臂部，松开。

2）头部的放松：皱起前额部的肌肉，似老人额部一样皱起；皱起眉头；皱起鼻子和脸颊（可咬紧牙关，使嘴角尽量往两边咧，鼓起两腮，好像在痛苦状态下使劲一样。）

3）躯干部位的放松：耸起双肩，紧张肩部肌肉；挺起胸部，紧张胸部肌肉；拱起背部，紧张背部肌肉；屏住呼吸，紧张腹部肌肉。

4）腿部的放松：伸出右腿，右脚向前用力像在蹬一堵墙，紧张右腿；伸出左腿，左脚向前用力像在蹬一堵墙，紧张左腿。

这套放松训练随时随地都可以做，用时两三分钟。

（二）心理状态测量量表

1. 生活事件量表（LES）

生活事件量表（Life Event Scale，LES）有多个版本，这里使用的是由杨德森与张亚林 1986 年编制的版本，目前已在国内十多个省市推广应用。LES 含有 48 条我国较常见的生活事件，包括三个方面的问题：家庭生活（28 条）、工作学习（13 条）、社交及其他方面（7 条）。另设有 2 条空白项目供填写。具体项目见表 5-1。

表 5-1　生活事件量表结构与内容

家庭中的有关问题	25. 家庭成员重病、重伤
1. 恋爱或订婚	26. 家庭成员死亡
2. 恋爱失败、破裂	27. 本人重病或重伤
3. 结婚	28. 住房紧张、工作学习中的问题
4. 自己（爱人）怀孕	29. 待业、无业
5. 自己（爱人）流产	30. 开始就业
6. 家庭增添新成员	31. 高考失败
7. 与爱人、父母不和	32. 扣发奖金或罚款
8. 夫妻感情不好	33. 突出的个人成就
9. 夫妻分居（因不和）	34. 晋升、提级
10. 夫妻两地分居（工作需要）	35. 对现职工作不满意
11. 性生活不满意或独身	36. 工作学习中压力大（如成绩不好）
12. 配偶一方有外遇	37. 与上级关系紧张
13. 夫妻重归于好	38. 与同事邻居不和
14. 超指标生育	39. 第一次远走异国他乡
15. 本人（爱人）做绝育手术	40. 生活规律重大变动（饮食睡眠规律改变）
16. 配偶死亡	41. 本人退休、离休或未安排具体工作、社交与其他
17. 离婚	问题
18. 子女升学（就业）失败	42. 好友重病或重伤
19. 子女管教困难	43. 好友死亡
20. 子女长期离家	44. 被人误会、错怪、诬告、议论
21. 父母不和	45. 介民事法律纠纷
22. 家庭经济困难	46. 被拘留、受审
23. 欠债 500 元以上	47. 失窃、财产损失
24. 经济情况显著改善	48. 意外惊吓、发生事故、自然灾害

注：若受测者认为有表中未列生活事件对其造成较大影响，可以自己填入所留的空栏中，并也作出相应评价。

LES 为自评量表，受测者须仔细阅读和领会指导语，然后逐条一一过目。根据调查者的要求，将某一时间范围内（通常为一年内）的事件记录下来。有的事件虽然发生在该时间范围之前，如果影响深远并延续至今，可作为长期性事件记录。然后，由受测者根据自身的实际感受而不是按常理或伦理道德观念去判断那些经历过的事件对本人来说是好事或是坏事，影响程度如何，影响持续的时间有多久，对于表上已列出但并未经历的事件应一一注明"未经历"，不留空白，以防遗漏。一过性的事件如流产、失窃要记录发生次数，长期性事件如住房拥挤、夫妻分居等不到半年记为 1 次，超过半年记为 2 次。影响程度分为 5 级，从毫无影响到影响极重分别记 0、1、2、3、4 分。影响持续时间分三月内、半年内、一年内和一年以上共 4 个等级，分别记 1、2、3、4 分。

生活事件刺激量的计算方法：

1）某事件刺激量＝该事件影响程度分×该事件持续时间分×该事件发生次数

2）正性事件刺激量＝全部好事刺激量之和

3）负性事件刺激量＝全部坏事刺激量之和

4）生活事件总刺激量＝正性事件刺激量＋负性事件刺激量

另外，还可以根据研究需要，按家庭问题、工作学习问题和社交问题进行分类统计。

该量表适用于 16 岁以上的正常人、神经症、心身疾病、各种躯体疾病患者以及自知力恢复的重性精神病患者。LES 可应用于确定心理因素在神经症、心身疾病、各种躯体疾病及重性精神疾病等发生、发展和转归中的作用；用于指导心理治疗、危机干预，使心理治疗和医疗干预更具针对性；甄别高危人群、预防精神障碍和心身疾病，对分值较高者加强预防工作；指导正常人了解自己的精神负荷，维护心身健康，提高生活质量。该量表总分越高反映个体承受的精神压力越大。

2. 社会支持评定量表（SSRS）

在心理学中，所谓的社会支持指的是一个人从自己的社会关系（家人、朋友、同事等）中获得的客观支持以及个人对这种支持的主观感受。社会支持不仅指物质上的条件和资源也包括在情感上的支持。这里选用的社会支持评定量表是肖水源等心理卫生工作者在借鉴国外量表的基础上，根据我国的实际情况，自行设计编制的。该量表适用于 14 岁以上各类人群（尤其是普通人群）的健康测量，本测验结果还可以作为影响因素引入心理障碍、疾病的成因研究中。测验使用的是自测法，一般应根据受测者本人惯用的方式和情况进行评定。

该量表用于测量个体社会关系的 3 个维度共 10 个条目：有客观支持（即患者所接受到的实际支持），主观支持（即患者所能体验到的或情感上的支持）和对支持的利用度（支持利用度是反映个体对各种社会支持的主动利用，包括倾诉方式、求助方式和参加活动的情况）3 个分量表，总得分和各分量表得分越高，说明社会支持程度越好。

量表计分方法：第 1～4，8～10 条：每条只选一项，选择 1、2、3、4 项分别计 1、2、3、4 分，第 5 条分 A、B、C、D 四项计总分，每项从无到全力支持分别计 1～4 分，第 6、7 条如回答"无任何来源"则计 0 分，回答"下列来源"者，有几个来源就计几分。

社会支持评定量表分析方法：

1）总分：即十个条目计分之和；

2）维度分：

客观支持分：第 2、6、7 条评分之和；

主观支持分：第 1、3、4、5 条评分之和；

对支持的利用度：第 8、9、10 条。

社会支持评定量表

姓名：   性别：   年龄：   （岁）

文化程度：   职业：   婚姻状况：

住址或工作单位：

填表日期：   年   月   日

指导语：下面的问题用于反映您在社会中所获得的支持，请按各个问题的具体要求，根据您的实际情况来回答。谢谢您的合作。

1. 您有多少关系密切，可以得到支持和帮助的朋友？（只选一项）

　　（1）一个也没有　　　　　　　　（2）1～2 个

　　（3）3～5 个　　　　　　　　　　（4）6 个或 6 个以上

2. 近一年来您：（只选一项）

　　（1）远离家人，且独居一室。

　　（2）住处经常变动，多数时间和陌生人住在一起。

　　（3）和同学、同事或朋友住在一起。

　　（4）和家人住在一起。

3. 您与邻居：（只选一项）

　　（1）相互之间从不关心，只是点头之交。

　　（2）遇到困难可能稍微关心。

　　（3）有些邻居都很关心您。

　　（4）大多数邻居都很关心您。

4. 您与同事：（只选一项）

　　（1）相互之间从不关心，只是点头之交。

　　（2）遇到困难可能稍微关心。

　　（3）有些同事很关心您。

　　（4）大多数同事都很关心您。

5. 从家庭成员得到的支持和照顾（在合适的框内划"√"）

　　　　　　　　　　　　　　无　　极少　　一般　　全力支持

　　A. 夫妻（恋人）

　　B. 父母

　　C. 儿女

　　D. 兄弟姐妹

　　E. 其他成员（如嫂子）

6. 过去，在您遇到急难情况时，曾经得到的经济支持和解决实际问题的帮助的来源有：

　　（1）无任何来源。

　　（2）下列来源：（可选多项）

　　A. 配偶；B. 其他家人；C. 朋友；D. 亲戚；E. 同事；F. 工作单位；G. 党团工会等官方或半官方组织；H. 宗教、社会团体等非官方组织；I. 其他（请列出）

7. 过去，在您遇到急难情况时，曾经得到的安慰和关心的来源有：

　　（1）无任何来源。

　　（2）下列来源（可选多项）

　　A. 配偶；B. 其他家人；C. 朋友；D. 亲戚；E. 同事；F. 工作单位；G. 党团工会等官方或半官方组织；H. 宗教、社会团体等非官方组织；I. 其他（请列出）

8. 您遇到烦恼时的倾诉方式：（只选一项）

　　（1）从不向任何人诉述。

　　（2）只向关系极为密切的1～2个人诉述。

　　（3）如果朋友主动询问您会说出来。

　　（4）主动诉述自己的烦恼，以获得支持和理解。

9. 您遇到烦恼时的求助方式：（只选一项）

　　（1）只靠自己，不接受别人帮助。

　　（2）很少请求别人帮助。

　　（3）有时请求别人帮助。

　　（4）有困难时经常向家人、亲友、组织求援。

10. 对于团体（如党团组织、宗教组织、工会、学生会等）组织活动，您：（只选一项）

　　（1）从不参加

　　（2）偶尔参加

　　（3）经常参加

　　（4）主动参加并积极活动

三、如何看待求职面试中的心理测试

　　近年来，随着心理学日益受到人们的关注，与之相联系的一系列"人才测评"、"人员素质测评"等层出不穷。为了选到更合适的雇员，宝洁等全球知名的500强企业也纷纷将职业人格测试纳入网申、笔试，甚至面试环节，作为初选淘汰不符合"职业定位"的人才的主要方法。这使得不少应届本科毕业生在求职过程中遇到心理测试时，显得过于谨慎，答题时尽量呈现出外向、有能力、有上进心的形象，却不想结果连网上申报都没有通过。事实上，系统科学的心理测试都经过严谨的设计：一套测验从编题开始，需经过取样、试测、修改、数据计算、制定常模等一系列手续，再按心理测量学原理和统计方法技术检验其信度、效度等指标，是一项很复杂的工作。在心理学测验量表中，有不少题目都是"测谎"题，为的就是检验被试者是否真实将自身的情况反映在答题中。过于谨慎的态度，会影响心理测试的真实性，会使求职者的诚信遭到怀疑。

所以对待求职面试中的心理测试，大学毕业生们首先要做的就是要以一颗平常心去对待，以自己最真实和即刻的想法去应对，表达出一个真实的自我。尽管企业招聘对心理测验依赖程度不断提升，心理测试在企业招聘决策中的重要性日益增加，但目前它却远远还未成为决定个人是否能获得某个职位的最大因素。事实上，一般的人力资源经理在决定录取一个人的时候，多半会看一个人的心理测验的结果，但它只是一个参考标准而已。在公司的招聘流程中，一些心理测验更多地被他们用来分配职位，进而递交给相关的部门上级主管，作为上司更加了解求职者各方面兴趣、能力、性格的参照标准。

此外，大学毕业生还要正确看待心理测试的结果。正确看待心理测试结果，首先要理解心理测试的结果不可能是一成不变的。人的心境、心理素质等都会随着时间发生改变，人们会变得成熟或者因为经历不同的事情而有发展。即使是对于内外向这类基本的性格特征，也有可能发生改变。心理测试的结果仅仅提示的是个人在进行测试的那个时间点的状况特点，人是变化、发展、成长的，心理测试的结果也会随之改变。

正确看到心理测试结果的另一个要求就是不盲信。心理测试不是万能的，它只是提供一个专业的心理学方面的参考。每一个心理测试被设计出来，其实都有自己的目的。像焦虑问题的心理测试就有许多个，不同的焦虑测试用于衡量不同程度或是不同方面的焦虑感。你要去了解心理测试的对象，是针对正常群体的，还是针对精神病人的，是适合个体测验，还是用于群体分析的，所以要合理解释测试结果首先要了解心理测试的结构。此外，每一个心理测验的结果都是有误差的，相同的心理测验，由不同的人使用，也具有不同的误差情况。对测验使用者而言，了解测验结果的误差情况要比了解测验的结果分数更加重要。很多时候，误差是根本无法控制的。一个人比如测验分数很高，但是误差也很大，那么这个测验分数以及对这个测验分数的解释就没有太大意义。在查看自己的测验结果的时候，一定要注意仔细看看测验结果的误差情况。

心理测试只是一个帮助人们更好地生活的工具，而不是来破坏或者干扰人们正常生活工作的东西。只有在你需要它的时候，心理测验才能真正帮助你发现自己的问题所在。当生活一切顺利的时候，大学毕业生可以做那些发展性的心理测验，可以帮助你更好地生活，也可以为个人求职积累经验。

问 题 思 考

1. 在即将到来的求职过程中，你会如何端正你的求职心态？
2. 在你身边有类似李辉一样的同学吗？你是如何看待他们的行为的？
3. 你是如何排解日常生活中的各种压力？
4. 你如何看待安妮特的成功？她的故事对你有哪些启发？
5. 你做过求职相关的心理测试吗？你是如何看待测试结果的？

信 息 园

求职心理操：想象成功

许多年前，一个小姑娘应聘到纽约市第五大街的一家裁缝店当打杂女工。正式上班以后，她经常看到女士们乘着豪华轿车来到店里试穿漂亮衣服。她们穿着讲究，举止得体。小姑娘想：这才是女人们应该过的生活。一股强烈的欲望自她的心中升起：我也要当老板，成为她们中的一员。

于是，每天开始工作前，她都要对着那面试衣镜，很开心、很温柔、很自信地微笑。虽然只穿粗布衣裳，但她想象自己是身穿漂亮衣服的夫人，待人接物落落大方，彬彬有礼，深受那些女士们喜爱。虽然只是一名打杂女工，但她想象自己已经是老板，工作积极投入，尽心尽力，仿佛裁缝店就是她自己的，因此深得老板信赖。

不久，就有许多客户开始对老板夸奖小姑娘："这位小姑娘是你店中最有头脑、最有气质的女孩。"女老板也说："她的确很出色。"又过了段时间，女老板就把裁缝店交给小姑娘管理了。

渐渐地，小姑娘有了一个响亮的名字——"安妮特"，继而成了"服装设计师安妮特"，最后终于成了"著名服装设计师安妮特夫人"。

当然安妮特的成功源于很多方面，但不容否认敢于"想象成功"，对她获得成功有极大的助力。

心理学家曾做过这样的实验，把一些身体状况基本相同的学生分成三组，进行不同方式的投篮技艺训练。第一组学生坚持在20天内练习投篮，并把第一天和最后一天的投篮成绩记录下来，中间练习时不提任何要求，顺其自然。第二组学生也记录第一天和第二十天练习投篮的成绩，但在此期间不再做任何投篮练习。第三组学生记录下第一天的投篮成绩，然后每天花20分钟做想象中的投篮，如果投篮不中，他们便在想象中对此做相应的纠正。

实验结果令人吃惊：第二组进球率没有丝毫长进，第一组进球率增加24％，第三组进球率增加了26％。也许你对"想象"的作用并不在意，认为安妮特的成功只是个特例。但是这个实验令人信服地证明了"想象"的强大作用，也让我们看到了自己头脑中的巨大潜能。

成功是蕴藏于心底的一份强烈渴望。但是，当我们在现实的物质世界里心灰意冷举步维艰时，或者置身于失败的困境，常常忘了这一条经由"想象"而抵达的成功之路。事实上，当一个人一无所有却胆敢"想象成功"时，他就拥有了一份严谨理性的思维方式和乐观自信的心态，这种理性的思维方式能使我们的心智不断提高，而积极的心态，更能给人生带来质的飞跃。

第六章　职场适应

案例 >>>

　　小胡，男，某高校机械工程专业的毕业生，来自浙江沿海经济发达地区，成绩优秀，在校期间曾多次获优秀学生奖学金。机械工程专业被认为是他们学校的热门专业，学生毕业之后找的工作都很不错。小胡曾经向高年级的师兄师姐打听过，一般来说，毕业之后找个起薪2000元以上的工作不是什么大难题。因为专业成绩优秀，小胡早早被一家有名的船舶制造企业录用了。他是班里第一个签约的，被不少同学美慕。毕业之后，小胡与这家船舶制造企业正式签订了合同。根据合同，小胡入职之后前三个月的工资是2000元，6个月之后，根据他的表现和工作积极性，工资上涨到2600元。

　　但是，小胡对此并不满意。2600元一个月的工资和小胡预想的有一定差别。原本他认为自己成绩优秀，找的单位又是大企业，收入总要比其他同学高一些。但事实上，他一打听，发现别人的起薪都和他差不多。小胡所在的城市是省会城市，房价高，房租也不便宜。每个月仅是租房子就花去半个月的工资了，加上吃饭、水电、交通等开销，每个月下来都存不下钱。有时候陪女朋友逛街，难免觉得囊中羞涩。

　　再看看单位里面的老员工，干的活比他少，收入却比他高。一段时间下来后，小胡觉得心里越来越不平衡：脏活累活都是他在做，有些老员工只有大专毕业，会的东西也不比他多，但是因为工龄长，月收入却比他高了不止一倍。最让他"愤愤不平"的是，他们单位来了两个实习的研究生，由他带着干活，活做的一点都不熟练，可他们实习工资就有2000多，都快赶上他这个正式员工了。于是，小胡坚决地从这家单位辞职了。

课前思考 >>>

1. 面对第一份工作，你希望得到什么？你最看重什么？
2. 一切朝"钱"看和一切朝"前"看，哪个能让你走得更远？

第一节 职业素养修炼

一、什么是职业素养

职业素养是指职业内在的规范和要求，是个人在职业过程中表现出来的综合品质，包含职业道德、职业技能、职业行为、职业作风和职业意识等方面。人的职业素养是经过较长时间的教育培训，并在长期从业实践锻炼中逐渐形成和发展的。它一旦形成，就具有相对稳定性，就会存在并表现在个人的一切职业活动和行为中。这种稳定性是个人做好本职工作的基本条件和保证，也是一个人职业生涯成败的关键因素。我们通常所说的"职商"就是由此量化而成。

很多企业界人士认为，职业素养至少包含两个重要因素：敬业精神和合作态度。敬业精神就是在工作中要将自己作为公司的一部分，不管做什么工作一定要做到最好，发挥出实力，对于一些细小的错误一定要及时地更正，敬业不仅仅是吃苦耐劳，更重要的是"用心"去做好公司分配给的每一份工作。好的合作态度是职业素养的核心，好的合作态度比如负责的、积极的，自信的，建设性的，欣赏的，乐于助人的等态度是决定职业成败的关键因素。

资料链接 >>>

知名企业对员工职业素养的要求

宝洁公司：宝洁强调的是员工的自身素质，包括：诚实正直、领导能力、勇于承担风险、积极创新、发现问题和解决问题的能力、团结合作能力、不断进取等。

通用电气公司：①要看这个人的专业素质和专业标准是否符合公司对这个位置的基本要求。②依据公司价值观，考察这个人是否拥有 GE 的价值观——坚持诚信、渴望变革、注重业绩。③看这个人有无潜力，公司在招聘时会把眼光看得远一些，看这个人除了做好眼下工作外，将来是否有潜力做更高位置的工作。

索尼公司：索尼公司企业文化的核心是自由、创新。因此索尼员工需要具备好奇心、冒险精神、执著精神、灵活性和乐观精神。具体到对大学毕业生的招聘，索尼的原则是以具体业务为导向，因地制宜，根据不同部门的需要和各地区的具体情况来招聘最适合的员工。

毕博管理咨询有限公司：在招聘过程中更注重沟通技巧和个性特征。因为作为未来的咨询师，他们一定要具有与客户沟通、协调的能力。此外，潜在的领导能力、学习能力、团队精神、创新精神、分析能力、归纳能力都是不可或缺的因素。

IBM 公司：①智力。②具有自我激励的习惯，要坚信自己比任何人都做得好，有强烈渴望成功的欲望。③接受新事物比较快，并在此基础上要有创新精神。

沃尔玛百货有限公司招聘这样的人：①有充沛的精力，并能带动他人。②有团队精神。③要视变化为机遇。④每天都追求完美，找到最好的方法推进工作。⑤做全球化的人才。⑥要学会平衡，要有承受压力的心态，能把压力变成动力，不断进步。

百事公司：像百事这样做快速消费品的企业，对人才的要求，从技术方面来说不是很高。不需要应聘者具备这样或那样的专业知识，唯一需要的就是脚踏实地，非常愿意去做事情的人。通常会考虑那些年轻有活力的人，这个年轻并不是一味追求年纪上的年轻，而是要有一个年轻的心态，能不断地创新，不断接受新的挑战，更要有抗打去和受挫折的能力。相反，对于那种心浮气躁，这山望着那山高，在一个岗位上工作两天就想跳到别的岗位上去的那种人，百事是绝对不欢迎的。

海信集团有限公司：选人不拘一格，不看出身，最看中的是对企业文化的取向，即首先要认同海信的企业文化、要有事业心、要有做事的激情、要有学习精神。

联想集团：不论毕业生过去的背景成绩多优秀，在联想都是从基层开始做起。联想的人才理念就是让员工把个人追求融入到联想长远的发展之中。哪怕是学习成绩再优秀，如果觉得联想只是一个跳板，那他也不是一个理想的人才。只有认同公司的文化，把公司的发展和他自己的个人发展结合在一起，才是联想希望招到的毕业生。

（来源：食品人才中心网）

二、职业素养的构成

职业素养是一个人从事职业活动的基础，并且总是同职业联系在一起，是一个人接受知识、技术、技能的教育和培养，并通过实践磨练后的内化、积淀和升华的结果。职业素养可以分为职业道德、职业思想（意识）、职业行为习惯和职业态度等四个方面。

1. 职业道德

职业道德是指人们在职业生活中应遵循的基本道德，即一般社会道德在职业生活中的具体体现，是一般社会道德的特殊形式，主要是对从业人员在职业活动中的行为规范，又是行业对社会所负的道德责任和义务。它的出现，与社会分工的发展密切相关。不同的职业有着不同的作用，不同的职业有不同的业务内容、具体利益和应当履行的义务，从而形成了各种职业和特殊要求、道德传统。虽然不同的行业和职业有着不同的职业道德标准，但是各行各业的职业道德同样有相同之处。其中最重要是爱岗敬业、诚实守信、尽心尽责、团结合作。

1）爱岗敬业。爱岗敬业，通俗点说就是"干一行爱一行"，它是最基本的职业道德规范，也是人类社会最为普遍的奉献精神，要求从业者既要热爱自己所从事的职业，又要以恭敬的态度对待自己的工作岗位。从业者只有养成"干一行爱一行"的职业精神，才能"干一行精一行"，实现敬业的深层次含义，在各自的工作岗位上有所贡献，甚至创造奇迹。反之，如果一个人像"小胡"一样看不上自己的本职岗位，心浮气躁、好高骛远，不仅和职业道德规范相违背，也会失去自身发展的机会。

2）诚实守信。诚实守信，即"言必行，行必果"。诚，就是真实不欺，也包括不自欺，它是个人内在的品质；信，就是真心实意的遵守诺言，它是处理人际关系的一个准则。诚实守信就是指真实无欺，遵守承诺和契约的品格，这一品格关乎任何一个社会组织和个人的发展前景。诚信的核心问题在于：谋求个人利益时，如何对待他人利益。市场经济从某种意义上来说就是信誉经济，信誉来之不易，它是职工集体职业道德的结晶，是长期努力的结果。但事实，目前社会上假冒伪劣、商业欺诈、缺斤少两等失诚失信的不道德现象并不少见。对此，决不能掉以轻心，需要用诚信的道德规范约束从业人员的动机，用法律规范约束从业人员的行为，用发展的眼光和创造性思维抓好诚信教育，使人们在职业活动中都珍视信誉。

3）尽心尽责。责任心是指个人对自己和他人、对家庭和集体、对国家和社会所负责任的认识、情感和信念，以及与之相应的遵守规范、承担责任和履行义务的自觉态度。工作责任心是指从事职业活动的人必须承担的职责和义务，它是职业道德的基石，是衡量员工职业道德素质高低的核心内容之一。尽心尽责就是要敬重自己的工作，把工作当成自己的事，全心全意，对于工作有一定的使命感和责任感。这是做好一切工作的前提，正如微软公司总裁史蒂夫·鲍尔默所说：在如今群雄割据的年代，员工的责任心就成为企业的稀缺资源，只有将那些具有极强责任心的员工纳入旗下，打败竞争对手也就指日可待。而对于个人而言，具有强烈工作责任心的人，必定能在个人职业发展过程中收获更多发展机遇。

4）团结合作。合作是个人与个人、群体与群体之间为达到共同目的，相互配合的一种联合行动的方式。团队合作指的是一群有能力，有信念的人在特定的团队中，为了一个共同的目标相互支持、合作和奋斗的过程。1994 年，斯蒂芬·罗宾斯首次提出了"团队"的概念，在随后的十年里，关于"团队合作"的理念风靡全球。团队合作可以调动团队成员的所有资源和才智，并且会自动地去除所有不和谐和不公正现象，同时会给予那些诚心、大公无私的奉献者适当的回报。俗话说：众人拾柴火焰高。如果团队合作是出于自觉自愿时，它必将会产生一股强大而且持久的力量。

2. 职业意识

职业意识是从业者在特定的社会环境和职业环境下，在教育培训和职业实践中形成的与所从事的职业密切相关的思想和观念，包括人们对职业和对从事的工作的看法、理解、评价、满意感和愿望等。职业意识是人的主体意识的体现，是支配和调控全部职业行为和职业活动的调节器，既影响个人的就业和择业方向，又影响整个社会的就业状况。

职业意识的形成需要经过一个由模糊到清晰、由浅到深、由幻想到现实的过程，受家庭、社会等因素影响。个人的心理和生理特征、受教育程度、生活状况、社会经历等也不同程度地影响人们的职业意识的形成。它具体表现为：

1）对职业的社会意义和地位的认识。人们希望自己所从事的职业能对社会有所贡献，也希望自己的工作能得到相应的尊重、声誉和地位。

2）对职业本身的科学技术水平和专业化程度的期望和要求。人们认为职业的知识性、技术性越强，所需要的文化技术水平就越高，也就越能发挥自己的才能。

3）要求职业能与个人的兴趣、爱好相符。这种愿望和要求的实现，能使人们心理上得到满足，从而在职业活动中发挥自己的特长。

4）对职业的劳动或工作条件的看法和要求。包括职业的劳动强度、工作环境、地理位置等客观物质条件，以及工作岗位上的人事关系、社会环境和职业的稳定性等。

5）对职业的经济收入和物质待遇的期望。包括劳动报酬或经营收入，以及住房、交通、医疗卫生等社会福利。

3. 职业行为习惯

习惯是一种重复性的、通常为无意识的日常行为规律，它往往通过对某种行为的不断重复而获得。有调查表明，人们日常活动的90％源自习惯和惯性，习惯一旦形成就难以改变。职业行为习惯是在长时间的学习、工作中自发形成并逐步固定下来的做法和惯例，是一种职场综合素质。随着技术内涵和认可度的增加，职业行为习惯可逐步演变为执业行为技术规范；而具有职业精神和道德内涵的职业行为习惯规范被社会认同并倡导时，则形成职业行为道德规范。

良好的职业行为习惯是维持社会正常运转不可或缺的一种润滑剂。因此，养成良好职业行为习惯，既是职业群体的职责，也是群体中每个人的职责。大学毕业生要在生活和学习中培养规范化的行为，这是未来职业行为习惯的直接来源之一。这一过程中，尤其要注重时间管理水平培养。时间管理是一个最基本的习惯，它是工作是否高效的基础，也决定了事业和生活的成败。

4. 职业态度

职业态度是一个人对自己所从事职业的看法以及所表现的行为举止，包括选择方法、工作取向、独立决策能力与选择过程的观念。简而言之，职业态度就是指个人对职业选择所持的观念和态度，其本质就是一个人的劳动态度，它是从业人员对社会、对其他社会成员履行职业义务的基础，具有经济学和伦理学的双重意义。

一个人的职业态度受自我因素、职业因素、家庭因素和社会因素等的影响。

1）自我因素：包括个人的兴趣、能力、抱负、价值观、自我期望等。职业态度的自我因素与职业发展过程有相当密切的关系，因为个人因素的形成多与其成长背景相关，个人价值观是在成长过程中一点一滴慢慢养成的。个人若能对自我的各项因素有深入的了解，将能了解何种职业比较适合自己，比较能作出明确的职业选择。个人在选择职业时所表现出来的态度，也是个人兴趣、能力、抱负、价值观、自我期望的一种反应的表现。但若只是依照自我因素来选择职业，有时难免会产生与社会格格不入的感觉，因此，在选择职业时仍必须考虑其他相关因素。

2）职业因素：包括职业市场的需求、职业的薪水待遇、工作环境、发展机会等。就理想而言，兴趣、期望、抱负应该是个人选择职业的主要依据，但是，事实上，却必须同时兼顾自我能力，以及外在的社会环境、职业市场动态等。对职业世界有越深的认识，就越能够掌握真实的职业讯息，也可以获得比较切合实际的职业选择。相反地，对职业认知有限的人，甚至连何处有适合自己需求的工作机会都不清楚，更何况要做出明确的职业选择呢。因此，个人对职业的认知会影响到个人的职业态度。

3）家庭因素：包括家庭的社会地位、父母期望、家庭背景等因素。虽然国内外研究看来，家庭教育对个人发展影响并不明显，但是，不论父母的学历高低、社会地位如何，大多数的父母都希望自己的子女能拥有比自己高的学历，从事比自己有发展的工作。因此，在做职业选择时，家人的意见通常会影响个人的职业态度。

4）社会因素：包括社会地位、社会期望等因素。在职业发展的过程中，个人的最终目标是在其职业上能有所表现，有更多的人希望自己能成为社会中有身份、有地位的人。以目前的社会现象为例，一般人认为医生、律师、艺术家有较高的社会地位，而清洁人员好像就是不入流的工作，虽然这并不是正确的观念，但或多或少也影响了个人的职业态度。

很多时候，职业态度决定了一个人的发展前景。同样的工作环境，同一个起点，有些毕业生成为公司里的核心员工，受到老板的器重；有些毕业生却一直碌碌无为，不被人知晓；有些毕业生牢骚满腹，总认为自己与众不同，到头来却一无是处。追根溯源，都是与个人的职业态度和努力有关。良好的工作态度是获得成功的前提，当你以积极、主动、勤奋、努力的态度对待工作时，工作就会给你同样珍贵的回报。很多事情我们无法选择也无法改变，但是我们却可以选择自己的态度、改变态度。

资料链接 >>>

洗马桶"洗出"希尔顿帝国

这是在美国广为流传的一个耐人寻味的故事：

许多年前，一个年轻人来到一家著名的酒店当服务员，这是他涉世之初的第一份工作，他将在这里正式步入社会，迈出他人生关键的第一步。因此，他踌躇满志，暗下决心一定要好好干，不辜负领导的信任！

谁知在新人受训期间，上司竟然安排他洗马桶，而且工作质量要求高得惊人：必须把马桶抹得光洁如新！他当然明白"光洁如新"的含义是什么，他当然更知道自己不喜欢洗马桶这一工作，更不可能实现"光洁如新"这一高标准的质量要求。

这与想象中的工作相差得太远了！这对未来充满了幻想的年轻人来说无异于当头一棒。说实话，洗马桶在视觉上、嗅觉上、心理上都使他难以承受，内心的屈辱感更是使他忍受不了。当他拿着抹布伸向马桶时，恶心得想呕吐却又吐不出来，令他每天如临深渊且痛苦不堪。

为此，他心灰意冷一蹶不振，他面临着人生第一步应该怎样走下去的选择：是继续干下去，还是另谋职业？继续干下去——难于上青天，另谋职业——知难而退？人生之路岂能打退堂鼓，他不甘心就这样败下阵来。

正在此关键时刻，单位里一位前辈出现在他的面前，她帮他摆脱了困惑和苦恼，帮他迈好这人生第一步，更重要的是帮他认清了人生的路应该如何走。

她并没有用空洞理论去说教，而是言传身教，身体力行，亲自洗马桶给他看了一遍。首先，她一遍遍地洗着马桶，直到洗得光洁如新，然后，她从马桶里盛了一杯水，一饮而尽，丝毫没有勉强。实际行动胜过万语千言，她以身作则告诉了他一个极为朴素、极为简单的真理：光洁如新，要点在于"新"，新则不脏，因为不会有人认为新马桶脏，所以新马桶中的水是不脏的，是可以喝的；反过来讲，只有马桶中的水达到可以喝的洁净程度，才算是把马桶擦洗得"光洁如新"了，而这一点完全可以办得到。

同时，她送给他一个含蓄的、富有深意的微笑，送给他一束关注的、鼓励的目光。这已经够用了，因为他早已激动得不能自持，从身体到灵魂都在震颤。他目瞪口呆，热泪盈眶，恍然大悟，如梦初醒！这件事给他很大的启示，他警觉自己的工作态度出了问题，于是他痛下决心："就算一辈子洗马桶，也要做一名洗马桶最出色的人！"

之后，他脱胎换骨成为一个全新的人。他的工作质量也达到了无可挑剔的高水准：为了检验自己的自信心，为了证实自己的工作质量，也为了强化自己的敬业心，他也多次喝过马桶里的水。从此，他很漂亮地迈好了人生的第一步，踏上了成功之旅，开始了他的不断走向成功的人生之旅。

几十年之后他成为世界旅馆业大王，他的事业遍布全球，他的一切成就都得益于他永不停顿、永不满足的创造与卓越的行动。他就是康拉德·N·希尔顿，他建立了享誉全球的希尔顿酒店帝国。

"就算一辈子洗马桶，也要做一个洗马桶最出色的人。"这就是他成功的奥秘所在。这一点使他几十年来一直奋进在成功路上；这一点使他拥有了成功的人生，使他成为幸运的成功者、成功的幸运者。

一个人的工作态度折射着他的人生态度，而人生态度决定一个人一生的成就。一个天性乐观，对工作充满热忱的人，无论他眼下是在洗马桶、挖土，或者是在经营着一家大公司，都会认为自己的工作是一项神圣的天职，并怀着深切的兴趣。对工作充满热忱的人，不论遇到多少艰难险阻，都会像希尔顿一样：哪怕是洗一辈子马桶，也要做个洗马桶最优秀的人。据说哈佛大学新生在入学时都要参加"义务劳动"，有的学生甚至会被安排去刷马桶。哈佛大学给学生上的入学第一课，就是教会学生们：无论是学习、工作还是生活，最重要的就是态度。对于初入职场的大学毕业生来说，态度更是至关重要。它不仅影响他人对你的评价，更决定了你的职业发展高度。

三、如何修炼职业素养

一个人的职业素养的修炼，不是通过一堂课、一两年就能够完成的，它是在学业和专业的基础上经过一个长期的修炼形成的。职业素养的高低，决定了一个人最终事业的高度。大学毕业生可以从以下四个方面努力提高自己的职业素养。

（一）培养责任心

对于责任心这个词，每个人都可以轻松给出一个自己的定义，但是如果把这个定义付诸实际行动，却并非想象中的那么轻松。在越来越激烈的职场竞争中，究竟什么样的人会成为最后的赢家？答案其实很简单，不是外表靓丽的人，不是有权势的人，也不是有财富的人，甚至不是有能力的人，而是具有责任心的人。对于任何一个人来说，想要获得一定的职位高度，就要有对这个职位负责的能力和责任心。

责任心像警钟，总能让我们清醒地意识到什么事情该做，什么事情不该做，以及什么事情坚决不能做。要培养良好的责任心，要坚持做好以下4点：①多问自己"我做得好不好"；②变"要我做"为"我要做"；③把责任作为一种生存的法则，坚信没有做不好的工作，只有不负责任的人；④明确并坚持"真正的负责是对结果负责"。

（二）提升时间管理能力

时间管理能力是工作是否高效的基础，也决定了一个人事业和生活的成败。要提升职业素养，必须提升时间管理能力。

1）克服拖延。要改变拖沓的习惯，可以尝试使用一个最简便的方法，就是在做某项工作时，为自己设定一个时间，比如写一篇稿子或一篇汇报，为自己设定半个小时或一个小时，然后用倒计时的方式，开始工作，这样的训练，你会发现比平时做同样的工作节省不少时间，原先写报告前的各种情绪预备工作等全部简化了，工作效率大大提高。要克服拖延，还要学会控制自己的情绪，对一些应该做的事情，应立即行动，快 20 秒。比如，周末是睡懒觉还是去参加论坛或讲座，这时候就要提前 20 秒，快速做出积极的决定，而不是躺在那儿考虑半天就是不加行动。

2）利用好零碎时间。每一次出现零碎时间时，你都如何运用呢？是去咖啡店坐坐，还是打电话跟朋友聊天？在生活中我们难免会碰到"会议时间延后 20 分钟"、"上班路上碰到堵车，无法按时回到公司"这些类似的情况，一年累计下来的时间也是非常可观的。美国的一项统计表明，能自觉运用"时间碎片"的人只有 3％～5％，如果你能成为这 3％～5％ 人中的一份子，你的职业发展很可能比其他人快很多。

这些零碎时间可以做些"本来就决定在零碎时间完成的工作"。当然，你需要在平日就先写下可在零碎时间处理的事情，列成一份清单，并将这份清单记在随身携带的记事本上。这些零碎时间，你还可以用于思考对当日工作的反省、学习、与客户（部属）联系工作，或者转化成适当的休息时间，等等。

（三）挖掘自身优势，培养个人核心竞争力

核心竞争力，是企业或个人所特有的、能够经得起时间考验的、具有延展性的，不易被竞争对手效仿、具有竞争优势、独特的知识和技能。在职业生涯中，一个人要挖掘和了解自己的优势，并以这些优势来形成核心竞争力，这是一个人在职场中不可被替代的坚实后盾。核心竞争力如同一把锋利的刀，利用好它便可以轻易地切开一次次机遇的口子。大学毕业生们要清楚地了解自己到底有什么是能让朋友、同事、上级领导及周边的人值得称道的东西，这些"东西"就是你的比较优势。挖掘和用足自己的优势，就是打造自己的核心竞争力。

当然，在核心竞争力的培养上切忌贪多。一棵大树，如果旁枝过多很有可能阻碍大树主干的生长，从而使大树失去足够的向上生长的能量。核心竞争力的培养也是如此，各种各样的兴趣反而可能削弱了你本来的核心竞争力，甚至让人产生"啥都想干，但没有特点，或没有一样能做到最好"的感觉。要在竞争激烈的职场上脱颖而出，最好的办法莫过于找到一个点，集中你的全部力量，在这个点上超越所有的竞争对手。

（四）不断提升执行力

执行力，简单地说，就是按质按量、不折不扣地完成工作任务。这是执行力最简单也是最精辟的解释。个人执行力的强弱取决于两个要素——个人能力和工作态度，能力是基础，态度是关键。因此，提升执行力一要通过学习和实践来提升个人素质，更要端正自身的工作态度：①要增强责任意识和进取精神。责任心强弱，决定执行力度的大小；进取心强弱，决定执行效果的好坏。②要脚踏实地，从小事做起。从小事做起往往是一个人从呆坐胡思乱想到雷厉风行转变的第一步，更是一种正确的心态。个人成长在于不断积累，在"做小事"中历练自己，才能培养起做成大事的能力。③要培养自觉的习惯，摒弃拖拉。不少人在工作中常有这样状况：面对某项工作，反正也不着急要，我先拖着再说，等到了非做不可甚至是领导追要的地步才去做。一旦习惯成了自然就变成了一种拖拉办事的工作风格，这其实是一种执行力差的表现。因此，执行力的提升需要把等待被动的心态转变为主动的心态，并使之形成习惯。④要加强过程控制和管理。提升执行力的一个行之有效的方法就是加强对工作的过程管理，每项工作都制定进度安排，明确到哪天需要完成什么工作，在什么时间会有阶段性或突破性的工作成果，同时要自己检查计划实施的进度，久而久之，执行力也就会得到有效的提升。⑤提高执行力还需要团队精神。每个人都不是一座孤岛，在做工作时，需要相互协作，相互帮助，相互提醒，这样才能不断提升自己完成任务的能力。

第二节　角色转换与适应

案例 >>>

林小雅，女，某高校汉语言专业毕业生。毕业的时候，她进入一家网络公司成为一名网站编辑。可正式上班第一天的经历，让她觉得非常失落。为了给部门的同事留一个好印象，她精心打扮，挑选了衣柜里最正式的一套职业装，去单位报到。到单位人事部办好入职手续后，人事部门的同事把林小雅带到了所在的编辑部。编辑部的经理向部门同事简单地介绍了她，给她安排好座位，让她先熟悉公司网站和操作后台。而部门里面十几个同事除了最开始的时候鼓了下掌欢迎她，就各忙各的了。再看看其他同事，穿的都是 T 恤、牛仔裤，自己一身职业装，似乎和他们更加格格不入。中午吃饭的时候，也没有人问她要不要一起吃，结果她一个人在公司附近找了半天，才找到用餐的地方。

第二天开始，林小雅就换下了职业装，学着其他同事，穿了T恤、牛仔裤去上班。一个星期下来，通过工作上的接触，林小雅开始和部门里的同事熟悉起来了。对于工作，她是非常积极的。为了尽快熟悉工作，她从公司网站上找了大量的资料，又从公司的书架上找了相关的参考书，她还经常向部门里的同事请教。可她发现，有些同事的态度特别冷淡，甚至连经理也总是说："有些问题，你自己先琢磨琢磨，不要一碰到问题就来问……"小雅觉得特别委屈：不会了才来问你们的呀，还不是想把工作做好啊？

最让小雅不适应的，还是办公室的人际关系。以前在学校里面，同学之间都很单纯，即使遇到问题大家会争得面红耳赤，可过一会儿就好了。单位里面的同事完全不一样，有些非常冷淡，每天都是板着脸；有些现实的让你躲避不及；最可怕的是，有些人看着和善，却会在你背后做一些小动作。有一次，小雅在办公室里面评论公司的考勤制度不合理，全勤奖每月也才100元，迟到一次却要扣掉50元。没想到，这些话第二天就传到经理耳朵里面，自然免不了一顿批评。从那之后，小雅上班的时候都不太敢说话，生怕自己不小心说错话，又被人传出去了……几个月下来了，小雅每天走进办公室，都觉得是一种折磨，一到下班时间就飞快地逃离办公室，不愿意在办公室多待上一分钟……

对离开校园，走上工作岗位的大学毕业生来说，怎样顺利地适应新工作和新环境，是他们首先必须面对的一个重要问题。而这其中，最重要的莫过于怎么样完成学生角色到工作角色的转变。本案例中的林小雅就是没有认识到这些差别，才在角色转化的过程中，碰到了困难。

对于刚刚走上工作岗位的大学毕业生，或多或少心里都留存着象牙塔的痕迹，对职场生活都会有不同程度的不适应，会产生一些"恋旧"心理，不自觉地把公司的同事和以前的同学相比，或者把公司的领导和大学的老师相比。但是，和学生生活相比，踏上工作岗位之后，社会各方对大学毕业生们提出了更多的工作要求，比如压力考验、主动性、面对工作问题的思考和解决能力、人际关系考验，等等。只有充分意识到"学生角色"和"工作角色"的不同，大学毕业生们才能更好地适应职业生活。

一、角色转换和环境适应

对于即将离开校园、走上工作岗位的大学毕业生来说，第一次参加工作面临的最重要的一件事情就是角色转换。在这一转换中，新（职业角色）旧（学生角色）角色间存在着身份、环境、任务结构、经济状况、挑战性和自主性等各种差异。因此，要在新工作岗位上做出成绩，最需要的莫过于积极适应，尽快完成学生角色到职业角色的转换。

大学生大多处在18~24岁这一年龄阶段，是人生中增长知识、发展智力、培养能力的重要阶段，其中心任务是努力学习以专业知识为主的多方面知识，培养以专业能力为主的各种能力。这一阶段，学生以学习为主，经济上要依靠家庭。所以，可以这样定义学生角色：在社会教育环境的保证下和家庭经济的资助下，学习知识，培养能力，全面提高自身素质，努力使自己成为社会的合格人才，属于消费者，基本不具备产出经济效益的能力。

职业角色的个性表现非常具体、千差万别，但是职业角色仍有其一定的共性：职业角色扮演者具有自己的社会职位和一定职权；有相应的职业规范；有一定的基础知识和业务能力；能履行一定的义务；经济上比较独立。因此，我们可以这样定义职业角色：在某一职位上，以特定的身份，依靠自身知识和能力并按照一定的规范具体地开展工作，在行使职权、履行义务为社会做出贡献的同时取得相应的报酬，属于创造者、主动者和有责任者。

因此，学生角色与职业角色的不同在于：一个是受教育，掌握本领，接受经济供给和资助，逐步完善自己；一个是用自己掌握的本领，通过具体的工作为社会服务，以自己的行为承担责任，并取得相应的报酬。两者之间的发展目的、社会责任感、面对的环境、社会规范和权利、方法技能均有所不同（表 6-1）。

表 6-1 学生角色与职业角色对比

内容	学生角色	职业角色
思维角度	一般只关注是什么	主要关注做什么
思维方法	他人出问题，被动思考和回答	自己发现，主动思考问题
解决问题	强调独立思考并解决问题	团队沟通，协作解决问题
地位立场	主体地位，学校为学生服务，是获取主体，依赖家长和学校	客体地位，为职场和团队服务，是奉献主体，工作生活独立，参与竞争，独立承担责任
行事规则	处事交往与待人接物比较简单直接，不牵涉过多的利益纠纷	高效做事，以结果为导向，绩效为王
合作习惯	松散的，情感导向	义务性的，利益导向
承担责任	以学习、探索为主要任务，校园内接受校规校纪的约束	必须服从领导和管理、适应职场，犯错误要承担相应的成本、风险和责任
社会权利	接受教育权	行使职权，开展工作，获得报酬
社会规范	学生规范，学校规章制度	职业规范
生活环境	简单生活方式，生活环境单纯	必须适应不同环境和组织文化
人际关系	单纯、民主、平等、自由	复杂、明确等级关系、服从管理
活动方式	学习知识和培养能力，接受给予	运用自己的知识和能力，提供劳动

资料链接 >>>>

职场新人的角色转换

对于初涉职场的新人，如何应对从校园走到社会，由学生变成职员的身份转变？华恒智信根据对新入职人员的观察和调查，总结整理了几种刚入职场新人的角色转换：

角色转换之一：从"模糊人"到"清醒人"

刚刚走上社会的年轻人必须实现的第一次角色转换就是要从一个"模糊人"变为"清醒人"。"模糊人"是说，刚参加工作的年轻人对自己的工作没有明确的定位。要成为一个"清醒人"，首先要了解自己，慎重选择自己要做的事情，确立自己不同阶段的目标，包括职业早期的目标、职业中期的目标和职业晚期的目标。特别需要提醒的是，目标一定要切合实际，不要把自己搞得很疲惫，适时地奖励自己，放松一下，也是非常必要的。

角色转换之二：从"被动人"变为"主动人"

第二个角色转换，就是从"被动人"变为"主动人"。实现这一转变，要从改变思维模式和行为习惯开始。不要被一些陈旧的思维习惯和行为习惯束缚，不要怨天尤人。唯一的办法就是改变习惯的思维模式和行为。我们要变消极、被动为积极、主动，我们要学会为今后的成功做好一切准备。要实现从"被动人"变为"主动人"，改变心智模式非常重要。

角色转换之三：从"消极人"变为"积极人"

第三个角色转换，就是从"消极人"变为"积极人"。要学习调整自己的观点和脚步，克服悲观主义倾向，把握每一个机会，及时把自己的心态调整到最佳状态。只有心态健康，身体才能健康。进行积极的心理暗示，成功心理学是关于发挥人的最佳效能的科学。它致力于发现和促进那些能使个体和社会成功的因素，关注于成功的生活与职业。人生中大多数的失败者只是心理上的失败者，他们不相信自己能取得和别人一样的成功，这使他们丧失了自信心所带来的活力和决心，而且他们甚至都不为成功做出半点努力。而本来他们能成就一番大事，却没有成功，最主要的是因为他们缺乏自信。成功心理学的理论告诉我们，判断一个人是不是成功，最主要的是看他是否最大限度地发挥了自己的优势。

角色转换之四：从"封闭人"变为"开放人"

第四个角色转换，就是从"封闭人"变为"开放人"。每一个人都应该增强对沟通的认知，无论是在公司里，还是在社会上，都要建立双向的沟通渠道。另外，还要学会与人相处，不仅包括与同事和下属的相处，还包括与上司的相处，与客户相处，与家人和朋友相处，这样个人的发展空间才会广阔。要与人建立良好的沟通、进行信心的共享。

角色转换之五：从"传统人"变为"现代人"

第五个角色转换，就是从"传统人"变为"现代人"，从一个恪守中国五千年传统观念的传统人变成一个能够广纳中西方文化精髓的现代人。要接受中西方文化的精华，要有一种开放的学习观念，不断汲取各种文化中的营养。

角色转换之六：从"一个人"变为"团队人"

第六个角色转换，就是从"一个人"变为"团队人"，要将自己从一个单独的个体变成团队组织中的一份子，能够正确认知企业、团队、个人的关系，明确1+1>2的道理。要有团队的合作意识，华恒智信的企业文化中有一点就是"共享"，大家是一个团队要共同提高，分享彼此的心得、经验和教训就显得尤为重要。

角色转换之七：从"社会人"变为"企业人"

第七个角色转换，就是从"社会人"变为"企业人"，要摆正个人和企业之间的关系。个人在职业生涯规划时，千万不能三心二意，要小聪明，要学会真正融入其中，否则利益受损的就是你自己。对于任何一家公司而言，都不可避免地会日复一日地重复大量的维持性工作，关键是你是否善于从中寻找到发展性工作的亮点，这对个人的整个职业生涯规划的实现起着至关重要的作用。

角色转换之八：从"忙乱人"变为"充实人"

第八个角色转换，就是从"忙乱人"变为"充实人"。摆脱日常工作中的忙乱，合理安排自己的时间，拥有积极心态，保持身心健康，家庭和睦，事业有成，才是我们追求的最终目标。

华恒智信认为：初涉职场的员工，要有角色转化的意识，才能尽快地融入所在的企业和企业文化，被企业和社会所接受。进入职场，企业应该加强培训，尽早促成新进员工角色的转换。此外，对员工进行有效的职业生涯规划对完成员工角色转换有重大作用，因为职业生涯规划的目的就是通过员工和组织共同努力与合作，使每个员工的职业目标与组织的目标相一致，使员工的发展与组织的发展相吻合。

（来源：http://www.shoeshr.com）

二、职场常见适应问题

从校园进入职场，从一名学生转换为一个社会人，大学生在从学生角色向职业角色转换的过程中，往往会面临着新旧角色的冲突，加上职场环境和学校环境又有着明显的差别，大学生初入职场的时候容易出现以下适应问题。

（一）心理适应问题

1）恋旧心理：不少毕业生走上工作岗位后，会对学生角色产生强烈的依恋，十多年的读书生涯，使得大学毕业生在学习、生活和思维方式上都养成了一种相对固定的习惯，学生角色的体验可谓印象深刻。因此，初入职场的大学毕业生常常会不自觉地把自己置身于学生角色之中，以学生角色的习惯方式来待人接物，来观察和分析事物，对待工作。

2）畏惧心理：面对新环境，一些毕业生在刚走进新的工作环境时，不知道工作应该从何入手，如何应对，在工作中缩手缩脚，怕担责任，怕出事故，怕闹笑话，怕造成不良影响。于是工作上就放不开手脚，前怕狼后怕虎，缺乏年轻人的朝气和锐气。

3）浮躁心理：有一些毕业生对人才的理解不够全面和准确，进入单位之后不愿意从小事做起，甚至认为一个堂堂的大学毕业生干一些琐碎的不起眼的工作是大材小用。这一类毕业生往往轻视实践，眼高手低，一阵子想干这项工作，一阵子又想干那项工作，表现出不踏实的浮躁作风和不稳定的情绪。

（二）人际关系适应问题

人际关系是一门艺术，讲究的就是如何与别人和谐相处，但人际关系又是一道门槛，尤其对于初涉职场的大学生来说，先学会与同事相处或许比学习业务更重要。然而，职场人际关系往往错综复杂，大学毕业生初出茅庐，在人际关系的处理上，往往会碰到一些小障碍：处理不好与领导、同事的关系，处理不好个人与集体的关系、处理不好工作和朋友、爱人的关系，等等。

（三）职业技能适应问题

职业技能适应问题，是大学毕业生在职场适应阶段无法无视的另外一大难题。刚踏入职场的大学毕业生，也许文凭过硬，理论知识也学的不错，但是往往缺乏实践技能和实践经验，对岗位需求的知识技能储备不足，加上岗位认识的不足，工作过程中难免出现一些硬伤。

（四）职业发展与职业稳定性

职业发展和职业稳定性，是所有毕业生进入职场之后最终都会碰到的一个问题。麦可思曾对 2011 届大学毕业生做过调查，发现有 41％ 的毕业生都是"跳早族"，均在半年内离职过，而其中主动离职的人数更是高达 98％。究竟是什么原因使得这么多大学毕业生成为"跳早族"呢？很多一部分"跳早族"都是觉得个人发展空间有限、薪资福利偏低、工作不称心等原因不断地跳槽走人、甚至一跳再跳。本质的原因离不开毕业生就业期望与现实的落差。这是不少毕业生进入职场后会碰到的一个大问题，严重影响了他们的职业稳定性，对个人职业规划长远健康发展具有极大的"杀伤力"。

资料链接 >>>

你是"跳早族"吗?

形形,女,杭州某高校艺术设计专业学生,在校期间成绩中等,性格温和,自我意识不强,容易依赖他人。通过专业老师的介绍,去杭州某设计院实习并顺利签订就业协议,成为班上第二位签订就业协议的同学。毕业后她同用人单位正式签订了劳动合同。但只工作一个月,形形就觉得设计工作太辛苦。得知老家有事业单位招考,加上父母也想让她回家里发展,形形就辞去杭州的工作,回老家备考。形形的男朋友,也陪她一起回老家参加考试,打算一起考上了,共同开始新的生活。最终形形进入了面试。但因为与第一名的笔试成绩差距较大,还是未能录取。

形形十分失落,回之前的设计单位是不可能了,老家又没有几家像样的设计公司。她懊恼自己之前的决定,但又不知道接下来该怎么办。听取长辈、朋友和同学等建议之后,她决定回杭州重新开始。

10月初,形形和男朋友一起回到了杭州,四处投简历找工作。如今设计行业工作相对好找,再加上形形之前有一定的工作经验,很快就找到了新的工作单位。新单位规模不大,但是仍有一定的业务量。忙起来的时候没日没夜地连轴转,再加上老板的百般苛求,形形觉得无法忍受。可目前这是自己和男朋友唯一的出路,她只好咬牙坚持。碰到让自己郁闷的事情,就找朋友吐槽。于是网络就成了形形发泄的地方,到处记录着形形对工作的抱怨和激励自己的话语。很快就熬到了年底,眼瞅着身边同学都在讨论年终奖的情况,形形也期望自己有一份满意的回报。终于,期待已久的年终奖到手了,只有其他同学的四分之一,形形彻底对这家单位绝望了。虽说自己在这个单位做的不长,但是,该干的活也干了,加班虽有怨言,但是也老老实实地加了。于是春节刚过完,上班第1天,形形就辞职了。

形形常在想,为什么我找工作就那么辛苦,为什么别人找工作就那么轻松?好在春节后是各大设计公司大换血的时候,工作还是有选择的余地,形形接到了两家公司的面试通知:一家是普通的设计公司,另一家是中外合资的设计公司。有了之前工作面试的经验,形形了解清楚了两家公司的待遇和工作情况,最终选择了自己认为有一定发展的中外合资的设计公司。2012年3月,形形开始了新的工作。进入公司后,形形发现这家公司才成立2个月,老板能力比较强,但是由于刚成立,设计部门只有形形一个人,设计的重担就压在了她身上。虽说项目不多,但是自己是刚毕业半年的新人,完全靠一个人,有时候根本无从下手。工资待遇方面,在同学之中也是属于中等水平。工作轻松了形形却担心签合同的时候说年底的奖金是按照完成项目的提成来计算，按照如今的项目量，她不免有点心凉。

眼瞅着其他同学的工作都逐步上了正轨，自己却仍然原地踏步，彤彤又开始了新的求职之路。当然这次她并没有立刻辞职，而是先找后路。她准备新工作谈妥了再辞职，以免有后顾之忧。彤彤决定两步走计划，一是自己海投简历；二是通过询问同学公司有没有招人。经过重重努力，彤彤终于找到了一家满足自己要求的设计单位。2012 年 7 月，彤彤进入这家新单位开始了新的工作。

点评：毕业短短一年，跳槽 3 次，换了 4 家单位，算起来每份工作都不超过 3 个月。彤彤的跳槽经历或许使人诧异，但是，与彤彤有着类似经历的大学毕业生并非少数。入职时间短还频繁跳槽，一张板凳还没有坐热又换了新的板凳，这一类"跳早族"在 90 后的大学毕业生中颇为常见。

其实跳槽没有好坏之分，但是，像彤彤这样，前期没有充分的分析和准备，没有规划的频繁跳槽却是非常可怕的，往往会给自身带来一些消极影响。收入上的损失是不用提了；更别说频繁"闪辞"会让用人单位觉得毕业生缺乏稳定性、责任感和职业忠诚，会给用人单位留下不良印象；如果签订服务期限合同的，毕业生还可能会因为"跳槽"导致承担违约金。频繁跳槽不利于毕业生积累自身工作经验，容易让人忽视自身的不足，也容易影响毕业生的心理状态，在找工作的过程变得过于挑剔，甚至出现职业倦怠。

三、职场环境和角色适应

大学校园和职场是两个截然不同的场所。初涉职场的大学毕业生们无法预测，各自将进入什么样的环境，会接触什么样的上司和同事，能否顺利完成"学生"到"职业人"的角色转变，更没有人能在走入社会之前，较好地完成入职彩排和演练。对他们而言，仿佛只是一瞬间，他们就要完成学生到职场人士的角色转变。因此，为了顺利度过这一角色转变过程，大学毕业生有很多功课要去做。

（一）不断学习，积极提升专业技能

作为一名职场新人，毕业生在进入单位之后，首先要熟悉和了解自己的工作环境。在此基础上，才能弄清楚自己所承担的工作角色，以及该角色的工作要求和职责范围，弄清楚工作关系中上级赋予自己的职权并承担的义务。因此，初到工作岗位，毕业生要以积极主动的态度，搜集与自己工作岗位相关的一切信息。

同时，职场新人还要以学习的态度对待工作，不时地给自己充下电。要做好工作，必须要有丰富的知识，而这些知识与学校所学的内容又有所不同，更多是从实践经验中积累起来的。所以，作为职场新人，要有海绵一样的吸收力，虚心向同事

们学习、吸收各种经验、方法和知识，并逐步消化。

（二）心理"充电"，增强心理适应能力

心理"充电"首先表现为正确定位、主动适应。很多毕业生在踏上工作岗位之后，发现理想与现实之间存在一定的距离，职场文化和校园文化之间有着非常大的差异。再加上，刚刚毕业的大学生在单位里面往往都是做着最基层、最琐碎的工作，心理上的落差是不可避免的。这个时候，毕业生需要根据现实环境，多角度审视自己，及时进行新的自我定位。接触一份工作，不仅要了解自己的内心的追求、理念、个性、兴趣等特点，还要综合考虑工作的性质、自己的业务特长和其他方面的能力，对自己进行综合定位。工作的过程中，更要根据具体情况的变化，从多角度更客观地评价自己、欣赏自己，认识自己的工作价值。

此外，学会自我放松，寻找好的解压方式，释放工作压力，学会休息和调节，同样非常重要的。放松的方式非常多，比如说给自己放个假，出去旅游；利用业余时间参加一些娱乐活动；与家人、朋友适时交流，缓解一下工作压力；等等。松弛有度的生活能让人重整旗鼓，更好地投入工作。

（三）树立良好的职场第一印象

良好的开始是成功的一半。对初入职场的新人来说，给人留下一个良好印象就是成功的一半，努力抓住第一印象是非常重要的，因为良好的第一印象往往是职业形象的成功开端。反之，如果因为无心之失，给领导、同事留下不甚理想的第一印象，可能会给自己的工作带来不少的麻烦。

心理学上有个词语叫做"首因效应"，指的是人与人第一次交往中给人留下的印象，会在对方的头脑中形成并占据着主导地位的效应，也叫做首次效应、优先效应或第一印象效应。换句话说，首因效应就是说人们根据最初获得的信息所形成的印象不易改变，甚至会左右对后来获得的新信息的解释。因此，首因效应在人们的交往中起着非常微妙的作用。

虽然很多人都明白不能仅凭第一印象来判断别人，但是不可否认，首因效应的心理现象仍然在人们的工作和生活中起着非常重要的作用。当不同的信息结合在一起的时候，即使后面获得的信息与前面的信息不一致，但因为先入为主，人们会下意识地跟着首因效应的感觉走，很少有人会愿意花时间去进一步了解一个留给他第一印象不美好的人。因此，首因效应给了初入职场的毕业生们一个很好的警示，那就是初入职场要仪表端庄、举止大方、诚实守信，努力给别人留下美好的第一印象，去赢得同事、领导的好感和支持，为顺利开展工作创造良好条件。

（四）培养良好的人际交往能力

1）培养良好的人际交往能力，首先要增加个人的主动性。职场个人主动性，主要是两个方面的主动：一是工作上的主动思考。初入职场，如果做事缺乏主动，肯定不受欢迎。不经思考、过于好问也会惹人烦。在学校，老师的工作就是传道授业解惑，学生可以"揪着"老师不放；但是在单位，很多问题都需要在工作中边做边学。需要自己认真观察、独立思考、慢慢体会。因为每个人都有自己的工作，不可能总是当你的老师。实现这一转变，就要不被一些陈旧的思维习惯和行为习惯束缚，不要怨天尤人，努力改变自己习惯的思维模式和习惯行为。二是主动交流、沟通，积极融入到团队中。职场的人际关系会比大学复杂很多，工作中不可避免地会碰到形形色色的人，如果觉得公司人际关系复杂，惹不起就躲，只会慢慢地将自己孤立起来。事实上，工作中的人际关系是一门大学问，只有主动去解决这门学问给你带来的难题，理顺工作关系并很快地融进这个"圈子"，才能给自己带来更多进步的空间。

2）善于倾听，做一个有耐心的听众。倾听是人际交往中有效沟通的必要部分。倾听是一门艺术，不仅仅是要用耳朵来听说话者的言辞，还需要一个人全身心地去感受对方的谈话过程中表达的言语信息和非言语信息。在接纳的基础上，积极、认真、关注地倾听，并在倾听时适度参与，是对讲话人的尊重。对于大多数人来说，有人倾听满足了他们自我表达及与他人沟通联系的需要。从这点上来看，善于倾听的确是职场人士所必备的素质之一，它能让你的职场关系更完美。而对于作为倾听者的大学毕业生来说，学会倾听不乏为一条学习的捷径。教育心理学家曾对人的一系列交往活动进行研究，结果发现在人们的各种交往方式中，听占 45%，说占 30%，读占 16%，写占 9%。这一连串的数字告诉我们，人有一半的时间在听，听是人们获取知识的主要途径之一。

此外，运用非语言形式来进行人际沟通也是提高人际交往技能的一种方式。有时候，一个眼神，一个手势，一个微笑就可以拉近人与人之间的距离。大学毕业生要多学习人际交往的各种技巧，为自己营造良好的职场人脉关系，推动自身职业生涯的发展。

（五）适时总结，不断调整个人职业发展规划

职业发展是无法一步到位的，职业规划更是如此，它是一个动态的过程，必须根据实施结果的情况以及因应变化进行及时的评估与调整。对此，大学毕业生需要做好足够的心理准备，工作过程中要对实际情况和目标的实现程度及时分析、适时总结，深入进行自我探索和职业探索，逐步找到适合自己的职业发展方

向和人生定位。当然，这还需要毕业生能够客观评价自己的才能，对自己的职业倾向做出准确的判断。毕业生在职业发展规划的调整和评估时要特别注意以下三点：

1）合理看待薪资问题。初入职场，因为工作经验和资历的限制，毕业生的收入相对较低。但如果将个人收入看得特别重要的话，反而会影响薪资持续提升的空间。毕业生们要理性看待薪资问题，在个人收入和个人成长之间要有合理的平衡。

2）不轻易否定自己和工作的公司，不要盲目跳槽。如果你总是不断转换公司，那么每次都是在起点上。跳槽之前，要看清大趋势，不要盲目追求高薪，要多考虑隐形成本，比如时间、精力，经营良好的人脉关系，未知的风险以及由此可能带来的心理压力，等等。

3）注重积累，投入专注，扎扎实实从基础做起。专注是职场最重要的品质之一，也是职场最核心的竞争力之一。《心理科学进展》上的一项研究指出，对工作保持积极和认同的态度，能提高效率，让人富有激情，增加人的整体幸福感；相反，不断换工作，则容易使人对工作心生厌烦，甚至出现职业倦怠。与其这山望着那山高，不如尝试把工作当做对自身的一种培训，专注于自己所在的行业，一步一个脚印。

资料链接 >>>

"职场红人"的八大特质

特质一：为人自信，处世低调

一个对自己充满自信的人，走在路上也会神采飞扬，看上去拥有无穷的活力和能量。在工作中，一举一动、待人接物都大方得体，给公司形象加分，给老板添光。有些人有着国外名校学历、海归背景，但在工作中从不恃宠而骄，也不张扬树敌，而是以成熟稳重作风赢得老板的信任，有能力又不骄纵，自然能得人心，晋升为老板身边的红人。

特质二：忠于公司，忠于老板

忠诚于自己所服务的公司，获得管理者的信任，往往能获得更多的托付、承担更大的责任。特别是在遇到危机时，如果能站在老板的角度看问题，你会理解他的良苦用心，还会感激他在大难当头仍然不让公司倒下的坚持。虽然你解决不了他的燃眉之急，但让他感受到你的理解和支持，有助于帮他宣泄情绪、排解压力，他会从心底感激你。因此，拥有较高的忠诚度是成为职场红人的显著特点。

特质三：积极主动，愿意付出

"努力不一定成功，但不努力就一定会失败。"不管你是在做前台接待，还是身负 CEO 的大任，在职场上取胜的黄金定律之一就是有责任心，任劳任怨，凡事尽力而为。在工作上，永远不要试图去敷衍。也许你认为只要在办公室努力工作就行，但实际上你到底在工作上用了多少心思，花了多少精力，精明的老板心里都一清二楚。所以，职场红人通常在工作中始终秉持付出的心态，积极主动地投入工作。

特质四：善于表达，勤于沟通

良好的语言表达和沟通能力，是现代职场上必不可少的核心技能，任何工作都少不了。当上司需要物色管理人员时，他选择的通常是那些善于与他人沟通的人，而不是那些"闷葫芦"。研究发现，善于沟通的人，更能够领会上司的意图，更善于调节实际工作中的各种矛盾。大多数老板宁愿招一个能力平平但沟通能力出色的员工，也不愿招聘一个整日独来独往、我行我素的"英才"。可见，能够与同事、上司、客户顺畅地沟通，越来越成为企业招聘时注重的核心技能。

特质五：与人为善，受人欢迎

"你怎么对待别人，别人就会怎么对待你。"《水知道答案》一书中，很好地诠释了这一理念。获得职业成功的人一定是建立在良好的人际关系基础上的，你不一定是处理人际关系的老手，但一定要建立良好的同事关系。融洽的人际关系也能帮助自己在工作中保持良好的心态和情绪，表现出色，更好地融入集体。在职场上，尽可能做一个与人为善的好人。虽说职场如战场，但在别人遇到困境时，请热情地伸出援手，也许当你在工作上不小心出现纰漏，或当你面临加薪或升职的关键时刻，会得到意想不到的帮助。如果你恰好还是办公室的开心果，善于制造愉悦气氛，经常鼓励同事，想不成为职场红人都难！

特质六：做老板眼中好用的人

随机应变，时刻准备，做老板好用的人。其实，基本道理可概括为一句老话：机会总是垂青有所准备的人。职场危机或意外情况总是在最没有防备的时候发生，当大多数人感到无所适从时，而那个挺身而出、化险为夷的你必然能赢得老板欢心。当下的职场，做"红人"的明显特质就是有着开放的态度、学习力强、可塑性高、敢于挑战、具有核心能力，除了技能专长的外，"做好用的人"更重要的是态度上的转换。

特质七：有清晰可行的职业规划

成功的职业生涯是需要尽早地确定适合的职业定位。分析职场中成功人士的一些职业经历时发现他们在职业生涯的早期就有了准确的职业定位和完善的职业规划。因此，尽早确定自己适合的行业和职业是职业成功的关键。

不少职场红人在职业发展中，始终保持着良好的心态，珍惜自己的工作机会，而不是频繁跳槽。因为对自己有着明确的职业规划，所以对"为什么而忙"、"为什么而工作"的问题有了新的认识。当自己职业目标清晰、职业规划明确后，就可能使工作满意度更高，生产力更大，学习更有针对性，工作持久性增强，个人职业竞争力也将充分提升，获得更高的报酬。一个对自己有着清晰职业规划的员工，也是老板值得培养和信赖的"职场红人"。

特质八：适度表现，秀出努力

想要证明你比其他人更值得挽留，首先要做好你的本职工作，但要注意，埋头苦干并不等于就一定会有好的业绩，老板就会认可你的工作。聪明的职场红人往往懂得适度表现，放大你的努力和付出，让他知道你在为他卖命，这样往往会有事半功倍的效果。比如，以前习惯用 MSN 与客户沟通，现在改成电话联系或直接在办公室约见，让老板亲耳听到、亲眼见到，这是你努力工作的最好证据！

（来源：一览英才网）

问 题 思 考

1. 有人说职业道德是从业人员取胜职场的"立足"之本，你如何看待这一观点？
2. 在日常的学习、生活中，你是如何修炼自己的职业素养的？
3. 《35 个紧急电话》这一故事，对你有何启发？
4. 你认为从学生角色向职场角色转换的过程中，需要注意哪些方面？
5. 你如何通过首因效应，顺利打开你的职场第一步？

信 息 园

职场新人必须注意的七大禁忌

作为刚入职的新人，难免会把以前各种坏的毛病和习气带入职场，如果不及时发现和改正，这些毛病有可能成为你今后职业发展的大敌。根据观察和对部分用人单位的调查，总结了新人常犯的 7 类毛病。

一、衣着扎眼，标新立异

镜头一：习惯了跩着拖鞋、穿着短裤在校园里漫不经心闲逛的小张，眼看着同事们大热天的穿白衬衣打领带，打心眼里感到别扭。自己进了办公室第一件事就是先解领带，后来天气太热，小张干脆穿着短裤上班，结果被上司"请"进了办公室。

点评：每个单位都有自己独特的形象，职场新人当然是同事关注的焦点，首先应在着装上与该单位的整体形象相符。男大学生的精神面貌应稳重干练，女大学生可略施淡妆，但忌讳过于暴露或粉饰。

二、眼高手低，光说不练

镜头二：到了新单位，小王只要闲着，就开始大摆"龙门阵"，吹嘘自己在学校如何优秀，理论功底如何扎实。在几次业务拓展会上，小王滔滔不绝地提了很多意见，陈述了自己的种种想法。但是，当上司吩咐他去具体实施的时候，他却做得乱七八糟，得到的自然是上司的严厉批评。

点评： 年轻的大学生，到了新单位难免会满腔激情，急于得到同事的认可，但这容易将事情看得简单而理想化，只想做专业性的能体现能力的工作，对一些普通琐碎的小事却不屑一顾，以至于碰了壁还莫名其妙。年轻大学生有激情是好的，露点锋芒也无妨，但一定要做到言行一致，不要眼高手低、光说不干。

三、目中无人，唯我独尊

镜头三："名牌"大学本科出身的小韩过五关斩六将终于跻身于一县级市公务员的行列，同事们的学历除了专科就是中专，最多是个自学考试本科，面对一帮"凡夫俗子"，小韩有点目中无人，也少不了在言语中流露出傲慢的味道。面对已经40岁的同事老刘，小韩也直呼"老刘"，意气风发的小韩，在年底的民主评议上却倒吸了一口冷气：倒数第一。

点评： 刚走上工作岗位的大学生最容易犯的毛病是过于高傲，尤其是"名牌"出身的大学生。高学历、名校的背景有时反而会引人忌妒，把姿态放低一点，恰当的礼貌往往会赢得其他人的好感。对领导和同事，无论喜欢还是讨厌，都要彬彬有礼。对待年长的同事，如果他没有职务，不妨称呼"×老师"或"×师傅"，因为他们有很多工作经验值得你学习。

四、斤斤计较，口无遮拦

镜头四：周末，忙活了一周的小刘斜躺在椅子上唉声叹气，同事老周问他怎么了？小刘历数了工作一个月以来的工作记录：给三个同事轮流当了一个星期的"学徒工"，成绩记在别人身上，自己的工资还不如中专生；给主任出去洗照片，冲洗费报销了，来回的出租车钱却要自己掏；三天前一个业务之所以没谈成，关键是主任死脑筋，不会周旋，在这样的单位难有大出息……小刘一开口就收不住，根本没想到这些话可能会传到领导耳朵里，后来领导果然多次在大会上含沙射影地批评了他。

点评： 新到单位的大学生从"学徒"干起是正常的，多干点杂活也累不着，如果表现出东挑西拣、争名夺利，尤其对工资待遇斤斤计较是最愚蠢的，很可能得不偿失。"祸从口出"的古训要牢记，职场新人，最好还是少说多干。

五、越俎代庖，争功邀赏

镜头五：小陈毕业进了一家私营公司，专业对口，业务还算熟练。由于老板比较重视年轻人，于是小陈便时常向老板提出一些对公司的看法和建议，开始老板很高兴，夸小陈业务熟练、爱岗敬业，也经常将一些重要业务派给他做。小陈从此开始飘飘然起来，认为老板缺了他不行，于是对出了差错的同事，会毫不留情地批评一通，有些业务不请示老板就自做决定，在会议上小陈也时不时地抢过老板的话头，罗列一下自己的功绩，甚至把别人的功劳也往自己的头上记。后来老板受不了，以一个很小的借口把小陈辞退了。

点评： 在单位里，努力工作，适当表现自己，最大限度地得到老板和同事的认可，是必需的。但在论功行赏时应展现出一个新人的宽广胸怀，赢得职场人缘。任何老板都讨厌自己的下属居功自傲，擅做主张，更没有人能忍受自己的下属对自己指手画脚。

六、应酬逞能，喧宾夺主

镜头六：小郑毕业工作后，因为工作的关系经常跟着领导出去应酬。第一次出去应酬，领导问他能不能喝酒，为了表现自己，小郑满口答应，在酒桌上不管什么酒都一口一杯，还到处代表领导敬酒，但不一会儿就喝得酩酊大醉，丑态百出，弄得领导尴尬不已，还给领导留下了撒谎逞能的坏印象。从此，单位的重要活动和接待任务，小郑都是靠边站。

点评： 为了工作，有些应酬是必要的，但应把握"量力而行"这一原则，不可逞能。向职场前辈多学些礼仪和应酬之道，也许将会使你的事业如虎添翼。

七、频频跳槽，朝三暮四

镜头七：名牌大学毕业的小李应聘到某学校任教，收入不错而且稳定，在同学所找的工作中也算中上等。但是，在同学聚会上看到一些同学比自己工作好，小李心里极度不平衡，刚教了两个学期，就跳槽去了一家公司。但是，到新单位才知道事情并没有想象中的美好，工作非常累，收入也不高，公司许诺的待遇也因种种原因未能兑现，万般无奈，小李只好决定考研。

点评： 大学生来到单位后产生种种失望需要时间来抚慰，这是大学生自身适应社会的一部分，要相信是金子总会发光的，在你发光的时候，必将得到重用。如今找一份工作并不是很容易的事，从学校到工作岗位，首先应该想的是怎样充实自己，等到积累了资本，再考虑跳槽也不迟。当然，如果新单位确实是一个烂摊子，那么跳得越早越好。

（来源：人民网）

第七章 权益保障

2011年6月初，某高校大三的刘某打算趁暑假找个兼职，于是她通过一家咨询服务公司选中了温州盛泰贸易有限公司找了一份打字员的工作。随后，她拿着咨询服务公司提供的地址找到了盛泰贸易有限公司，公司看上去很新，员工也都很年轻。刘某感觉自己还是在校生，没有一点工作经验，社会阅历也少，所以，并没有在意。

刘某在前台的指引下，找到了经理王斌，经理看上去挺和善的。她和王经理说明了来意，王经理看了看他，问到："之前有没有做过什么兼职，有没有工作经验。"刘某老实地说自己从来没有做过兼职，这是第一次。王经理顿了顿，说道："你没有工作经验，要做兼职打字员的话就必须先做一个销售业绩考核，只有考核合格了，才能正式成为打字员，而且到时候公司会和你签一份工作合同。"刘某虽然觉得打字员不练打字而考核销售有点奇怪，但听说还会签工作合同，也觉得应该挺靠谱的。于是就问王经理她需要销售什么，销售多少才算合格。王经理告诉刘某，这个考核很简单，只要刘某先从公司拿产品，然后再拿去卖，一周以后如果卖的东西够多，就可以签合同了。

刘某很想利用暑假这段时间打工，虽有点犹豫，但最终还是答应了。接着，刘某从这家公司拿了洗发水等生活用品，或者卖给同学，或者卖给朋友，自己也"消化"了一些。一个星期过去后，刘某从公司拿了400多元的产品。卖完后，王经理对她说："你的业绩还不错，算是通过考核了吧，下周一你过来签个合同。"

刘某很开心，高高兴兴回学校去了。等到了时间，刘某一早就来到了公司等候签合同。这时，王经理拿出了一份合同，跟刘某讲，你看，工资是这么算的，打1000字10元，其他的我会填的，你把名字签了就好。刘某也没仔细看，想着也不会有错，于是就在合同上签了字。当她问起为什么合同只有一份时，王经理告诉她，你还是学生，而且打的是短期工，签一份合同，放在我们公司就行了，也就是个备份，到时候好给你算工资。签完合同后，王经理对刘某说，等你放暑假了就过来上班吧，我们期待你的加入。

刘某也没多想，安心回学校复习考试去了。等刘某考完试，满心欢喜地去上班的时候，却发现原来那个公司的办公室已经人去屋空了。刘某这才意识到，自己上当受骗了。

课前思考 >>>

1. 在什么情况下，合同是无效的？
2. 大学生应该如何保障自己的权益？

第一节　就 业 权 益

案例 >>>

慎重签订劳动合同

某独立学院广告专业的学生小张，大四快毕业时经熟人介绍到一家广告公司实习。学了四年的广告，小张的理想工作就是到广告公司做一名广告人，让自己的创意成为具体的文案，让很多人都看到自己设计的广告。由于小张读书期间就十分喜欢自己的专业，在校期间就经常参加各类广告设计大赛，成绩一直很不错，加上他本身也喜爱这份工作，所以，他到广告公司实习的时候也就显得十分的得心应手。虽然，一开始不太能跟得上节奏，也略有学生的青涩。但是，小张很灵光，又肯用心学，没过多久，他就已经很适应广告人的生活了，与带他的师傅还有其他同事也都很谈得来。小张自认为在实习期间，学到了很多读书的时候学不到的东西，也使得他更加了解广告这个行业。小张很喜欢这种充满挑战和新鲜感的生活，他暗暗下决心，要好好干，争取毕业后正式留下来工作。

该公司的工作环境也是小张喜欢的那种，工作时间比较自由，只要完成自己的工作部分，便可以自行安排剩下的时间。而公司的同事也比较好相处，一起加班出策划，一起赶文案，一起说说笑笑。在实习的两个月时间里，小张从一个准毕业生慢慢成长为一个真正的广告人。在此期间，小张不仅很好地完成了自己的工作任务，也为同组成员的广告策划出了很多力。

鉴于小张在公司的突出表现，该公司与他达成了就业意向，并签订了"就业协议"（也称"三方协议"）。双方约定，服务期为3年，如果小张提前解约必须赔偿公司1万元。小张想，这个公司说大不大，说小也不小，自己刚毕业啥经验也没有，在这里还是能学到很多东西的。再说了，同事们这么合得来，整个公司的工作氛围他也很喜欢，先干三年也未尝不可。于是，小张在就业意向栏挥笔写上同意二字，再签上大名，交给了公司人事部门。

要不是后来发生的一系列的事，小张也不会意识到协议备注栏里应该就工资待遇、福利等做一说明。小张回想起签协议的场景，只记得自己写了个"同意"并签了名，根本不记得协议书上还有备注一栏，但正是因为这点，给小张惹了不小的麻烦。

毕业后，小张正式到公司上班，没过几天，公司人事部门说要和他签了一份劳动合同，合同的有效期为1年。小张还是老样子，公司人事部门拿了合同给他签，他也没仔细看，就签了。小张心想，这个估计就是正式合同了，只签一年也好，万一想跳槽也方便点。让小张没想到的是，劳动合同签好后，他的麻烦也随之开始了。由于签劳动合同的时候小张也没有注意条款里的工资待遇、福利等的说明，等小张拿了第一个月的工资后才发现他和公司其他同事的待遇相差较大。这使得小张心里很不舒服，工作起来总感觉不是滋味，明明做的事情一样多甚至更多，但是待遇却相差较大。这时候，小张萌生了辞职的想法，但同事的一句话又让他心头一紧。同事问他签劳动合同的时候约定好提前解除合同的赔偿条款没有，小张连待遇都没看就签了，更何况是解除合同的条款啊。

无奈，小张只好忍气吞声地干了一年，等到第二年合同到期，小张便向公司提出辞职。不想，真正的麻烦这时候才算是来了。公司提出，如果小张辞职，必须按"就业协议"的规定赔偿1万元。小张脑袋一蒙，我这干一年，薪水没拿多少，临走还得赔1万元，太不值了。小张一边后悔，一边打算通过法律手段维权。

谈起这段经历，小张就有倒不完的苦水。被问及当初签协议怎么没问待遇时，小张是这么说的："自己是熟人介绍来的，又实习了那么长时间，实习期间的表现也是有目共睹的，想想公司应该也不会亏待我，再说，我也不好意思提待遇的事儿。而且，现在找个工作不容易，不敢要求太多。反正别人有啥咱们有啥呗，差不了事儿。"当被问到签劳动合同时的状况，小张依旧摇头，他说："我哪里知道关心什么提前解除合同的赔偿条款啊，总觉得，签了合同总是有保障的。"

小张作为过来人，后来碰到后辈就开始传授经验："找工作不要太着急，不管你多么想要一份工作，自己该有的权利还是要坚持，工资待遇、福利、解约赔偿等都要事先明确。"

根据新《劳动合同法》规定，用人单位与劳动者在用工前签订劳动合同的，劳动关系自用工之日起建立。这意味着，即将毕业的在校大学生毕业前与用人单位提前签订了劳动合同，其劳动关系也只能从其正式上班之日起计算。在本案例中，小张与用人单位签订了劳动合同后，劳动关系就以劳动合同为准，就业协议书就自动失效。因此，该公司要求赔偿1万元的说法是没有依据的。

从近几年的媒体报道中不难看出，和小张一样在尚未毕业时与用人单位糊涂签下"就业协议"的大学生并不少，有些应届毕业生甚至连"就业协议"都没有签，就给用人单位"打黑工"或者"白干活"。导致这种现象的原因主要是由于正在实习的大学生尚未毕业，不是我国劳动法所认可的合格的劳动主体，用人单位不能与其签订劳动合同。但是毕业生与用人单位确定就业意向后，可以签订《就业协议》（也称"三方协议"，是《全国普通高等学校毕业生就业协议书》的俗称。1997年，原国家教育委员会颁布的《普通高等学校毕业生就业工作暂行规定》第二十四条明确："经供需见面和双向选择后，毕业生、用人单位和高等学校应当签订毕业生就业协议书，作为制订就业计划和派遣的依据。"）。虽然这份协议并非劳动合同，但在必要的时候能够充分保障应届毕业生和用人单位的权益。所以，建议毕业生在签订"就业协议"后要尽快与用人单位签订劳动合同，以保障自己的切实权益。

同时，《劳动合同法》还规定，用人单位与劳动者约定的劳动报酬不明确的，按照同工同酬的原则对劳动者发放劳动报酬。本案中的小张还可以就其与用人单位在劳动关系存续期间的劳动报酬明显差别的问题来保护自己的合法权益。

一、大学生就业权益的主要内容

根据目前大学生就业政策和有关法律法规的规定，毕业生在求职过程中主要享有以下几方面的权益。

1. 接受就业指导权

我国《高等教育法》规定："高等学校应为毕业生、结业生提供就业指导和服务"。由此可以看出，接受就业指导和服务是毕业生所具有的一项重要权益。各高校应成立专门的大学生就业指导服务机构，配备专门人员对毕业生进行就业指导和服务。按照教育部的要求，所有高校从2008年起开设就业指导必修课或必选课，将此视为学生接受就业指导权的深入。

2. 平等就业权

毕业生在参加就业求职过程中，应当享有平等就业权。平等就业，不仅包括就业机会的平等，也应包括就业帮扶的平等，具体而言应当包括及时、全面、有效地获取就业信息，能够公平、公正、择优推荐，参加"双选"时与用人单位自主洽谈协商等方面的平等。根据国家有关规定，在国家就业方针、政策指导下实行"双向选择，自主择业"。对于就业有困难的大学生群体，政府、社会及高校有提供就业帮扶的义务。

3. 公平待遇权

用人单位在录用毕业生的过程中，应当公平、公正、一视同仁，公平录用权是毕业生最为迫切需要得到维护的权益。除此之外，按照我国相关法律规定，劳动者提供劳动，按照同工同酬的原则进行劳动报酬分配，也是公平待遇权在就业过程中的表现。

4. 违约求偿权

毕业生就业协议一经签订，毕业生、用人单位、学校三方都应严格履行。任何一方提出变更或解除协议，均须得到另外两方的同意，并应承担违约责任。对于用人单位无故要求解除协议的，毕业生有权要求对方严格履行就业协议。给毕业生造成损失的，应该按照违约赔偿分配责任承担相应的赔偿责任。

二、求职就业过程中个人权益的自我保护

毕业生求职就业过程中个人权益的自我保护，一般体现在以下几个方面。

1. 了解有关政策和法律规定，增强法律意识

毕业生应了解目前国家关于毕业生就业的有关方针、政策和规范，以及它们之间的关系，明确毕业生在就业过程中的权利和义务。如果在就业过程中用人单位的单方面规定与国家政策、法律法规相抵触，侵犯了自己的权益，大学生应勇于并善于依法维护自己的合法权益。

2. 预防侵害自身合法权益行为的发生

毕业生在就业求职过程中要有风险意识，认识到社会的复杂程度，学会自我保护的技巧和知识，对于有些用人单位招聘人员时，使用夸大待遇条件等欺骗手段的做法要有提防、戒备心理，预防侵害自身合法权益行为的发生。

3. 用法律手段维护自身合法权益

由于高校毕业生就业市场尚不成熟，受到社会风气和旧观念、旧思想的影响，在就业过程中不可避免会出现一些不公平现象，侵害了毕业生的正当权益。随着我国劳动保护法律法规建设的不断完善，已经产生了一套比较完整的劳动纠纷解决机制。在自身权益受到侵害时，毕业生有权向用人单位的上级主管部门申诉，也可提交给当地的劳动争议仲裁机构进行调解和仲裁，或直接向人民法院提起诉讼。

资料链接 >>>

空姐面试陷阱，8 名女大学生被诱奸

怀着当"空姐"的梦想，短短 6 个月 8 名求职女大学生参加了所谓的"航空公司面试"，并落入骗局，被银行职员刘某骗色。当刘某的黑手伸向第 9 名女大学生小孔时，机警的小孔设计摆脱刘某，并叫来家人将刘某抓获。2013 年 5 月，××市

检察院批准逮捕了冒充"面试官"实施强暴行为的犯罪嫌疑人刘某。

面试空姐险遭强暴

2012年12月，外地大学生小孔的家人在互联网上看到了一则招聘广告上称："某航空公司正在京招聘女乘务员，已有多名女大学生成功获得此职位，目前还有三个名额虚位以待。"

自2012年7月大学毕业后，小孔一直没能找到合适的工作。看到这则广告，小孔的家人赶紧带着她来到××市。

12月6日，在××市民航大楼门前，小孔见到了自称是"某航空公司负责人"的刘某。在附近一餐厅里，刘某向小孔出示了劳动合同书、体检书等材料。随后，自称"餐厅人多不方便说话"，刘某将小孔带到附近一酒店，并开口要求小孔登记一套客房。见小孔有些犹豫，刘某表示"将来可由公司报销这笔招聘费"。

到了房间后，刘某先以体检为名，让小孔裸体接受检查，并"拍照存档"。很快，刘某提出"与小孔上床"。见势不对，小孔假称取东西来到酒店大堂用电话向家人求救。其家人闻讯赶到酒店，将刘某抓获并报警。

已婚白领骗奸8大学生

据检方透露，刘某被抓后交代，在2012年6～12月的短短6个月内，他已利用这一空姐招聘骗局强暴了8名求职的女大学生。

警方调查后获悉，刘某已婚，几年前硕士毕业后，留在××市在一家银行工作。由于夫妻常年两地分居，刘某开始寻找异性排解自己的精神空虚。

2012年6月起，自觉经济条件、工作状况都不错，刘某决定要找"一些层次好的（女人）"。注意到目前大学生就业压力大，择业要求不高，刘某便以航空公司招聘空姐这个名头去骗取女大学生的信任，敢应聘空姐的女孩儿，一般都比较漂亮。

刘某称，此前，已有8名女大学生受骗上当。得手后，他用手中的裸照威胁对方。对方往往不敢报警，也不敢将自己被侮辱的情况告诉家人。

受害者默认"潜规则"

昨天，办案检察官李某表示，自始至终，8名受害者对刘某都未产生怀疑，在被侵害时也没进行反抗。其中一起案件中，受骗者小雯（化名）开房间交押金时，发现自己身上带的钱不够，刘某竟然让她换家便宜点儿的酒店。怎么没想到正规的航空公司面试怎会这么不严肃？

李检察官说，短短6个月时间里，尽管刘某的行为非常笨拙，但还是有8名女大学生先后上当。面对办案人员的调查，这些被害人大多表示，她们认为公司面试时，有这样的"潜规则"。

受害者小雯则直接告诉检察官，她以为空姐面试就这样，为了得到工作必须和面试者发生关系，所以在刘某提出性要求时，没做太多反抗。

李检察官表示，最近几年，全国各地陆续发生了多起针对找工作的大学生的刑事案件。因此，在找工作的过程中，大家应当提高警惕，对一些人的行为和所谓的"承诺"要有清醒的认识。如果受到侵害，就应勇敢地拿起法律武器，防止更多的人受害。

第二节　维权保障

案例 >>>

关于违约金

佟某是杭州某高校 2011 届毕业生。现在的他回想起自己当年因违约金将人生中第一家单位诉讼于公堂的经历，仍是唏嘘不已。让我们来看看他的这段经历。

2011 年 4 月，佟某和他的同学们谈得最多的就是找工作的话题，哪个同学投了哪里的简历，哪个同学去哪里面试了。大家都在为找工作奔波，校园里有种即将毕业的离愁。佟某也不例外，制作简历、置办行头、练习面试技巧，面试回来后同学间还会相互交流面试心得。一个月过去了，佟某看着身边的同学陆续都有了着落，自己开始有点着急起来。他一直想找一份薪资不错、有上升空间的工作，当然，如果能离家近一点，那就更好了。但是，找了好几家单位，要么是个小企业，要么薪资较低，都不是特别满意。

身边的同学很快都已经做好毕业设计，开始去单位实习了，而佟某还没有落实单位，还是在投简历、面试的过程中，他有点气馁，也开始紧张了起来。当时，他正在面试一家单位，虽然离家远了点，但整体上还是比较满意的。于是，没过几天，佟某便与其毕业院校及衢州市地质勘察技术院签订了"三方协议"，但因为毕业答辩环节还没完成，便和单位口头约定等毕业后再去上班。因为没正式上班，所以佟某的人事档案也未转移。

期间，佟某完成了答辩，办理了离校手续，同时，他也在物色更合适的单位。2011 年 7 月初，佟某通过家人介绍，面试了另一家单位，双方都比较满意，于是，佟某决定与衢州市地质勘察技术院解除协议，而与这家单位重新签订协议。2011 年 7 月中旬，佟某与家人商量一致后，便打电话给衢州市地质勘察技术院负责人事工作的李女士，佟某称："因为当时比较仓促，加上考虑的不是十分周全，所以与你们院签订了协议。而实际上，你们单位离自己家比较远，上下班不太方便，所以，不想到这个单位上班，想和单位解除协议，另外再找工作"。当时，李女士表示，理解并且尊重佟某的选择，让佟某到时候找她办手续。

佟某本来以为这件事情就这样顺利解决了，便和新单位联系好签约时间，准备前往新单位上班了。等到佟某想新签一份协议书时，他发现，必须先同前一单位解约，然后再改派遣。于是，佟某和衢州市地质勘察技术院的李女士约好办理相关手续，可让他没想到的是，对方却称，他必须支付3000元违约金才给办理改派遣手续。佟某表示不理解，他认为自己并没有违约，报到证上面写的最后报道期限是2011年8月3日，但是他在7月中旬就已致电给衢州市地质勘察技术院，并且当时李女士口头上已经答应了。李女士则称，当初签订了协议，就是表示同意来我单位上班，后来单方面表示不同意来上班，即为违约。而当时她自己在电话里，也只是说同意他来办理相关手续，支付违约金就是相关手续之一。佟某很气愤，他说，那当时签协议的时候也没有约定违约金就是3000，那我凭什么就要付3000给你。李女士告知，这是规定，只要和我单位解约，属于对方违约的，都应支付3000元的违约金。双方僵持不下，佟某只得先回家。

回家后，佟某和家人一说，家人也是很气愤。但是，一家人想了想，如果不和衢州市地质勘察技术院解除协议，就不能和新单位签订新协议。现在这个状况，是肯定不会回衢州市地质勘察技术院上班的，对方他没关系，可以一直拖着，但是佟某拖不起啊。晚一天解除协议，就晚一天到新单位上班，一直拖下去的话，吃亏的是佟某。倘若对方给拖上一两个月，暂且不要说这一两月的薪水有多少，说不定新单位这边又会有变数。一家人商量了一晚上，觉得人在屋檐下，不得不低头啊，只能自认倒霉了。

几天后，佟某揣着3000元再一次前往衢州市地质勘察技术院，这才"顺利"办理了改派遣手续。最后，佟某终于和新单位签订了协议，正式上班了。

事后，佟某和家人越想越生气，越想越不服气。于是，佟某自己上网查了些法律知识，也询问了一些法律人士。他认为，他的最后报到期限是2011年8月3日，而他本人在2011年7月下旬就通知用人单位"衢州市地质勘察技术院"：因自己当时没有考虑好，单位离家比较远，故不想再到被告处上班，用人单位也表示认可和接受佟某的选择。但当他向用人单位要回"三方协议"时，却被告知要求支付3000元违约金才给办理改派遣手续。在协商不成的情况下，佟某无奈被迫如数交纳了违约金，方才"顺利"办理了改派遣手续。佟某认为，用人单位"衢州市地质勘察技术院"是在"乘人之危"，违约金必须返还，将衢州市地质勘察技术院告上了法庭，打算通过法律途径维护权益。

本案例的第一个特殊性在于，用人单位仅凭"就业协议"便强行要求收取毕业生违约金。由于这样的行为在我国当前的法律的层面上并无禁止性或者授权性的法律规定，也就使得那些不法用人单位有机可乘，当前不少毕业生遭遇了此种困境。

为了有效避免这种情况，我们没法严格要求每一个用人单位积极履行相关的义务，不钻法律的空子，另外提醒各位毕业生在签订"就业协议"的时候多留个心眼，将违约金的事项在"就业协议"的备注栏上载明"关于违约金的事项，按照我国《劳动合同法》的有关规定执行"等诸如此意的字句，唯有这样才可以真正享受《劳动合同法》关于违约金的条款对劳动者合法权益的切实保护作用。

本案的第二个特殊性在于当事人双方在签订"就业协议"时没有约定违约金数额，而是事后拟用人单位向毕业生索要违约金，否则就不予办理改派遣手续。这涉及收取 3000 元违约金是否合理的问题，这也是本案争议的焦点。在前面的案例一中我们已经做了介绍，"就业协议"并非劳动合同，由此而产生的纠纷也不属于劳动争议，当事各方所负的义务应当是他们缔结正式劳动合同之前的一种先合同义务。由于没有具体的法律适用条款，只能适用民法或者合同法的有关原理，在原则上判断拟用人单位收取的"三方协议"违约金是否合理。我们认为，就本案的情况，从用人单位是否存在实际损失、佟某是否存有明显过错（告知义务履行是否及时）、合同是否实际履行等角度，运用相应的法律原则不难看出，用人单位的这种做法是明显不合理的，不应予以支持。但是正因为上述的两个特殊点，也为佟某的维权之路增加了难度。

现实生活中，用人单位利用其优势地位，常常预先在劳动合同中设定高额违约金，限制劳动者在职业上的自由流动的案例时有发生，这不仅侵害了劳动者的择业自主权，还引发大量的劳动争议。《劳动合同法》对违约金条款给予了严格的限制，明确规定只有两类劳动者可以在劳动合同中约定违约金。

一是用人单位为劳动者提供专项培训费用，对其进行专业技术培训的，可以与该劳动者订立协议，约定服务期。如果劳动者违反服务期约定的，应当按照约定向用人单位支付违约金。但违约金的数额不得超过用人单位提供的培训费用；二是对负有保守商业秘密和知识产权义务的高级管理人员、高级技术人员和其他负有保密义务的人员，用人单位可以与之约定竞业限制，如劳动者违反竞业限制的约定，应当按照约定支付违约金。可见，除这两类劳动者外，用人单位不得与劳动者约定由劳动者承担违约金。

2008 年被称为"劳动立法年"，一大批劳动就业相关法律法规颁布实施。大学生了解、学习这些法律知识，将有助于他们最大限度地保护自身合法权益。

新颁布实施的《劳动合同法》、《就业促进法》等劳动保护法律法规，对毕业生就业有着十分重要的意义。结合相关法律法规，对就业劳动合同的签订，以及高校毕业生就业协议书的签订进行详尽的分析，是十分必要的。

一、劳动新法与大学生就业

我国的劳动保护法律自 2007 年以来得到了跨越式的发展，一批劳动新法和地方性劳动法规在 2007 年颁布，并在 2008 年得以实施。其中最具有影响力的劳动保护法是《中华人民共和国劳动合同法》、《中华人民共和国就业促进法》（以下简称《就业促进法》）以及《中华人民共和国劳动争议调解仲裁法》（以下简称《劳动争议调解仲裁法》）。

《劳动合同法》（2008 版）将许多新型的劳动关系纳入调整范围，填补了我国劳动法律制度的许多空白，逐渐成为劳动者维权的"利剑"。而最新的《劳动合同法》自 2013 年 7 月 1 日起施行，其修改主要集中在劳务派遣制度方面。自 2008 年 1 月 1 日起施行的《就业促进法》，虽然受关注度远不如《劳动合同法》，但重要性却并不亚于前者。据调查，目前我国有城镇从业人员 2.6 亿人，从农村转移到城镇就业的人员有上亿人，远远超过社会所能提供的就业岗位数量，就业压力十分巨大。《就业促进法》明确规定促进就业属于政府责任，正是因为这一点，这部法律被称为"民生之法、和谐之法"。而最后通过的《劳动争议调解仲裁法》作为一部程序法，将对《劳动合同法》以及相关劳动立法的实施产生关键影响。

以上三部法律对大学生就业都产生了积极的影响，大学生应该对以上三部法律的内容有较为深入的理解。

二、劳动合同与高校毕业生就业协议

大学生毕业时总要面临与用人单位签订劳动合同的问题。而这时，学校也往往要求毕业生签订就业协议。那么，劳动合同与就业协议是什么？它们有什么样的作用？两者之间又有着何种关系呢？

（一）劳动合同

大学生经过努力落实了工作或与用人单位确定了工作意向，并不意味着完成就业。对于初涉职场的大学生来说，就业之前还有一个关键环节，就是与用人单位签订劳动合同，它是劳动者合法权益得到有力保障的重要举措之一。

1. 劳动合同概述

《劳动法》第十六条规定："劳动合同是劳动者与用人单位确立劳动关系、明确双方权利和义务的协议。"劳动合同按照标准可划分为不同的种类。以合同的目的为标准，划分为聘用合同、录用合同、借调合同、停薪留职合同；按《劳动合同法》相关规定，按照有效期限的不同，划分为有固定期限的合同、无固定期限的合同和以完成一定的工作为期限的劳动合同；按照劳动者人数不同，划分为个人劳动合同和集体劳动合同。

2. 劳动合同的适用范围

大学毕业生有各种各样的求职愿望，有的希望进入公务员队伍，有的希望进入事业单位和社会团体，也有的想进入企业或者自己创业。在这种情况下，大学毕业生在学习和掌握《劳动合同法》时，首先要了解《劳动合同法》的适用范围。

与1995年实施的《劳动法》相比，《劳动合同法》适当扩大了适用范围。一是除了企业、个体经济组织以外，将民办非企业纳入到《劳动合同法》的调整范围，所谓民办非企业单位是企业、事业单位、社会团体和其他社会力量以及公民个人利用非国有资产举办的，从事非国营性社会服务活动的社会组织。如民办学校、民办医院、民办图书馆、民办博物馆、民办科技馆等。二是对事业单位与实行聘用制的人员是否适用作了灵活规定，即法律、行政法规或者国务院另有规定的，依照其规定；未作规定的，依照《劳动合同法》的规定执行。三是规定国家机关、事业单位、社会团体和其建立劳动关系的劳动者，也就是除公务员和参照公务员法管理的人员，以及事业单位中实行聘用制的工作人员外，依照《劳动合同法》执行。四是对劳务派遣用工作了专门的规定。因此，如果大学毕业生选择了《劳动合同法》适用范围内的组织（用人单位）就业，就会受到《劳动合同法》的规范和保护。

3. 劳动合同的订立、履行、变更、解除和终止

（1）劳动合同的订立

鉴于用人单位不与劳动者签订书面劳动合同的情况较为普遍，劳动者的权益极易受到侵害。《劳动合同法》更加强调，"建立劳动关系，应当订立书面劳动合同"。大学毕业生求职就业要特别注意这一环节。与《劳动法》相比，《劳动合同法》强调了用人单位在订立书面劳动合同方面的义务，并将这些义务具体化。

第一，劳动合同应当在建立劳动关系的一个月内订立；第二，用人单位自用工之日起超过一个月不满一年未与劳动者订立书面劳动合同的，应当向劳动者每月支付两倍的工资；第三，用人单位自用工之日起满一年不与劳动者订立书面劳动合同的，视为用人单位与劳动者已订立无固定期限劳动合同；第四，用人单位未在用工的同时订立书面劳动合同，与劳动者约定的劳动报酬不明确的，新招用的劳动者的劳动报酬按照集体合同规定的标准执行，没有集体合同或者集体合同未规定的，实行同工同酬；第五，劳动合同由用人单位与劳动者协商一致，并经用人单位与劳动者在劳动合同文本上签字或者盖章生效。

劳动合同文本由用人单位和劳动者各执一份。如果用人单位提供的劳动合同文本未载明必备条款，或者用人单位未将劳动合同文本交付劳动者的，由劳动行政部门责令改正；给劳动者造成损害的，应当承担赔偿责任。

（2）劳动合同的订立原则

《劳动合同法》第三条规定："订立劳动合同，应当遵循合法、公平、平等自愿、协商一致、诚实信用的原则。"根据这一规定，订立劳动合同必须遵循下列原则。

1）合法性原则。劳动合同的订立必须遵守国家的宪法和法律法规，不得违反法律、行政法规的规定。

劳动合同作为合同的一种，首先应该是签约双方真实意思表示一致的协议。例如，求职者李某使用假文凭求职，致使用人单位对事实作出错误的理解，录用了该毕业生，公司的录用行为不是一种真实意思的表示；李某为了追求自己的利益，违背诚实信用的基本原则，侵犯了公司合法权益，其行为构成欺诈。而李某采取欺诈手段与公司订立的劳动合同，则属于无效合同。

2）平等自愿、协商一致的原则。平等是指订立劳动合同过程中，双方当事人的法律地位平等。毕业生和用人单位在自愿的基础上订立劳动合同，任何一方不得将自己的意志强加于对方，也不允许第三者非法干预。

（3）劳动合同的必备条款

与 1995 年《劳动法》相比较，《劳动合同法》对劳动合同的必备条款加以细化，同时更加注重对劳动者权益的约定。根据《劳动合同法》的规定，劳动合同有必备条款和补充条款，下面就劳动合同的必备条款加以阐述。

1）合同双方的基本情况。一些用人单位故意隐瞒真实的工作信息，或者将工作条件和劳动报酬说得天花乱坠，到实际工作时完全不是那么回事，这往往使毕业生大失所望，给其职业生涯带来负面影响；而毕业生对相关个人信息的隐瞒，乃至故意篡改、修改自己的基本情况，也将对用人单位造成损失。鉴于现实生活中的这些情况，《劳动合同法》规定在订立劳动合同时，双方应当如实告知对方相关基本信息，在落实到书面劳动合同时，用人单位的名称、住所和法定代表人或者主要负责人，劳动者的姓名、住址和居民身份证或者其他有效身份证件号码等基本信息都要具有。

2）劳动合同的期限。劳动合同的期限是指所签订的是有固定期限的、无固定期限的还是以完成一定工作为期限的劳动合同，如果是有固定期限的劳动合同，则应约定期限。应届毕业生所遇到的劳动合同绝大多数是有固定期限的劳动合同，所以大家一定要注意劳动合同中对期限的约定，以及关于期限的违约责任的约定。

3）工作内容和工作地点。工作内容是指用人单位安排劳动者从事什么工作，是劳动者在劳动合同中确定的应当履行的劳动义务的主要内容。包括劳动者从事劳动的岗位、工作性质、工作范围以及劳动生产任务所要达到的效果、质量指标等。工作地点则是指劳动者具体参加劳动的地点。

4）劳动保护和劳动条件。劳动保护和劳动条件是指在劳动合同中约定的，用人单位对劳动者所从事的劳动必须提供的生产、工作条件和劳动安全卫生保护措施。即用人单位保证劳动者完成劳动任务和劳动过程中安全健康保护的基本要求，包括劳动场所和设备、劳动安全卫生设施、劳动防护用品等。用人单位不仅必须为劳动者提供必需的劳动条件和劳动保护，而且必须提供符合国家规定的劳动安全卫生条件和劳动保护。劳动报酬是指用人单位根据劳动者劳动岗位、技能及工作数量、质量，以货币形式支付给劳动者的工资。包括工资的数额、支付日期、支付地点，以及其他社会保险（养老、失业、医疗、工伤、生育等）待遇。劳动报酬的内容和标准不得低于国家法律、行政法规的规定，也不得低于集体合同的规定。

除此之外，《劳动合同法》还规定了工作时间和休息休假、社会保险、法律法规规定应当纳入劳动合同的其他事项等。除前款规定的必备条款外，用人单位与劳动者可以约定试用期、培训、保守秘密、补充保险、福利待遇等其他事项。

（4）劳动合同的履行

劳动合同的履行是指劳动合同的双方当事人按照合同规定，履行各自承担义务的行为。依法订立的劳动合同具有法律约束力，当事人必须履行合同约定的义务，任何个人或第三方不得非法干涉劳动合同的履行。履行劳动合同一般应遵循以下原则：亲自履行原则、全面履行原则、协作履行原则。

（5）劳动合同的变更

劳动合同的变更是指双方当事人对尚未履行或尚未完全履行的合同，依照法律规定的条件和程序，对原劳动合同进行修改或增删的法律行为。劳动合同变更应遵循平等自愿、协商一致的原则，不得违反法律、行政法规的规定。任何一方不得擅自变更劳动合同，否则要承担相应的法律责任。

劳动合同的变更一般是协议变更，双方当事人就变更的内容及条件进行协商，达成一致意见，应签订书面协议。我国劳动法规定，提出变更劳动合同的一方，给对方造成经济损失的，应当承担赔偿责任。

（6）劳动合同的解除

劳动合同的解除是指劳动合同当事人在劳动合同期限届满之前依法提前终止劳动合同关系的法律行为。劳动合同的解除可分为协商解除、用人单位单方面解除、劳动者单方面解除及自行解除等。在《劳动合同法》中，劳动者解除劳动合同的权利得到更大限度的保障。按照法律规定，劳动者解除劳动合同一般只需要提前三十天通知单位即可，而用人单位解除劳动合同则受到了更严格的限制。

（7）劳动合同的终止

劳动合同的终止是指劳动合同期满或当事人双方约定的劳动合同终止条件出现，劳动合同的效力即行终止。

4. 劳动合同签订过程中的其他注意事项

签订劳动合同是毕业生就业后面临的第一个考验。除了上述内容之外，对没有什么社会经历的毕业生来说，签订劳动合同过程中有可能发生"就业陷阱"，为避免不必要的挫折和损失，毕业生在签订劳动合同过程中应注意以下事项。

（1）个人隐私保护

为了保护劳动者的隐私权，《劳动合同法》第八条明确规定："用人单位招用劳动者时……用人单位有权了解劳动者与劳动合同直接相关的基本情况，劳动者应当如实说明。"换句话说，不属于"与劳动合同直接相关的基本情况"，用人单位都无权过问，劳动者也有权拒绝作答。

（2）求职财务担保

《劳动合同法》第九条规定："用人单位招用劳动者，不得扣押劳动者的居民身份证和其他证件，不得要求劳动者提供担保或者以其他名义向劳动者收取财物。"该法加大了对扣押劳动者的居民身份证和收取押金等行为的处罚力度。《劳动合同法》第八十四条规定："扣押劳动者居民身份证等证件的，由劳动行政部门责令限期退还劳动者本人，并依照有关法律规定给予处罚。用人单位以担保或者其他名义向劳动者收取财物的，由劳动行政部门责令限期退还劳动者本人，并以每人五百元以上两千元以下的标准处以罚款；给劳动者造成损害的，应当承担赔偿责任。"

（3）试用期权益

试用期是一个敏感的阶段，应聘的毕业生虽已踏进用人单位，但在成为正式员工前惴惴不安，生怕失去眼前的工作，所以对用人单位总是百依百顺，答应一切要求。一些用人单位也摸透了毕业生的这种心理，借机牟取非法利益，其做法主要有以下几种。

一是试用期不签订劳动合同。试用期原本是用人单位与劳动者为相互了解对方而约定的考查期，然而却成了很多用人单位降低人力成本、使用廉价劳动力的一个堂而皇之的借口。部分用人单位在试用期不与毕业生签订劳动合同，在试用期满后以各种理由辞退应聘者。这使应聘的毕业生白白付出大量时间精力，也错过最佳就业期，造成很大损失。

针对此现象，《劳动合同法》规定："建立劳动关系，应当订立书面劳动合同。"

"劳动合同期限三个月以上不满一年的，试用期不得超过一个月；劳动合同期限一年以上不满三年的，试用期不得超过两个月；三年以上固定期限和无固定期限的劳动合同，试用期不得超过六个月。同一用人单位与同一劳动者只能约定一次试用期。"这些规定，将会有效地约束用人单位滥用试用期权力的行为。

二是试用期内随意解除劳动合同。劳动者勤勤恳恳地在用人单位工作三个月，眼看试用期将满，没有收到转正通知，却得到因不符合录用条件而被辞退的消息。这种情况在毕业生就业时也十分多见，也是用人单位不合法的用工方式。

根据《劳动合同法》规定，劳动者在试用期间被证明不符合录用条件的，用人单位可以解除劳动合同，但这并不意味着用人单位可以在试用期内随意辞退劳动者。用人单位可解除劳动合同的条件是必须举证证明劳动者在试用期间不符合录用条件，如果用人单位没有证据，就不能解除劳动合同。否则，需要承担因违法解除劳动合同所带来的一切法律后果。

三是"试用期"等于"白用期"。以前很多毕业生对劳动法律法规不了解，以为试用期就应该拿低工资或者没有劳动报酬，这是一种误解。基于劳动关系的劳动应当得到相应的劳动报酬。《劳动合同法》第二十条对此明确规定："劳动者在试用期的工资不得低于本单位相同岗位最低档工资或者劳动合同约定工资的百分之八十，并不得低于用人单位所在地的最低工资标准。"这意味着，今后用人单位不能再让应届毕业生做廉价劳动力；而毕业生也可以依法维护自己在试用期应得的劳动报酬。而且根据《劳动合同法》规定："用人单位应当为试用期的劳动者缴纳社会保险，劳动者有权享受相应社会保险待遇。"

（4）违约金约定

用人单位利用其优势地位，常常预先在劳动合同中设定高额违约金，限制劳动者在职业上的自由流动，这侵害了劳动者的择业自主权，并由此引发了大量的劳动争议。《劳动合同法》对违约金条款给予了严格的限制，明确规定只有两类劳动者可以在劳动合同中约定违约金。

一是用人单位为劳动者提供专项培训费用，对其进行专业技术培训的，可以与该劳动者订立协议，约定服务期。如果劳动者违反服务期约定的，应当按照约定向用人单位支付违约金，但违约金的数额不得超过用人单位提供的培训费用。

二是对负有保守商业秘密和知识产权义务的高级管理人员、高级技术人员和其他负有保密义务的人员，用人单位可以与之约定竞业限制，如劳动者违反竞业限制的约定，应当按照约定支付违约金。

除这两类劳动者外，用人单位不得与劳动者约定由劳动者承担违约金，这也是《劳动合同法》明文规定的。

（二）高校毕业生就业协议书

《全国普通高等院校毕业生就业协议书》（以下简称《就业协议书》）是明确毕业生、用人单位和学校三方在毕业生就业中权利和义务的书面表现形式。《就业协议书》一般由教育部或各省、市、自治区就业主管部门统一制表。作为学校毕业生就业派遣计划依据的《就业协议书》由学校发放，毕业生签字，用人单位和学校盖章，毕业生将其作为办理报到、接转行政和户口关系的依据。《就业协议书》在毕业生顺利就业环节中占据重要的位置，每个毕业生都应引起足够的重视。

1. 高校毕业生就业协议书的主要内容

（1）毕业生基本情况

毕业生应在协议书中向用人单位如实注明自己的基本情况，如姓名、性别、民族、政治面貌、专业等，表明自己的就业意见。

（2）用人单位情况

用人单位要如实介绍本单位的情况，如单位名称、隶属关系、性质、地址、联系人等。用人单位明确对毕业生的要求及使用意图。

（3）学校意见

学校要如实向用人单位介绍毕业生的情况，做好推荐工作，用人单位同意录用后，经学校审核，报主管部门批准，学校负责办理毕业生就业派遣手续。

（4）对履约的要求

各方应严格履行协议，任何一方若违反协议，应承担违约责任。

（5）其他补充协议

其他补充协议是毕业生容易忽略的地方。其实，就业协议的条款往往是一些原则性规定，对于毕业生和用人单位之间的具体劳动关系是难以完全加以规范的。毕业生最好在与用人单位充分沟通的前提下，对就业协议的一些关键性细则在补充协议里加以标注，这样做也是对自己和单位负责的表现。

2. 签订《就业协议书》的法律责任

按照规定，每位毕业生只能与一家用人单位签订就业协议。就业协议明确规定了学校、用人单位和毕业生三方的权利、义务与责任，一经签订即视为生效，不能随意更改。《就业协议书》是学校派遣毕业生的依据。如果没有签署《就业协议书》，那么，毕业生的档案、户口等人事关系都无法直接从学校转移到用人单位。所以说，毕业生应按照学校的就业工作程序签署就业协议。

毕业生在签订就业协议及其补充条款时一般应着重注意以下方面。

（1）查明用人单位的主体资格是否合法

毕业生签约前，一定要先审查用人单位的主体资格。就毕业生就业协议而言，不管用人单位是国家机关、事业单位还是企业，都应有用人自主权。如果其本身不具有用人自主权，则就业协议必须经其具有用人自主权的上级主管部门批准同意。

（2）协议条款是否明确合法

协议书的内容是整个协议书的关键部分，毕业生一定要认真检查。首先要检查协议内容是否合法，是否符合国家相关法律和政策；其次要检查双方权利和义务是否合理；最后要检查除协议本身以外是否有附件，即补充协议；如有，还应检查其内容。按照《劳动法》、《合同法》及相关法律的规定，协议内容至少应具备以下条款：服务期限、工作岗位、工资报酬、福利待遇、协议变更和终止条款、违约责任等。

（3）签订就业协议的程序是否完备

签约程序涉及三个方面。首先，毕业生要签名并写明签字时间；其次，用人单位及其上级主管部门必须加盖单位公章并注明时间，不能用个人签字代替单位公章；最后，毕业生和用人单位签字后需及时将协议书交给学校毕业生就业主管部门一份以继续履行相关手续，从而保证毕业生顺利派遣。

（4）违约责任的界定是否明确

追究违约责任是保证协议履行的有效手段。鉴于实践中毕业生及用人单位违约率有所增加的状况，协议书中违约条款的规定就显得更为重要。在协议内容中，应详细表述当事人双方的违约情形及违约后应负的责任，同时还应写明当事人违约后通过何种方式、途径来承担责任。这样才有利于当事人双方履行协议，防止纠纷的发生，也有利于纠纷的解决。

（三）就业协议与劳动合同的关系

1. 就业协议书具有合同的属性

我国《合同法》第二条明确规定："合同是平等主体的自然人、法人和其他组织之间设立、变更、终止民事权利义务关系的协议。"大学毕业生所签订的《就业协议书》从本质上讲属于广义上的合同。首先，《就业协议书》的主体是大学毕业生（自然人）和用人单位（法人或其他组织），他们在签订就业协议时的法律地位是平等的；其次，《就业协议书》是双方意思表示一致后达成的，任何一方都不得将自己的意志强加给另一方；最后，《就业协议书》所涉及的权利和义务均属于我国民事法律调整的范围，所以说《就业协议书》具有合同的属性。就业协议作为确定劳动关系的依据，具有劳动合同的部分特征。这种特征的运用如下：

签署就业协议是毕业生、用人单位双方在平等互利的基础上进行的民事法律行为，其目的在于构建双方的劳动法律关系。其他的任何人、单位或组织非依法定的事由不得对毕业生和用人单位的就业协议加以干涉。

劳动合同表明劳动者和用人单位间确立了劳动关系，而毕业生和用人单位确定的就业劳动关系的依据是就业协议。

就业协议是一种双方承诺的毕业生就业意愿书面合同。由于就业协议是确立毕业生就业关系的一种协议，用人单位与毕业生之间的就业争议、纠纷应遵循就业协议中的有关规定。

2. 《就业协议书》不能取代劳动合同

虽然说就业协议具有劳动合同的部分特征，但不能等同于劳动合同。《就业协议书》作为一份简单的文本，诸如工作岗位、工作条件等很多劳动合同必备条款并不在其中直接体现。因此，单凭就业协议，毕业生就业后的劳动权利无法得到全面的保障。

另外，《就业协议书》仅仅是毕业生与用人单位确定就业意向的依据，它只是双方下一步确立劳动关系的前提和准备。如果毕业生在报到后与用人单位始终未签订劳动合同，双方一旦发生纠纷，毕业生就会处于不利的局面。根据《劳动合同法》的有关规定，劳动合同是劳动者与用人单位确立劳动关系、明确双方权利和义务的协议，应当以书面形式订立。因此《就业协议书》做出了某些限定，即毕业生到用人单位报到后最长不超过一个月，双方应订立劳动合同。此时如果用人单位以种种借口不与毕业生订立劳动合同，毕业生应当拿起法律武器保护自己的合法权利。

三、《就业协议书》的签订

就业协议书在大学毕业生就业工作中具有十分重要的作用，它的签订和解除也有着比较严格的程序。

（一）就业协议签订程序

毕业生持学校下发的推荐表，参与双向选择活动。单位确定后，毕业生凭借推荐表回执或单位接收函换取《全国普通高等学校毕业生就业协议书》，协议一律以原件为准，复印件无效。

签订毕业生三方协议书的基本程序如下：

1）毕业生获得用人单位的书面接收函。

2）毕业生到所在学校领取一式三份的《全国普通高等院校毕业生就业协议书》。

3）毕业生与用人单位签署就业协议，并在就业协议书上签名盖章，用人单位应在协议书上注明可以接收毕业生档案的名称和地址，并由可接收毕业生档案的用人单位上级主管部门或人才中心盖章。

4）毕业生到所在学校签署就业协议。

5）学校签署完就业协议书以后，毕业生本人把用人单位应持的一份就业协议书转交用人单位，学校、用人单位、毕业生各留一份。

（二）就业协议的解除

就业协议的解除分为单方解除和三方解除。

1. 单方解除

单方解除包括单方擅自解除和单方依法或依协议解除。单方擅自解除协议属违约行为，解约方应对另两方承担违约责任。单方依法或依协议解除，是指一方解除就业协议有法律上或协议上的依据，如毕业生未取得毕业资格，用人单位有权单方解除就业协议；毕业生录取研究生后，依协议规定可解除就业协议；或毕业生未通过用人单位所在地组织的公务员考试，用人单位有权解除协议。此类单方解除就业协议情况，解除方无须对另两方承担法律责任。

2. 三方解除

三方解除是指毕业生、用人单位、学校三方经协商一致，取消原签订的协议，使协议不发生法律效力。此类解除原因是三方当事人真实意思表示一致的体现，三方均不承担法律责任。三方解除应在就业计划上报主管部门之前进行，如就业派遣计划下达后三方解除，还必须经主管部门批准办理改派。

（三）就业协议的违约及违约责任

就业协议书一经毕业生、用人单位、学校签署即具有法律效力，任何一方不得擅自解除，否则违约方应向权利受损方进行赔偿，如支付协议条款所规定的违约金。从实际情况来看，就业违约多为毕业生违约。毕业生违约，除本人应承担违约责任，往往还会造成其他不良的后果，主要表现在以下方面。

1）对用人单位而言。用人单位往往为录用一位毕业生付出大量的时间和经济成本。同时毕业生就业工作时间相对比较集中，一旦毕业生违约，势必使用人单位的这一录用岗位缺人，时间上不允许再聘用其他毕业生，从而给用人单位的工作造成被动。

2）对学校而言。用人单位往往将毕业生违约行为认为是学校的行为，从而影响学校和用人单位的长期合作关系。从实际情况来看，一旦毕业生违约给用人单位造成损失，该用人单位会在几年之内不愿到该毕业生所在学校来挑选毕业生，影响学校声誉。同时，毕业生的盲目违约也影响学校就业计划方案的制订和上报，影响正常的派遣工作。

3）对其他毕业生而言。若被录用的毕业生违约，有些当初希望到该用人单位工作的其他毕业生由于录用时间等原因，也无法补缺，造成就业信息的浪费，耽误其他毕业生就业。因此，毕业生在就业过程中应慎重选择，认真履约。

资料链接 >>>

关于抵押金

《劳动合同法》中有禁止设定担保和收取抵押金的规定。就是说，用人单位招聘劳动者时，不得让劳动者提供担保，或者缴纳抵押金。但很多用人单位担心，由于不了解招进来的新员工，万一这个员工在工作当中犯错误，给本单位造成巨大损失，而这个员工又一走了之，不赔偿用人单位的损失，用人单位怎么办呢？所以，现在很多用人单位都要求员工缴纳一定数额的抵押金，等员工离开本单位时再返还，甚至有的用人单位还支付抵押金的利息，只求降低风险。这种做法看似合情合理，但是仔细想想却不合理。用人单位只求自保，却从来没有替员工考虑，因为员工也有类似的风险。从这个案例可以看出，风险时时都会有，不仅用人单位会有风险，员工也会有风险。用人单位收取押金，降低了自己的风险，实质却是提高了员工的风险。

那么，如果用人单位发给员工某些物品，收取相应的押金是否违反规定呢？比如，某企业发给员工工作服，并不是送给他们，而是将来要收回的。企业怕员工弄坏了，就收取等值的押金。从理论上讲，这种行为是不违法的。但是，现实工作中，工作服只值50元，往往用人单位却收500元的押金，这就是变相地给劳动者设抵押金，这种现象也是被禁止的。现实生活中，一些用人单位总是想打"擦边球"，比如在单位内部设立一项基金，让员工购买，承诺买了以后可以分红，但实际上，用人单位就是想达到收取抵押金的目的，这种做法是不对的。只有个别特殊行业允许员工交抵押金，比如一些出租车公司，政府允许它们向出租车司机收取一部分的抵押金。

第三节　防范就业陷阱

案例 >>>

小朱的求职被骗经历

小朱是江苏某独立学院的应届毕业生，她的求职被骗经历颇具代表性，现在来听听她的自述。

　　3月份，刚刚参加完某招聘会的第二天早上，我接到一个陌生的电话，对方直呼我的姓，自称是D市阳光灯厂人事部的张经理，让我当天下午前去面试。他告诉了我搭车的路线，最后还嘱咐："考虑到路途遥远，录用后将给予车费报销，请保管好票据。"我欣喜地说了声："好！"

　　挂了电话，突然想起昨天根本没在此单位投简历，赶紧打了个电话过去确认。他问我的全名，然后认真地说："没错啊，这里确实有你的简历。你尽可放心，某某人才市场不是随便什么人都可以进去摆摊的，我们是正规单位，不收任何费用的。""那我应聘什么职位啊？"我继续试探。"你的特长是什么呀？""写作啊。""那就对了嘛"，他避开我的话题，"我们经理看过简历后觉得你各方面都不错。你考虑一下，如果你没这个意向也没关系，我们会通知其他人来面试的。怎么样，过不过来啊？"我犹豫了一下，但想想工作也没着落，去看看也无妨，于是应道："可以过去的，到了给你电话。"虽说我只投了两份简历，不知为什么会有份简历在灯厂那里，但想想既然打电话过来让我去面试，而且还报销车费，还是决定过去看看。我拿出早就准备好的面试装备，一套职业装，化了淡妆，收拾了必带的东西，一看表，已经快10点了，于是也顾不得上网查这单位的相关情况便匆匆出发了。

　　转了两趟公车，又步行了大约20分钟，等我抵达指定地点时，已经是下午1点多了。我给张经理打电话，问他在哪里。他说："我们厂里的司机小王等会儿送货要从那里经过，我让他顺路带你过来吧。"于是我站在路边左顾右盼地盯着送货车，过了二十分钟左右，小王来电话了，说他的车在红灯路口掉头了，要我快点过去。我急急忙忙地往路口跑去。在接近红灯路口时，有个骑女式摩托车的向我招手，我以为是载客的摩的，就摇了摇手继续向前赶。这时候，那人说话了："朱小姐，我是小王。"我止步转过身，心里有些纳闷："骑摩托车也叫司机？还送货？敢情这灯厂还零售？"正当我犯迷糊的时候，那人又说："朱小姐，张经理还等着呢，快走吧。"我不情愿地上了摩托车，趁红灯的时候我向他打听起厂里的情况。我问他："你们厂的灯具主要是销往哪里的？"不知是车声吵还是其他原因，他答非所问："这路口经常查车，这车是没牌照的。"说完，他躲躲闪闪地把车开到大卡车前面，还边开车边发信息、打电话，一副业务很多、很忙碌的样子，也不搭理我了。我只好静静地坐着，暗自看着路边的建筑，心里悄悄地记着。摩托车一直向前开，越开越荒芜的样子。忽然，我的手机响了，是张先生，问小王有没有接到我。我说就在他车上了。"帮我转告小王，顺便去海关拿份报表，是那份……""你自己跟他说吧。"我心想，你直接跟他说不是更省事，免得我转达不准确。说着把手机递给小王。过了一会儿，通话似乎结束了，我坐直身子望了望，小王两手已经在车把上了，那么手机呢？正想着，车拐进下一条街道，两旁是居民区，路人很少。我突然意识到有危险，喊道："把手机给我！"见他摸了摸左耳，我也向头盔里摸去，果然抓到我的手机，一把抢过来。

"放我下来，我要在这里下车。""干吗？我还在通话呢。神经病！你不想面试了吗？就在前面了。"我毅然下了车，手机确实还在通话中，我的心里有点乱：要是真有这单位，我这样做是不是不近人情。这时，张先生又打电话过来："朱小姐……"我打断他的话："你们厂到底在哪里，你的司机是开摩托车……"话没说完，手机低电自动关机了。

小王的车开出好远又掉头回来，一边看我，一边向我吹口哨。我视而不见，看到路边有家买杂货的小店，我便快步径直向小店走去，心想：店里有人，万一小王来抢，我还可以喊人帮忙。而且，就算真的有这么个灯厂，我也可以问小店里的人具体地址在哪里。那样的话，我就可以自己问路走过去，无论如何都不能做那个小王的摩托车了。谁知当我到了小店一打听，小店的人表示都没听过这个灯具厂。我心里一阵后怕，但又不死心。于是，我把情况一说明，店里有人建议我干脆打 114 查询。我借用店里的电话打了 114，结果有个名字极为相似的灯具厂，但距离我当时所在的位置还有近两个小时的车程。当时，我就傻眼了。

随后，我愤愤不平地报了案，希望可以从那个固定电话号码中查出行骗者，将他绳之以法。当我在派出所，把事情的前因后果讲了一遍，把电话号码写给民警时，民警平静地说："这是个小灵通号码，很难查的……"于是，只好作罢。

回到学校后，我和同学讲起我的经历，才知道前不久有几位同学也有相似的遭遇，关键词都是面试、D 市、摩托车、手机。他们说我还是幸运的，反应及时，而且还把手机抢回来了，有好几个同学的手机就这么被骗走了，更有甚者，还被骗钱了。

大学生找工作的心情可以理解，但无论如何要多留些心眼。很多骗子千方百计地窃取求职者的个人资料，然后利用大学生求职心切、缺乏阅历的弱点进行行骗、抢劫。大学生遇到来历不明的单位面试邀请时，首先，要查证单位的相关资料，其次，尽量不要去偏僻的地方面试，即使去也要叫上朋友陪同，以防不测。

大学生就业市场因其自身的局限性，不能对大学生就业权益做到有效的保护，存在不少求职"陷阱"和就业歧视现象，已引起政府有关部门的高度重视。在法治建设不断完善的同时，大学生自身也应努力增强自身素质，掌握识别求职"陷阱"

的知识，加强自身防范意识，树立坚决反对就业歧视的观念，运用正当合法的渠道捍卫自己的就业权益。

毕业生走出象牙塔，在人才济济的市场中使出浑身解数，想方设法为自己谋取心仪的职位。然而，人才市场内外的种种陷阱对于刚刚走出校门，缺乏社会阅历和风险意识的大学生来说是个不小的考验，能否识别和防范各种陷阱，不上当受骗，至关重要。

就业陷阱从广义上来说，是指毕业生在就业过程中出现的致使其遭受损失的、形式多样的骗局。狭义上的就业陷阱是指用人单位违背与毕业生之前的约定，违背毕业生的意愿，使其承担就业协议范围之外的工作，或以诱惑、胁迫的方式要求毕业生从事违反法律或道德的行为。由于学校教育内容的相对理想化，学生接触范围与对象的狭窄与单一，加之就业形势严峻，常常导致学生在就业过程中出现饥不择食的心理，常有毕业生在择业过程中坠入形形色色的就业陷阱之中。当前大学生就业陷阱主要表现出四个典型特征：

第一，欺骗性。主要表现为招聘单位以故意夸大的虚假宣传，冠冕堂皇的不实承诺来取得大学生的信任和期望，并在协议中提出苛刻条件，隐藏各种不法目的。

第二，诱惑性。主要表现为招聘单位着力包装自己，夸大事实，并以虚假的各种招牌、荣誉、待遇和发展前景诱惑大学生。

第三，隐蔽性。违法用人单位的骗人伎俩都有十分华丽的诱人说辞，听起来入情入理，面面俱到，句句都令人心动，其实是处处布下陷阱。涉世不深的大学生往往比较单纯，难辨真伪，容易成为受骗的对象。

第四，违法性。就业中的违法目的各有不同。一类是通过非法途径强行留住人才，如扣留大学生的户口，证件等使大学生欲走难行；迫使大学生签下"生死契"、"卖身契"；迫使大学生逐渐接受不公正待遇等。另一类就是坑蒙拐骗，使大学生掉进自己挖下的高薪陷阱，培训陷阱，甚至诱惑大学生入股，推销传销等，还有些用人单位给大学生设置了协议陷阱、合同陷阱或试用期陷阱，使大学生感到求助无门。

一、就业陷阱的种类

（一）招聘陷阱

此类陷阱一般有两类，一是所谓的先交费后培训，这一类往往比较显性，看起来似乎很有道理。二是要求缴纳各种很少听说过的费用，如服装费、档案管理费、培训费等，这一类陷阱更具欺骗性。不法企业通常利用毕业生对相关法律了解不够，涉世不深，而又求职心切的心理来损害毕业生权益。实际上，服装费，档案管理费，培训费都应该是用人企业承担的成本，而求职者只有少量能通过后期的培训考核，即使通过了，骗子也会用各种苛刻的工作环境和要求迫使求职者自己知难而退。而《劳动合同法》第九条规定："用人单位招用毕业生，不得扣押毕业生的居民身份证和其他证件，不得要求毕业生提供担保或者以其他名义向毕业生收取财物。"

综合来看，"招聘陷阱"主要有四个特征：

首先，设置"招聘陷阱"的用人单位多是未经工商部门注册的非正规单位。面试时可了解对方的情况，如该单位是否具有一定的规模，主业是什么，地址在什么地方等。对于一些小单位尤其是明显在租用的简陋房间办公的，就应当做进一步的了解，可向有关部门查询、核实该单位的真实情况，搜索该单位的网站，确定其规模和用人需求，然后再决定是否投递个人推荐材料。如果招聘时不明确单位的名称，不提供单位的具体地理位置，经营何种产品也不明确，只提供 E-mail、电话号码，为稳妥起见，可以不予考虑。对重点关注的就业信息，即使其来源可靠，网站内容丰富，毕业生也要对信息的内容做进一步核实，防止信息中包含夸大、不实的成分，可以托人打听，也可以向老师或学长咨询。当然，最让毕业生放心的还是眼见为实，自己到用人单位去看一看。

其次，提供的"职位"条件过于宽松。每一个职位都有相应的用人条件，如果职位对专业、学历要求过于宽泛，甚至没有要求，通常不是"天赐良机"，而是别有用心。

再次，提供的"职位"名称好听，但职能含糊。某些职位名称响亮，动辄"经理"、"工程师"、"主管"，但对工作内容和职责没有具体的说明，解释起来也含糊其辞，让人一头雾水。

最后，提供不符合市场行情的高薪。以高薪为诱饵吸引毕业生是很多"招聘陷阱"设置者惯用的伎俩。人才也是一种"商品"，用人单位为同样的"商品"开出高于常理的价码，蒙蔽了毕业生的双眼，容易使其落入"高薪诱惑"陷阱。如果对方是高薪行业，对所有毕业生都给予优厚的待遇，则另当别论。

招聘"陷阱"的设置者，大多以面试为幌子，实施对求职者的欺骗。因此，面试环节毕业生需要特别小心谨慎。正常的面试，一般会安排在白天，不应涉及费用，地点也大多在用人单位的公开场所，面试的时间、地点一经确定，没有特殊的原因一般不会改变。

因此，面对种类繁多的就业信息，多种多样的就业渠道，毕业生一定要擦亮眼睛，仔细思考后再做出选择，谨防上当受骗。凡是简单聊两句，草草应付，面试后就说你被录用的招聘企业，往往重视的是你的"财"而不是"才"。应当记住，凡是正规的单位招聘员工，往往越是工作环境好、福利待遇好的单位，招聘的程序也越复杂，成功的难度也越大。反之，即使对方不存在欺骗的可能，至少也说明要么对方单位效益很一般，要么就是管理混乱。

（二）试用期陷阱

试用期是指用人单位对新招收的职工进行思想品德、劳动态度、实际工作能力、身体情况等进行进一步考察的时间期限。所谓"试用期陷阱"指的是企业以廉价的试用期薪酬招收员工为企业工作，而在试用期即将结束应该与员工签订正式劳动合同的时候借故将试用期的员工辞退，从而达到以低成本换取劳动的目的。对于受害的应聘者来说，"试用期"陷阱不但造成了工作付出与薪酬回报远远不成比例的后果，而且还浪费了选择工作的机会。

试用期陷阱有两种，一种是以各种理由告诉毕业生是不合格的，公司解聘也是无奈之举，从而再以很少的薪水继续招聘同样也不会熬过试用期的新人，周而复始，降低成本。面对这样的招聘，毕业生千万不要轻信用人单位的口头承诺，任何试用期的要求和考核应该以书面形式表现。另一种是非法延长试用期，常常是半年的合同而试用期就占了3个月。因此，毕业生在签订试用期合同之前最好能通过各种途径了解一下企业的情况，主要打探该企业在工作人员心中的口碑、其目前是不是很需要招人、历年的招聘规模及裁员规模等，对那些人员入职和离职频率非常高的公司就需要十分当心。

（三）协议陷阱

就业协议是明确毕业生、用人单位和学校在毕业生就业择业过程中权利和义务的书面协议。就业协议一经签订，对三方都具有约束力。就业协议一般由教育部或各省、市、自治区就业主管部门统一制定。它是教育部制订就业计划的依据，是进行毕业生派遣的根据，是确认就业意向和劳动需求的凭证，也是进行劳动统计的重要依据。

就业协议对于学校管理毕业生就业工作，规范用人单位和毕业生在用人、择业过程中的行为，维护各方的合法权益发挥了一定的积极作用。但这一制度在实行中产生了许多问题，需要进一步改进和完善。签订就业协议本来是出于保护学生的目的，而且协议上也明确规定了学生就业后就执行劳动合同，已签订的就业协议不再生效。但实际生活在签订就业协议后，不少单位在试用期间就不再签订劳动合同，所以常常会出现学生在试用期间跳槽的现象，按照劳动法这不需要承担违约责任，因而单位以就业协议为依据向学生提出索赔要求。按照有关规定，就业协议不能代替劳动合同或聘用合同，但实际上就业协议在法律上属于民事预约，它甚至可以对劳动合同的期限也进行约定。如果就业协议签订时的约定内容不能与随后签订的劳动合同或聘用合同内容吻合，今后就可能在毕业生和用人单位之间产生纠纷。

（四）合同陷阱

常常有一些用人单位使用预先拟定好的"格式合同"，用人单位在劳动合同的订立中居于主导地位，在劳动合同订立时多使用的是预先拟定好的合同文本，劳动者的话语权往往被剥夺，这些条款中通常不乏"霸王条款"。"格式合同"的不合理主要体现在：第一，用人单位回避提醒业务，使毕业生难以注意限制自身权利的条款；第二，用人单位免除自身责任，如提出"工伤责任自负"等条款；第三，用人单位注明劳动合同条款的最终解释权归自己所有，一旦发生争议，毕业生往往由于已经承认格式条款而处于不利地位。面对这样的合同，毕业生应该提高警惕，必要时应加以拒绝或询问是否能另外签订非格式合同。

在本章第二节开始的案例中，已对《劳动合同法》中关于违约金的规定做了详细陈述，而大学毕业生在进入企业以后，应该注意对于一些含有服务期限、违约责任以及违约金支付等条款的协议要谨慎对待，一旦发生争议不要采取于法律而不顾的处理方式，应该积极运用法律手段保护自己。具体来说，目前大学生服务期内解除劳动合同的争议是最多的，解除劳动合同后所涉及违约金的支付、培训费的赔偿，因此建议大学毕业生在就业后不要违法签订各种保证书，更不要擅自解除劳动合同，造成违约在先。

（五）传销陷阱

传销是指组织者或者经营者通过发展人员，对被发展人员以其直接或者间接发展的人员数量或者销售业绩为依据计算和给付报酬，或者要求被发展人员缴纳一定费用为条件取得加入资格等方式牟取非法利益，扰乱经济秩序，影响社会稳定的行为。近年来，非法传销组织也将触角伸向了大学校园，以招聘为名，欺骗社会经验缺乏、求职心切的大学生。

非法传销人员一般利用每年3、4月份考研成绩公布后，大批考研落榜生面临学业与就业的双重压力这一时机，通过打电话联络感情、假装介绍工作、谈理想抱负等手段迷惑人心，骗取毕业生的信任，毕业生到达指定地点后立即失去人身自由，并被迫"洗脑"。所以毕业生在择业过程中一定要认清传销的违法本质，不轻信任何可疑的就业信息，同时在投简历前必须向有意向的单位所在地的主管人事部门或学校毕业生就业指导中心求证核实；对于用人单位提出的面试或实习要求，要征得学校的同意，离校之前必须留下尽可能多的联系方式；毕业生还要牢记学校、学院的毕业生就业联系方式，在求职过程中如果遇到麻烦，可随时与学校联系。

二、如何防范就业陷阱

诸如上述的就业陷阱数不胜数，毕业生在求职的过程中应增强自我保护意识和辨别真假招聘的意识，通过正规渠道取得面试资格，切忌因一时求职心切而上当受骗，要避免落入形形色色的招聘陷阱中。面对就业陷阱，毕业生除了要勇敢地说"不"外，还要学会自我保护，了解就业权益和签约程序，规避风险。

（一）求职过程中的权益保护

从目前大学生求职过程中遇到的实际情况来看，与用人单位"双选"、签订就业协议书、签订劳动合同及毕业生就业报到等环节对于保护自身合法权益来说比较重要，具体可以归纳为以下几方面。

1. 择业阶段

择业阶段指毕业生和用人单位还未形成合同关系和劳动关系的求职阶段。这阶段的侵权行为主要有对毕业生平等权、知情权、隐身权、财产权的侵犯，主要问题有就业歧视、就业信息虚假及以录取为名乱收费等问题。

2. 签约阶段

毕业生与用人单位签订就业协议的阶段。这一环节的问题主要是就业协议签订的主体资格，就业协议的效力问题以及内容不符合法律规定，程序不规范，就业协议与劳动合同对接不一致等问题。

3. 就业报到阶段

毕业生到用人单位报到后应该马上与单位签订劳动合同，使就业协议与劳动合同"无缝对接"。这一阶段侵犯就业权益主要表现为不签订劳动合同或者是推迟签订劳动合同，签订的合同与就业协议书的内容不一致，劳动合同不规范。具体表现为薪酬问题、保险问题、试用期问题。

4. 试用期内的纠纷

这一时期的纠纷主要表现为试用期过长、两次试用期，试用期合同代替劳动合同、试用期的待遇、试用期辞退和补偿、违约金过高等问题。

5. 时效问题

解决劳动争议的时效：自权利被侵害或者当知道被侵害之日起 60 日内提出诉讼。如果在仲裁程序中被认定超过申诉时效就会被驳回诉讼请求。一旦发生纠纷，要及时到劳动仲裁委员会提出诉讼。

毕业生应了解目前国家关于毕业生就业的有关方针、政策和规范，以及它们之间的关系，熟悉在就业过程中的权利和义务。在就业过程中，如果因为所谓的公司规定和部门规定与国家政策法规有抵触，侵犯了自己的权益，则可以依据法规办事，维护自己的合法权益。

（二）了解程序，规避风险

就业协议书是学校、学生、用人单位三方的协议书，应该是国家教育行政主管部门规定的统一格式的文本，属意向性协议。在签协议前，毕业生除了要了解和掌握国家就业政策和规定，明确就业单位的具体工作部门和工作岗位，全面了解用人单位外，还应该进一步明确双方的权利和义务，注意约定条款的合理性。但是，根据一份抽样调查显示，虽然有 80％的毕业生认为有必要签订就业协议，但只有 5.4％的毕业生认为自己"非常了解"就业协议的内容和作用，有 80％以上的毕业生"了解一部分"，还有 12.6％的毕业生则"完全不了解"。这一结果显示，作为就业协议签约主体的一方，毕业生对就业协议的内容、作用和相应的法律后果尚缺乏深刻认识。一般来说，大学毕业生签订协议过程中可能会面临下面几种风险。

1. 就业协议期限

就业协议约定的服务期限将成为双方的劳动合同期限，由于大学生是初次就业，缺乏明确的职业规划，不宜将第一次期限约定的非常长，否则会为以后的职业劳动带来不必要的麻烦。

2. 改派成本

就业协议强调的是"三方签约"，毕业生一旦违约必须承担违约责任，在征得用人单位同意并缴纳违约金后才能重新签约。由于每个毕业生仅有一份就业协议，所以毕业生违约时，必须办理完毕与原签约单位的解约手续（有原签约单位的书面退函，交纳过违约金），然后将原协议书交还学校毕业生就业指导部门，并换取新的协议书。

3. 就业协议的违约金

违约金虽然是对双方的一个保障，也是一把双刃剑，对毕业生个人和用人单位而言都是一种制约手段，所以，毕业生在签订就业协议时要慎重考虑，量力而行，对于那些违约金约定数额较高的企业，毕业生应该考量自己可能承受的风险及承受能力，不要"病急乱投医"。

4. 工作内容

大学生在实际工作中能运用自己的学识是非常重要的，甚至超出了劳动报酬的重要性，因此，对于日后的工作岗位、工作内容等信息要有明确的约定。

5. 劳动报酬

劳动报酬是劳动合同的必备条款，也是大学生毕业后作为劳动者最大的权益，因此对于劳动报酬应当约定明确。

由于就业法规、就业市场以及大学生自身素质等方面的不完善，毕业生们遇到的困扰还不止上述这些情况，虽然求职者在权益受侵犯后可以通过申请劳动仲裁的方式保护自己，但是事后的补救难免会有一定的弊端，不如防患于未然。

资料链接 >>>>

谨慎签订劳动合同

在大学生就业的种种环节之中，劳动合同的签订无疑是最重要的一环，它不仅规定了用人单位所必须恪守的权利和义务，也是在劳动争议产生时维护自身权益的根据。一个完整的劳动合同应当包括四个方面：订立主体、合同内容、合同形式、法定程序。

签订合同时需要注意以下环节：

首先，必须查看用人单位是否具有用工资格。如果单位没有用工资格，毕业生和该单位之间的关系就不是劳动法律关系，毕业生的劳动权益将得不到法律的充分保护。

其次，看合同形式是否合法或者是否正常。劳动合同有口头形式和书面形式，问题往往出在口头合同上，口说无凭，特别是用人单位与毕业生仅仅口头约定试用期，不采取书面形式，这很可能是一种陷阱。

最后，看是否办理用工手续，单位用工应当办理用工登记。事实上，有些单位因为是非法用工而不依法办理用工手续，这样社会保险就无法正常缴纳；解除劳动关系以后，毕业生也无法及时办理退工手续并享受相应的物质待遇。

劳动合同约定的事项在劳动合同生效以后产生法律效力，双方有义务按照合同约定履行。现实中，劳动合同内容的协商过程常常表现为用人单位向毕业生出具格式合同，将法律规定的内容表达在事先拟定的合同之中。毕业生接受就表示同意签订，这样用人单位便处于主动地位。故毕业生需要特别注意合同上劳动法规定的由毕业生和用人单位共同协商的或者法律规定必备的那部分内容，避免合同中有些条款存在陷阱，隐蔽地违背毕业生意愿，这需要毕业生仔细阅读劳动合同。

劳动合同条款分为必备条款和可备条款。必备条款是《劳动法》规定劳动合同必须具有的七个方面，即劳动合同期限、工作内容、保护和劳动条件、劳动报酬、劳动纪律、劳动合同终止条件、违反劳动合同的责任。可备条款是由毕业生和用人单位协商而成的其他权利义务关系内容条款。必备条款强调一个"齐"字；而可备条款强调一个"准"字。必备条款少了，则该合同无效，确定部分的权利义务关系就处于不确定状态，对毕业生很不利。所以看必备条款关键就看七个方面是否齐备，陷阱往往出在条款缺失中做了"埋伏"。可备条款是劳动合同最体现合同双方协商精神的地方，法律规定最少，弹性最大，最能表达毕业生权益所在，也是易出问题的地方。要做到"准"字，毕业生需要做好"四查看"。

一、试用期条款

试用期存在的常见陷阱可以概括为三种：第一种为仅有试用期而没有合同期的约定，这种情形常常以口头合同形式出现。试用期期间用人单位付出的用工代价往往小于合同期，有的用人单位以此来规避法律，使用期满就将毕业生扫地出门，再换一批人，以此获得"廉价劳动力"，此时毕业生也只能无奈而去。第二种是一个试用期刚完另一个试用期又至，毕业生与用人单位的关系一直处于"临时状态"，用人单位随时可以让毕业生走人，毕业生应谨防上当。第三种是将试用期美其名曰转正期，名为转正期实为试用期，瞒天过海，将试用期一拖再拖。毕业生此时应当注意看实质而不要仅看名称。

二、查看服务期条款

劳动合同一般不对服务期限作出约定，只有在法律规定的情形下，毕业生才有义务与单位订立服务期限条款，即出现单位出资招用、单位出资培训、单位提供其他特殊待遇这三种情形之一时，单位可以要求与毕业生订立服务期限条款。服务期限的约定是毕业生对单位给予的特殊待遇的补偿，它实际上是一定期限内毕业生有专门为该用人单位服务的义务，限制毕业生选择其他工作单位工作的权利，而将合同期限的决定权交给用人单位。此时用人单位处于权利人地位，它可以选择行使权利，也可以选择放弃权利，毕业生有义务追随用人单位的选择。用人单位行使该权利表现为每一个合同期限终止后还想继续聘用该毕业生，那么它就可以援引服务期条款，继续要求保持与毕业生的劳动法律关系。所以，毕业生需要注意服务期限条款，以免陷入"难以自拔"的境地。当用人单位向毕业生许诺给予优惠待遇、约定较长服务期的时候，毕业生应该权衡好用人单位许诺的优惠待遇和服务期限的限制程度。

三、查看商业秘密和竞业限制条款

商业秘密是指不为公众所悉，能为权利人带来经济利益，具有使用性并经权利人采取保密措施的技术信息和经营信息。商业秘密的特征表现在经济性、实用性、秘密性等方面。在市场经济活跃的时代，商业秘密是与企业的经济利益甚至生存紧密联系的，所以企业会依法对员工保守商业秘密作出严格的规定，这些规定不仅体现在毕业生在职期间，也体现在员工与企业结束劳动法律关系以后。依据相应法律，保守商业秘密的条款通常可以通过约定提前通知期或者竞业限制两种办法，但劳动合同只能选择其中一种方法，不能同时约定；商业秘密进入公开状态后，保密条款、保密协议的内容自行失效。《劳动合同法》第二十三条规定："用人单位与劳动者可以在劳动合同中约定保守用人单位的商业秘密和与知识产权相关的保密事项。对负有保密义务的劳动者，用人单位可以在劳动合同或者保密协议中与劳动者约定竞业限制条款，并约定在解除或者终止劳动合同后，在竞业限制期限内按月给予劳动者经济补偿。劳动者违反竞业限制约定的，应当按照约定向用人单位支付违约金。"

根据《劳动合同法》第二十四条第二款的解释，竞业限制就是用人单位的高级管理人员、高级技术人员和其他负有保密义务的人员不得到与本单位生产或者经营同类产品、从事同类业务的有竞争关系的其他用人单位，或者自己开业生产或者经营同类产品、从事同类业务的限制。从对第二十三条与二十四条的解读中不难看出，用人单位与劳动者约定竞业限制条款的需具备以下几个条件：①前提条件，即存在可保护的商业秘密。②义务主体：商业秘密的知悉者，即用人单位的高级管理人员、高级技术人员和其他负有保密义务的人员，而不是所有劳动者。③竞业限制期限，根据第二十四条第二款规定最多不得超过2年。

值得一提的是，毕业生往往认为保守商业秘密是自己当然的义务，任由用人单位提出要求，不注意查看保密条款或者保密协议，而忽视了自己严格保守用人单位商业秘密依法获取补偿的权利。

四、查看违约金条款

根据《劳动合同法》，劳动这从单位辞职提前30天书面告知用人单位即可。劳动者要求解除或终止劳动合同，仅两种情况要交违约金。一时用人单位为劳动者提供专项培训费用，对其进行专业技术培训的。根据《劳动合同法》第二十二条规定，劳动者违反服务期约定，应当按照约定向用人单位支付违约金。违约金的数额不得超过用人单位提供的培训费用。如果劳动者已经服务一段时间，用人单位要求劳动者支付的违约金不得超过服务期尚未履行部分所应分摊的培训费用，二是对负有保密义务的劳动者，用人单位可以在劳动合同或者保密协议中与劳动者约定竞业限制条款，并约定在解除或终止劳动合同后，在竞业限制期限内按月给予劳动者经济补偿。劳动者违反竞业限制约定的，应当按照约定向用人单位支付违约金。

劳动合同对劳动者的违约行为设违约金的情形只有两种，即劳动者违反服务期约定和毕业生违反保守商业秘密约定。劳动合同不能就其他违约金做出约定，即使约定了也不受法律保护。此外，现实当中违约金条款可能存在的陷阱主要有：①用人单位和毕业生约定了服务期或者保守商业秘密条款，其中单位没有依法向毕业生承担任何额外的义务，却要求毕业生承担义务，这是空头约定，没有法律效力，毕业生无需执行。②用人单位和毕业生约定了服务期或者保守商业秘密条款，在其中单位承担的义务太少，毕业生承担的义务太多而享受的权利太少，这需要毕业生仔细权衡，常见的陷阱有：违约金太高，有些用人单位利用毕业生急于就业的心里，无故高额约定违约金；将服务期限条款与违约金条款结合起来，超长约定服务期限，使得毕业生不敢萌生跳槽的想法；将违约金与保守商业秘密条款结合起来，过高约定保密要求，一旦毕业生有所疏忽便会引来麻烦。

就业中的法律问题应当引起每一位毕业生的关注。只有以法律武器为后盾，才能在应对就业陷阱、签订劳动合同等需要法律帮助的时候充分利用法律武器，维护自身权益。对高校而言，要加强对大学生的法律教育，提高大学生的自我保护意识。防止就业陷阱不仅要创造安全、有序、公正、合理的外部环境，更重要的是要大学生知法、守法，利用法律武器维护自身权利。当然，一些大学生法律知识缺乏，法律观念淡漠，维权意识不强，即使权益受到侵害也不知道，当然，也不乏息事宁人、忍气吞声的人，很少有依法维权，争取自己的合法权益者。这种现象不仅只是个别大学生利益、权利受到侵害，更严重的是助长了许多违法分子的气焰，造成许多不安全、不稳定的隐患，也使得刚进入社会的大学生受到不良影响，可能给他们今后的发展带来不利因素。

问 题 思 考

1. 试用期与实习期有何区别。
2. 什么情况下用人单位可以与劳动者约定违约金？
3. 如何防范"传销"。
4. 大学生择业时如何防止被骗。

≈ 信 息 园 ≈

新劳动法解读

一、修改综述

新修改的 2013 版《劳动合同法》（2013 年 7 月 1 日起实施）对 2008 版的《劳动合同法》的第五十七条、第六十三条、第六十六条、第九十二条进行了修改。2013 新劳动法与旧法对比主要体现在对劳动派遣单位的严格管理上，控制临时工的适用以及劳动者劳动报酬保障方面。

二、修改条文对比

1. 第五十七条：经营劳务派遣业务门槛大大提高

新：

经营劳务派遣业务应当具备下列条件。

（一）注册资本不得少于人民币二百万元；

（二）有与开展业务相适应的固定的经营场所和设施；

（三）有符合法律、行政法规规定的劳务派遣管理制度；

（四）法律、行政法规规定的其他条件。

经营劳务派遣业务，应当向劳动行政部门依法申请行政许可；

经许可的，依法办理相应的公司登记。未经许可，任何单位和个人不得经营劳务派遣业务。

旧：

注册资本不得少于人民币五十万元。

2. 第六十三条：临时工享有与正式工同工同酬

新：

被派遣劳动者享有与用工单位的劳动者同工同酬的权利。用工单位应当按照同工同酬原则，对被派遣劳动者与本单位同类岗位的劳动者实行相同的劳动报酬分配办法。用工单位无同类岗位劳动者的，参照用工单位所在地相同或者相近岗位劳动者的劳动报酬确定。

劳务派遣单位与被派遣劳动者订立的劳动合同和与用工单位订立的劳务派遣协议，载明或者约定的向被派遣劳动者支付的劳动报酬应当符合前款规定。

旧：

只规定被派遣劳动者享有与用工单位的劳动者同工同酬的权利。

3. 第六十六条：劳务派遣用工岗位有了更为严格具体的界定

新：

劳动合同用工是我国的企业基本用工形式。劳务派遣用工是补充形式，只能在临时性、辅助性或者替代性的工作岗位上实施。

前款规定的临时性工作岗位是指存续时间不超过六个月的岗位；辅助性工作岗位是指为主营业务岗位提供服务的非主营业务岗位；替代性工作岗位是指用工单位的劳动者因脱产学习、休假等原因无法工作的一定期间内，可以由其他劳动者替代工作的岗位。

用工单位应当严格控制劳务派遣用工数量，不得超过其用工总量的一定比例，具体比例由国务院劳动行政部门规定。

旧：

劳务派遣用工一般在在临时性、辅助性或者替代性的工作岗位上实施。

4. 第九十二条：惩罚措施更为严格

新：

违反本法规定，未经许可擅自经营劳务派遣业务的，由劳动行政部门责令停止违法行为，没收违法所得，并处违法所得一倍以上五倍以下的罚款；没有违法所得的，可以处五万元以下的罚款。

劳务派遣单位、用工单位违反本法有关劳务派遣规定的，由劳动行政部门责令限期改正；逾期不改正的，以每人五千元以上一万元以下的标准处以罚款，对劳务派遣单位，吊销其劳务派遣业务经营许可证。用工单位给被派遣劳动者造成损害的，劳务派遣单位与用工单位承担连带赔偿责任。

旧：

劳务派遣单位违反本法规定的，由劳动行政部门和其他有关主管部门责令改正；情节严重的，以每人一千元以上五千元以下的标准处以罚款，并由工商行政管理部门吊销营业执照；给被派遣劳动者造成损害的，劳务派遣单位与用工单位承担连带赔偿责任。

第八章 创业实务

案例 >>>

2011年4月25日，浙江工业大学之江学院环境艺术设计专业0703班陈得俊被省团委评为"浙江优秀青年"称号。

在校期间，陈得俊努力学习，曾任环境技术设计专业0703班班长，曾获国家励志奖学金、"杭州十佳新锐室内设计师"、校级优秀学生三等奖学金、新生三等奖学金、院级优秀团干等荣誉。同时，他充分发挥自己的专业特长，自2009年11月起陆续创办了一廊艺术机构、浙江拜哈装饰设计有限公司等三家企业，目前营业额已达四千多万元，堪称在校大学生的创业典范。2011年，陈得俊在自己成功创业的同时，积极录用近十位应届大学毕业生为公司员工，解决了部分大学生的就业。

自强不息

陈得俊出生在温州苍南一个叫崇家岙的小村庄，父母常年在义乌宾王市场经营着一个卖保暖内衣的小商铺，生意不温不火，在当地，收入只能算是一般。陈得俊的美术功底很好，初三时曾作为学校代表参加金华的一次绘画比赛，得了金奖，成为了金华八中的美术班特招生。凭借美术的特长，从大学开始，陈得俊就尝试自力更生，自己养活自己，减轻家里的负担。

除了申请助学贷款和国家励志奖学金外，勤工助学费是陈得俊的主要经济来源，从做美术辅导老师到家装设计师，从每小时赚150元的课时费到每平方赚120元的设计费，大学四年，陈得俊基本没闲过，他就这样半工半读完成了自己的大学学业，还获得了国家励志奖学金、校级优秀学生三等奖学金、新生三等奖学金、院级优秀团干等一系列荣誉。

2009年10月，他参加杭州建筑协会举办的"杭州十佳新锐室内设计师"比赛，以一个在校大学生的身份击败了众多资深业内人士，荣获"十佳设计师"称号，成为唯一的大学生身份的设计师。至今，他已为广大业主设计了22套高档住宅；共主持了超过14000平方米的装修工程。

创业传奇

家乡传统的经商氛围、从小耳濡目染父母的辛苦劳作，让陈得俊传承了浙江人吃苦耐劳的秉性。大二暑假，陈得俊来到某著名建筑装饰工程有限公司实习，他出色的手绘能力得到了公司老总的青睐，成为公司的设计师。进入家装行业以后，陈得俊发现，杭州家居软装艺术产业还是一块有待开发的新领域。在杭州家居装饰市场上，多数是来自厦门、深圳的一般装饰画，而富有艺术品味的高端装饰画少之又少，更不用说雕塑等艺术品了。2009年11月，陈得俊小试身手，在学校旁边租了一个200平方米左右的公寓，开起了工作室——一廊艺术机构，出售自己的绘画、书法、家居雕塑、陶瓷工艺等家居装饰品，当起了老板。开业两个月，仅出售这些作品，工作室的营业额已达7万元。在这个工作室，汇集了一批中国美术学院、华侨大学等艺术专业的高材生，遇到个人无法完成的任务，陈得俊便借助团队的力量来共同完成，他们曾一起完成了一个800米的墙绘订单。

尽管生意不错，但是公司所接业务中，普通住宅单子占了多数。陈得俊觉得，若要进一步开拓业务，必须跨入高端商业区，作品层次只有拿到更大的市场中检验后才能得以提升。但是不久，资金链短缺的棘手问题把陈得俊给难住了。

"没有办法就要想办法，有时候人的能力就是靠逼出来的。"陈得俊动容地说，"有些人只把想法看成是梦，使劲在吹梦想有多么美好，那它就永远只能是一个梦，越想离你越远。"

对于一个没有太多经济基础的大学生来说，每一次创业选择都需要鼓足最大的勇气。遇到困难，创意设计分院的李娟、吕微露等老师总是热情地给予帮助与指导，陈得俊本人也从不轻言放弃，最后通过朋友的帮忙和介绍，并于2010年10月创办了杭州拜哈（By Heart）设计有限公司，这也是他开办的第三家公司。拜哈公司开业以来，仅仅半年的时间，产值已达两千多万元，三家公司的营业额突破了四千万元。过硬的专业知识背景、良好的人际关系和坦诚的为人处世之道，让他赢得了众多好友的鼎力相助，良师的悉心指导，使他的创业传奇得以延续。

因为有着较多的实践经验，陈得俊也在不知不觉中成为了同学心目中的"创业导师"，遇到专业上的问题、创业中的问题，同学们总是第一个想到请教他。朱列安（草木人创意设计公司总经理）、林殷勤（半岛纪年影像坊总经理）、汪露婷（小小岛手作馆总经理）都是之江学院的创业明星，他们几乎都向陈得俊求教过，也得到过陈得俊的耐心指点，陈得俊总是毫无保留地把自己的创业经验告诉大家，他提出的把婚庆摄像和新房装修捆绑销售的建议曾让林殷勤受益匪浅。在他的影响下，之江学院50多支创业团队蓬勃兴起，自主创业总人数达500余人。

课前思考 >>>

1. 陈得俊同学的创业为什么会成功？
2. 大学生创业需要考虑哪些因素？

第一节　创业精神及其培养

案例 >>>

[案例一]

"不安分者"眼中的商机

高中毕业后干起家电维修的小胡和小姜，以修收录机、电视机为生，但前者是一个经营上的"不安分者"，后者则是一个循规蹈矩的"老实人"。不久前，小胡又突发奇想，寻找到新的商机：他发现当地的农民用上了自来水后，将来就有可能使用洗衣机，有洗衣机便会有维修洗衣机的业务。于是，他买回本地市场上常见品牌的洗衣机供周围的人使用，目的之一是让人们尝尝洗衣机的甜头；目的之二是学习洗衣机的结构、保养和维修。果不其然，一年后，一台台洗衣机进入农村，维修业务几乎全被小胡包揽了，而小姜只能眼睁睁看着自己失去一次扩大维修范围的机会。

一般人总是等机会从天而降，而不是通过努力工作来创造机会。殊不知，人们遇到的问题和未满足的需要总是不断提供新的商机。优秀创业者的一个基本素质，就是善于从他人的问题中发现机会，主动把握机会。对照一下你自己，又作何感想？

[案例二]

小王创业记

某校机械专业毕业的小王。毕业后盲目创业，学着别人倒菜、倒水果、倒服装，几经波折，没有一件事干成功，正当小王垂头丧气时，恰好社区组织个体经营者进行自我创业资源分析。经过分析，小王发现自己最大的长处还是所学的专业。在这之后，小王开了一家汽车修理店，感到一下子有了广阔的空间。

创业并不是一件容易的事，除了付出艰辛和努力外，还需要对自己的优势和不足有一个正确的评价，只有这样，才能走向成功。小王的专业是机械，修理汽车是他的专长，在认识到自己的长处后，小王及时调整方向，最终获得了成功。

[案例三]

没钱也可以开店

张大勇性格开朗，待人热情，头脑灵活，善于社交，有一定的管理能力。他既酷爱电脑又做着电脑的生意，兜里也有一些积蓄，而且身边又结识了众多的电脑爱好者们。当今由于网络已成为年轻人生活的一部分，张大勇就瞄准了一个挣钱的机会——开一家网吧。但是，自己的积蓄又不够。经过仔细分析和市场调研后，在一个交通便利又比较热闹的地段，张大勇和几个朋友一起开了一家规模较大的网吧。一年后，张大勇不仅收回了本钱，自己又开了一家分店。

张大勇的成功归功于他对自己有清醒的认识，对市场需求有充分的了解，同时借助于和朋友合作，既解决了资金问题，又壮大了个人的实力，将自己的优势，有效地与外部条件结合起来，成为一个成功的创业者。

对于每一个创业者而言，永远要面对的困难，就是资源的匮乏，但是，成功的创业者总是能够利用自己仅有的资源，巧妙地与其他资源整合，张大勇不仅有"勇"，还有"谋"——资源整合的意识。

[案例四]

"敢"创业比"能"创业更重要

小张曾患有小儿麻痹症，技校毕业后，家人都担心她今后的路该如何走？经过深思熟虑，要强的小张决定自己当老板。

她发现学校到现在还没有打字复印设备，而附近也只有一家打字复印社，于是就在学校门口开了一家打字复印社。

身患残疾的小张，选择了自己创业这条路，将自己的劳动贡献给社会，既给许多人带来了方便，也给自己带来了富足和快乐。

残疾的小张能够创业成功，令人深思！看来在许多情况下，不是你是否能够创业，而是你是否敢于创业，这也是创业者的一个基本素质。

[案例五]

与其追随潮流，不如另辟蹊径

19世纪末，美国加利福尼亚州发现了黄金，出现了淘金热。有一位17岁的少年来到加州，也想加入淘金者的队伍，可看到金子没那么好淘，淘金的人很野蛮，他很害怕。这时，他看到淘金人在炎热的天气下干活口渴难熬，就挖了一条沟，将远处的河水引来，经过三次过滤变成清水，然后卖给淘金人喝。金子不一定能淘到，而且有一定危险，卖水却十分保险。他很快就赚到了6000美元，回到家乡办起了罐头厂。这人就是后来被称为美国食品大王的亚尔默。

成功者往往都是有独到见解的人，他们总是从不同的角度看问题，从而能不断产生创意，发现新的需求。不仅要看到市场需求什么，还要注意事物间的联系。

一、创业的定义

早在二三百年前，经济学文献中就已出现了"创业"一词，但是时至今日，学术界对其含义至今尚未达成共识。

荣斯戴特（Roben C. Ronstadt）曾这样定义创业："创业是一个创造增长的财富的动态过程。财富是由这样一些人创造的，他们承担资产价值、时间承诺或提供产品或服务的风险。他们的产品或服务未必是新的或唯一的，但其价值是由企业家通过获得必要的技能与资源并进行配置来注入的。"

斯蒂文森（H. H. Stevenson）强调了创业的过程："创业是一个人——不管是

独立的还是在一个组织内部——追踪和捕获机会的过程，这一过程与其当时控制的资源无关。"斯蒂文森进一步指出：有三个方面对创业是特别重要的，即察觉机会、追逐机会的意愿及获得成功的信心和可能性。

也有学者认为：创业包括创造价值、创建并经营一家新的营利型企业的过程，通过个人或一个群体投资组建公司，来提供新的产品或服务，以及有意识地创造价值的过程。

《创业学》一书对创业是这样定义的："创业是一个发现和捕获机会并由此创造出新颖的产品、服务或实现其潜在价值的过程。"创业必须要贡献出时间和付出努力（心理与生理），承担相应的财务的、精神的和社会的风险，并获得金钱的回报、个人的满足和独立自主。该创业定义主要强调了作为一个创业者的四个基本方面，而与所处的领域无关。

1) 创业是创造的过程。创业创造出某种有价值的新事物。这种新事物必须是有价值的，不仅对创业家本身，而且对其开发的某些目标对象也是有价值的。这里所说的目标对象因行业或所创造事物的不同而不同。

2) 创业需要贡献出必要的时间，付出极大的努力。要完成整个创业过程，要创造新的有价值的事物，就需要大量的时间，而要获得成功，没有极大的努力是不可能的。

3) 承担必然存在的风险。创业的风险可能有多种形式，依赖于创业的领域，但是通常的风险不外乎财务风险、精神方面的风险和社会领域及家庭方面的风险等。

4) 给予创业者以创业报酬。作为一个创业家，最重要的回报可能是其由此获得的独立自主，及随之而来的个人满足。对于追求利润的创业家，金钱的回报无疑是最重要的，对很多的创业者乃至旁观者，其实都把金钱的回报视为成功与否的一种尺度。

对于一个真正的创业者，创业的过程不但充满了激动、艰辛、痛苦、忧虑、郁闷、痛苦和徘徊，而且还需要付出坚定、坚持不懈地努力，当然，渐进的成功也将带来无穷的欢乐与分享不尽的幸福。

二、创业精神

（一）创业精神的概念

对于创业精神的准确定义，目前还没有统一的界定，学者们各执一词。人们用不同的词语描绘创业精神（或企业家精神）：创新精神、合作精神、冒险精神、敬业精神、自强不息、百折不挠等。在新时代，又加进了时代精神，社会责任感、奉献、事业荣誉感、二次（三次）创业的勇气、艰苦奋斗的作风、至诚至信、开放的心态、宽容的胸怀等。

谭劲松（Tan Justin）博士认为目前对企业家精神的定义千差万别，有的从狭义的小企业管理角度来定义，有的定义包罗万象，把企业家精神的定义为最广义的，最全面的是管理创新。谭博士提出了基于过程分析基础上的企业家精神理论依赖与所谓的 4P 结构（见表 8-1），即企业家精神的四大主要组成部分为远见精神（Pioneer）、创业观念（Perspective）、实践（Practice）、和成就（Performance）。远见精神指企业家应具有创新精神，或者至少也是创新的拥护者；创业观念指创业的视为倾向；实践指相应的创业活动；而成就感则作为创业活动或行为的结果。他认为"企业家精神是一种特殊的思维倾向，一种独特的世界观，一种积极的冒险精神以及自我实现和完善的终极手段。企业家精神的深处隐藏着进去和创造的欲望，对自主与独立的向往，并且通过永不疲倦的努力工作，大胆而谨慎的冒险，永无止境的创新和坚韧不拔的毅力是自己成为企业家梦想的化身。那些拥有这样的梦想，并把自己的热情、灵魂和整个身心投入到为实现这些梦想的工作中去的人们就当之无愧地被我们称为企业家"。

表 8-1　企业家精神的 4P 结构

观念 Perspective	观念	独特的习惯于创造和创新的思维：这里一定有更好的办法
	使命感	清晰的使命和愿景：每个人都有存在这个世界的理由
	政策	成功之道：答案不就在那套战略里吗
远见 Pioneer	远见	孜孜不倦的对创新的支持：我们与众不同
	激情	对成功、创新和开辟事业的强烈愿望：品尝你的梦想吧
	坚韧	意志坚定：永不言败
实践 Practice	实践	行动最重要：放手去干
	说服	让他人接受你的愿景的能力：推销术是企业家精神的要素之一
	追求	吸引他人注意，要求社会资源的努力：天助人助自助也
成就 Performance	成就	绩效导向：我行我素
	人本	创新是为了提高和改善人们的生活质量
	利润	创新的回报：创造经济价值是企业家的社会责任

刘常勇认为，创业精神的本质是一种创新活动的行为过程，而非指企业家的人格特质。创业精神的主要含义为创新，也就是创业者通过创新的手段，将资源更有效地利用，为市场创造出新的价值。虽然创业常常是以开创新公司的方式产生，但创业精神不一定只存在于新事业。一些成熟的组织，只要创新活动仍然旺盛，该组织依然具备创业精神。"创业精神"类似一种能够持续创新成长的生命力，区分为个体的创业精神（independent entrepreneurship）及组织的创业精神（corporate entrepreneurship）。个体的创业精神是以个人力量，在个人愿景引导下，从事创新

活动，并进而创造一个新事业；而组织的创业精神则指在一个组织内部，以群众力量，追求共同愿景，从事组织创新活动。

刘常勇对创业精神的解释强调了两点：一是创业精神在精神层面是一种思维方式，这种思维方式的基础是创新。谭劲松博士也认为，企业家精神首先而且主要是一种对事物的观念，一种持续和一致的看待世界的方法，一种特殊的思维倾向，这种思维倾向鼓励创新和改革、改变游戏规则，并且标新立异。简单地说，这种思维方式就是不满足于现状，改变旧有的条件，寻求处理问题的新途径。由于个人的条件和环境不同，不可能人人创办公司，做生意，不可能人人从事创建新企业的活动。但创业思维不可没有，无论做什么事情，每个人都要以创业与企业家精神思维去思考，并将其作为思维模式和行为准则。二是创业精神的实质在于发现和把握机会，并且创造价值。创业精神，并不能仅仅停留在精神层面，创业观念和思维必须付之行动。也就是说，创业精神必须将创业观念和思维与实践结合起来，才会产生结果、绩效和价值。

长期以来人们对创业精神的理解存在诸多误区，比如创业精神是个人特质，创业精神不可学等。因此，本章侧重精神层面而非创业活动对创业精神进行阐述。在精神层面，无论是个体创业，还是公司创业，本质都是相同的。

（二）塑造创业精神的途径与方式

分析创业精神的运行规律和特点的目的在于找出塑造和传播创业精神的方式和方法。塑造创业精神可通过以下途径。

1. 企业家要保持创业的精神状态和思维方式

创业的成功有时会影响企业家变革的意愿，尤其是当企业自我感觉良好且企业家满足现状时，企业家就更不会想要变革。事实上，有些企业家将会在公司内部营造出一种官僚环境，在这样的环境里，命令由高层向底层发布，根本不允许来自底层的创意。其结果是企业中没有人愿意（或受激励）成为变革者或促进者，因为企业创办者遏制了这样的行为。

因此，企业家要保持创业精神的良好状态，第一，要提高企业家的素质和水平。因为，创业精神是企业生命的灵魂。一个企业是否能在激烈竞争的环境中获得长期生存与发展，关键在于这个企业制定的战略目标对环境变量的适应性和企业的组织结构对战略目标的适应性。当两者发生重大不协调时，企业就需要变革，这正是创业精神的体现。企业家是企业变革的源泉。企业家的素质和水平决定了企业变革的方向和取得成效的水平。因此，对于企业个体来说要具备和提高自身的素质和能力。要有战略家的智慧和眼光，具有创新精神和逆向思维能力，具备高超的领导艺术。企业家应该具有思想的超前性和创造性、强烈的事业心、坚定的改革意识和群众观点等。第二，提高对机会的洞察力。通过明确企业各个层次完成的任务和目标，使企业各层次人员清楚在企业的生产和服务中所扮演的角色；同时协调和整合各职能部门也可以增加对机会的洞察能力，因为这样可以使不同职能部门的下属作为一个有机的整体而行动。第三，将变革作为企业目标予以制度化。要形成变革和创新的偏好，而不是安于现状。第四，在员工中灌输变革和创新的愿望。这就要实行鼓励变革的薪酬机制，创造允许失败的创业环境和创业文化，实行有弹性的操作和管理等方法。

2. 从个人创业精神到全体员工创业精神的传递

创业精神不只是企业家的个人精神，创业精神需要管理层及业务骨干，以及全体员工保持创业热情。在我国，出色的企业家在今天显得尤为重要，领导者仅仅能够做出正确的重大决策和发号施令还远远不够；企业领导应该懂得如何培养员工的创业精神，同时又必须密切关注企业的生存和发展。要做到这一点，关键是必须大力鼓励具备创业精神的员工，而不是依赖某位 CEO。过去，中国许多企业的创业精神往往与 CEO 和一群技术骨干的关系最为密切，而企业中其他员工的创业精神并不突出。但现在必须更加强调是所有员工都能够放开手脚以革新精神来从事他们的工作。

埃森哲管理咨询公司发现，创业精神对于企业的成功至关重要。如何保持创业精神并扩展到全体员工心中，则是全球企业界需要协力破解的难题。中国新华信企业管理咨询有限公司董事长赵民认为，在中国推广创业精神，首先是要把个人的创业精神变为全体员工的精神。在中国，企业领导人创业精神一般都非常强，但这种精神在企业逐层减弱。因此，需要把企业"一把手"的创业精神传递到全体员工心中。

创业精神的传递首先要靠企业为员工创立良好的环境。沃尔玛把员工当做"合伙人"、春兰把员工当做"靠山"、松下把员工当做"同辈"甚至"总裁"等，无论在空间上还是心理上都拉近了企业家与一般员工的距离，有利于最大限度的发挥员工的积极性、主动向、创造性，激发员工的创业和创新动力。

其次，定期进行创业精神的培训。赵民认为在企业内部开设培训班或者管理学院，每个季度进行轮训，不停地把创业者的精神和理念通过培训地方式传输给基层管理者或者未来潜在的基层管理者，一两年后，大家慢慢形成一个习惯的心态和思维，在心理就会认可并学习企业家的创业精神。这样就能促进将企业精神传播到全体员工中，实现企业创业精神的持续及企业的持续发展。

最后，不断调整企业组织结构。适当并适时地调整组织结构，有利于人们积极性的发挥，激发个体和群体学习积极性和各种潜在优势，保持企业的创新和创业活力。

3. 培养大公司的创业精神

根据企业的发展规律，当企业成长到一定阶段，组织会产生一些阻碍创业精神发挥的因素。如何培养大公司的创业精神？

通用电气公司原 CEO 杰克·韦尔奇认为，要不断地给管理层压力。让他们去激励整个团队进行创新。

作为 CEO，要不断地去告诉身边的经理，要表扬一些好的典型，表扬一些好的团队，去把他们成功的经历在整个公司加以宣传，所以重要的一点是你作为 CEO，要奠定一个基调，然后让其他人来完成你的工作。大公司不是由一个人说了算、由一个人来奠定基调，如果公司当中所有的人不能够去执行这样的想法的话，什么结果都不会发生。如果我们要相信一个人就能够带来所有变化的话，这几乎是一个愚蠢的想法。CEO 只能奠定一个基调，每一个人都要执行。

毕海德认为，要建立持久性的长寿公司，需要企业具备以下能力和品质，如表 8-2 所示。

表 8-2　创建有前途的新企业与建立大公司的区分表

创业有前途的新企业	创新活动和任务	配套的，多阶段，更多的投资，更少的不确定性	
一次性，低投资，高不确定性	创新		
机会主义的适应性调整	任务	阐明目标	
风险传递和风险共担		制定战略	
		执行战略	
需要不同的品质			
容忍模糊性	独特的素质	志向远大	
果断		承担风险的意愿	
开明		想象力	
控制内在冲突		创造性的综合能力	
应变能力		提炼的能力	
自制力		恒心	
理解力		激励和威胁的能力	
洞察力		学习新技能的能力	

4. 提高创造力，持续学习和不断创新

创新是企业的生命，是创业精神保持的重要内容。而持续创新，需要保持旺盛的创造热情和创造能力。集合方法是提高人们创造力的重要方法之一。

集合方法，即创造力产生于几种基本来源的集合的方法，该方法有利于促进人们的创新和创造活动。集合方法来源于以下几个方面：

1）智力能力：从新角度看问题的能力，识别有价值想法的能力。同时还要有说服技巧——能够让人们相信这些新想法的价值（成功智能和社交智能的结合）。

2）广博的知识基础：记忆中应存储大量的相关信息。没有这些知识，就会缺乏创造性思维的认知基础。

3）恰当的思维方式：喜欢从新奇的角度进行思考，有识大局的能力——既能从局部考虑又能从整体考虑，即一种摆脱心智定式的倾向。

4）个性特征：诸如愿意冒险并能容忍不确定性的特征，这些特征能帮助人们思考其他人忽略的想法和解决方案。

5）内在的、以任务为中心的动机：具有创造性的人通常喜欢他们所从事的工作，并能从工作中获得内在回报。

6）支持创新思想的环境：一个不强迫取得一致想法并鼓励变革的环境。

集合方法认为，当这些因素达到一定程度，创造性思维就能产生。反过来，人们可以使用多种技能来提高自身的创造力，同时提高产生新创意的可能性，而这些新创意可能就是企业获得新成功的基础。

首先，新创意来源于人们以新的方式整合、扩展或看待现有信息。这就要求人们为了富有创造力，必须掌握大量信息。获得广播的知识基础有很多方法，但研究表明，从做一位创业者的角度看，最有用的知识基础是：①有丰富的工作经历；②在很多地方居住过；③有广阔的社交网络。这些因素增加了人们掌握的信息量，使他们富有更多的创造性。

其次，要养成有助于突破思维定式的思考类型。如果你的朋友们是有不同背景的职业的人，在大多数问题上都持相反观点，可以帮你形成灵活开放的思维方式，会提高你的创造力。

最后，尽可能在鼓励创造力而不是抵制它的环境下工作。许多人选择创业的一个原因就是在公司中感到压抑，没有想象和创新的空间。相对而言，最好的组织是能容忍甚至鼓励员工创新的公司。这些公司倾向于更开放的向员工传播信息。很多研究表明，在这样的工作环境中工作，能扩大你的知识基础，同时鼓励你进行创造性思考。

总之，可以采取许多措施来提高你的创造性思维。只要使它成为日常生活的一部分，你就会变得更有创造力，并能提高新创企业成功的创意能力。创造力是令人印象深刻的，它一旦被合适的人掌握，就会改变整个世界。创造力的产生因素并不神秘，在很大程度上，我们能控制这些因素。

资料链接 >>>

大学生创业环境分析

2012 年 11 月 1 日上午，安徽科技学院植物科学学院 2009 级在校大学生邵蒙等人创办的温馨驿站网络超市在大学生创业园隆重开业，由安徽科技学院学生温馨驿站创业团队自主学习创办。实体店与虚拟店相结合发展，送货上门货到付款。

　　走进不足 20 平方米的小店，货架上琳琅满目的商品很是吸引人眼球。从在天桥上摆地摊到在校园偏僻地点租房销售，直至今日在新校区创业园入驻，这个店面背后 18 人的创业团队走过了一段并不平坦的路。

　　这样的一个网络超市，实体店与网络相结合的模式，符合该校学生消费的特点，立足于大学生，方便和温暖大学生，"温馨网超"就在这样的形势和目标下应运而生。从第一次走上创业的道路到现在，这群年轻人已走过两年的时间。起初仅仅是地摊小商品，经营范围有限，受众人群小；销售量不佳，利润低；常常被投以不解甚至冷漠的目光，校园的文化建设也限制着这种小摊点的生存；经营中与其他团体的利益冲突，常常让他们陷入尴尬的境地。

　　但他们始终坚持着，经过长达两年的奋斗，他们积累了一定的经验和资金，在学校政策的引导下，他们花了两个月的时间完成了创业计划书，并通过了评估获得了入驻创业园的机会，从此，一个属于自己的网店——"温馨网超"走进了人们的视线。

　　创业环境是指特殊环境，是一般环境的特定层面和组成部分。创业环境大约表现为以下几种形式：

　　社会环境与自然环境。社会环境主要指的是国情，而自然环境是指创业者面对的地理、资源、气候等自然状况。它们作为开创活动的宏观背景，对创业活动产生着巨大的不可抗拒的影响。创业者只能利用它们，但却无法改变它们。

　　内部环境和外部环境。内部环境是指创业组织内部各种创业要素和资源的总和，它是创业者的家园，是创业活动的根基。外部环境是指创业组织外部的各种创业条件的总和，对创业组织的发展具有广泛的影响力，是创业组织发展的保证。创业组织要适应的正是这种环境。

　　融资环境与投资环境。融资环境是创业者为了扩大创业实力的需要聚集资金的社会条件。投资环境特指创业者资金投向的项目、行业及地区的情况。

　　生产环境与消费环境。生产环境是指创业者的资金转化为产品过程所需要的各种要素，消费环境是指创业者的商品转化为货币的过程。

第二节　创业环境分析

　　"橘生淮南则为橘，生于淮北则为枳"。人的行为是自身素质基于外界环境的综合反射，每个人或多或少都会受环境影响，创业活动也不例外。创业者在争取资源、参与市场竞争、构建创业团队等环节都离不开其处的环境，环境作为一个多因素、多层次的复杂综合体，其发展变化既可能给创业者带来新市场机会，也有可能带来威胁。通过对创业环境的剖析和研究，能够帮助创业者辨识对自身有重大影响的环境因素，加深对自身条件的认识，进而制定适当战略利用有利环境发掘潜力、规避不利环境减少风险，最终提升创业成功率。

创业环境综合而言是指所有与创业相关联的因素的集合，根据这些因素的影响范围又可以分为宏观环境和微观环境两大类。

一、创业宏观环境分析

宏观环境又称总体环境，是指影响整个创业活动的广泛性因素，包括政治法律、经济发展、社会文化、科学技术等方面。对于创业者来说，这些力量是不可控制的，他只能通过对这些力量的调查、分析和预测，以发现机会与风险，并做出相应的反馈与环境相适应。

（一）政治法律环境

任何市场都是受国家或政府管理及制约的，国家的意志会通过政策、法律等在市场得以体现，并对市场参与者的活动作出限制。换言之，市场是随一定的政治法律环境变化而变化的，新中国成立以来经济变迁的历程就是其中一个典型例子。

在建国初期，经过社会主义经济体制改造，我国逐渐形成了计划为主体的经济格局，在很长的一段时间内，因受国家控制，创业活动几乎绝迹。直至 1988 年 4 月，宪法修正案明确提出"国家允许私营经济在法律规定的范围内存在和发展"，民众的创业热情得到释放，掀起了我国改革开放后的第一个创业高潮。1992 年邓小平"南巡"讲话，提出了"三个有利于"标准，进一步解放思想，掀起了第二个高潮。1999 年，宪法又一次修订，明确提出要提高非公有制经济的地位；之后2002 年党章调整，允许私营企业主加入中国共产党，解除了许多人的后顾之忧，创业活动成为许多区域经济发展的重要支撑。

政治法律环境分析主要从以下四个方面进行。

1. 政局

政局即政治局面或政治局势，体现出一个国家或地区的政治稳定情况，包括战争、执政党更迭、政府更迭、要员更迭、政策巨变、社会治安恶化、罢工、暴乱、大规模游行示威、民主矛盾、社会动乱等情况。政局会对创业企业产生重大的影响。如果政局稳定，人民安居乐业，部分生活改善型产品如奢侈品、电子产品的销量就有较大的上升空间；反之，如果社会矛盾尖锐、秩序混乱，生活必需品如粮食、净水就有较大的市场潜力。当然，一般而言，创业者在政局稳定环境中创业会比动乱条件下成功率高。值得一提的是，前面所述的重要事件，如战争、执政党更迭等，能够对政局产生重要影响，迅速改变创业环境，这是创业者在评估环境时尤其需要注意的，要有一定的预见性。

2. 政策

政策是执政党或是政府为实现一定时期的路线和任务而制定的行动准则，是国家意志的载体，合理利用政策往往能够起到事半功倍的效果。政策分析的内容一般包括 3 个方面。一是政策构成分析。企业首先了解国家的基本方针和总政策，再分析与自己相关政策，如产业政策、财政政策、货币政策、投资政策等。二是政策倾向分析。各国政府对于市场都有一定的干预，或鼓励、支持或限制、打击。对于创业者来说，鼓励政策是一种机会，如我国现在提出扶持战略型新兴产业，对相关产业的创业活动有税收减免、创新资助等多项优惠；限制政策则是一种风险，意味着创业者要在应对政府管理方面支出更高的成本。三是政策持续性分析。任何政策都是一定条件下的产物，创业者必须对其的稳定性作出合理的预期，分析万一外界条件发生变化，政策发生变动甚至推倒重来的可能。

3. 政体

政体是国家政权构成的形式，包括政府的机构设置、管理形式、政治态度等。对此充分的了解能够帮助创业者更好的研判政府的政策走向、活动趋势。如我国的政体是人民代表大会制度，其主要特征是议行合一，因此人民代表大会的报告、决议是分析政府工作思路及工作重点的重要依据及参考。

4. 法律

任何企业在任何时段都会受到法律的引导和制约，创业者必须要对法律（法规）有深入的了解和掌握，这不仅包括对相关的经济法规、条例有所熟悉，还包括明确与法律制定与执行有关的监督、管理、服务部门的职能与任务。这将有助于创业者在合法前提下规划自身行动边界的同时，通过法律途径保护合法权益。具体的，法律环境主要包含内外有别的两个层次：一个是外显的表层结构，即法律规范、法律制度、法律组织机构及法律设施；另一个是内化的里层结构，即法律意识形态。法律规范、制度等包括宪法、基本法律、行政法规、地方性法规等，是企业法律环境的物化基础；法律设施、组织机构包括各级执法及其监督机构，包括法院、检察院、公安机关、税务机关、工商管理机关等，是企业法律环境健康发展的保障；法律意识是指法律观、法律思想等社会对法律制度认识和评价的总称，是创业者参与和感受法律环境的重要媒介。

（二）经济发展环境

市场是创业企业实现利润目标的关键途径，而其与宏观经济之间势必存在较强的相关性。因此，在一定程度上，经济环境决定了创业企业的市场规模与发展潜力，如经济增长或萧条就可能会给企业带来机遇或者压力。所以创业者必须密切注意经济环境的现状，对趋势做出判断，并制定相应的策略。一般而言，经济发展环境分析可以从以下几个方面进行：

1. 经济发展阶段

从大多数国家发的发展历程可以发现，同样地区在不同经济发展阶段可能拥有差别鲜明的消费特征。如以消费品市场为例，处于经济发达阶段的地区，对于商品除了要求满足基本功能外，对于款式、特色也有较高的需求；而对于欠发达地区，则更侧重与产品的实用性，对于价格也比较敏感。经济发展阶段可以从国内生产总值（GDP）中得到一定的反应，根据较为普遍的观点，年人均国内生产总值在10000美元（按照名义利率计算）就可以称为发达地区；此时该地区的居民消费习惯将产生较为明显的变化。

2. 经济结构

经济结构是指国民经济的构成要素及这些要素的构成方式、关联方式和比例关系，根据研究目的的不同，可以有多种的分类形式，如包括生产资料与生活资料两大类的构成，农业、轻工业、重工业的构成，工农业各部门内部的构成，工农业和交通运输业的构成，以及第一产业、第二产业和第三产业之间的构成等。通过对经济结构的分析，能够帮助创业者更为深入的了解国家或地区的经济增长方式和发展趋势，发掘新兴产业，从而把握创业机会。

3. 经济周期

经济发展并非都是直线上升的，繁荣、衰退、萧条、复苏构成的周期性波动不可避免。在周期中，几乎所有的经济部门都会受到波动的影响，造成投资、产量、就业、物价、利率等因素的变动。对于创业者来说，同样的创业概念在不同的经济波段中会产生截然不同的后果，所以创业者要针对经济发展状况对于经济所处的阶段做出判断，从而根据实际情况作出调整。一般而言，经济处于萧条、衰退阶段时市场相对萎缩，对创业活动较为不利；而经济处于复苏、繁荣阶段时，由于居民信息恢复、就业率上升，市场逐渐改善，创业活动相对容易开展。

4. 国民收入

国民收入是指国民经济运行的各生产要素的收入之和，其水平的高低直接决定了某一国家或地区的居民购买能力，从而对企业的市场产生关键的影响。因此，创业者有必要通过对其进行分析来为项目收益的预估提供依据。从个人收入中扣除直接支付税款及非税性负担后所剩的收入称为个人可支配收入，表示的是个人可用于消费或储蓄的部分。某地区的个人可支配收入的总额可以用来衡量该地区的市场规模，平均可支配收入可以用来反映市场购买力。个人可支配收入除去必要的生活支出（如食物、水电、按揭等）即为可任意支配收入，是消费结构发生变化的晴雨表，反映了市场的消费层次。除此之外，恩格尔系数也是衡量某一地区生活水平状况及收入层次的重要指标，其计算公式如下：

$$恩格尔系数（\%）= \frac{食物支出金额}{家庭或个人消费支出金额} \times 100\%$$

根据联合国粮农组织提出的标准，恩格尔系数在59%以上为贫困水平，50%~59%为温饱水平，40%~50%为小康水平，30%~40%为富裕水平，低于30%为最富裕。

5. 资本市场

资本市场是现代经济中用来调节和引导资金，优化投资结构的重要手段。成熟的资本市场能够有效缓解创业者创业初期的资金紧张局面，帮助其快速克服资本障碍，从而实现跨越式发展。因此，资本市场的状态也应是创业者的重要考量因素，它在一定程度上决定了企业发展速度和发展质量。

（三）社会文化环境

人不可能孤立存在，其在与社会互动的过程中，会受周边环境的影响而形成一定的价值观念、风俗习惯、宗教信仰、生活方式等，这些因素在其消费习惯、消费心理、购买行为上产生深刻的影响，主要可以从如下几方面进行：①教育状况分析。受教育程度的高低，影响到消费者对商品功能、款式、包装和服务要求的差异性。如文化教育水平高的国家或地区的消费者要求商品包装典雅华贵、对附加功能也有一定的要求。②宗教信仰分析。宗教是构成社会文化的重要因素，宗教对人们消费需求和购买行为的影响很大。不同的宗教有自己独特的对节日礼仪、商品使用的要求和禁忌。某些宗教组织甚至在教徒购买决策中有决定性的影响。③价值观念分析。不同文化背景下，人们的价值观念往往有着很大的差异，消费者对商品的色彩、标识、式样以及促销方式都有自己褒贬不同的意见和态度。④消费习俗分析，不同的消费习俗，具有不同的商品要求。研究消费习俗，不但有利于组织好消费用品的生产与销售，而且有利于正确、主动地引导健康的消费。了解目标市场消费者的禁忌、习惯、避讳等是创业者选取目标市场的重要前提。另外，社会文化环境同样会对创业行为本身产生重要的影响。

（四）科学技术环境

科学技术是社会生产力水平的决定性力量，甚至技术的微小突破能够导致全新产业部门的出现。随着以信息、生物为代表的技术革命进一步蔓延，虽然大多数技术的发展仍遵循着"S型"的动力学规律，但技术速率越来越快，生命周期也在迅速缩短。这将直接导致只是依据现状采取行动的创业者很有可能会因技术变动而失败。因此，创业者在进行决策时必须充分考虑科技变革的影响，对科技成果的商品化速度和技术的淘汰速度有必要的掌控，对于技术的变革趋势有一定的预见性，尤其对于国家的科技开发及重点扶持行业要有所了解，学会利用新兴技术开拓新兴行业，赚取超额利润。

二、创业项目微观环境分析

与宏观环境相对，微观环境是指那些能够对创业项目产生直接制约和影响的力量和因素，包括中介机构、所处行业、竞争对手、消费者等。创业者必须借助这些因素才能顺利实现利润目标，在创业前期进行充分的分析将有助于通过改变创业者自身行为来更好地协调创业企业与这些因素之间的关系，从而提升创业活动的效率。

（一）行业分析

不同的行业具有不同的经济特性和行业特征，并受其发展阶段、壁垒、行业结构等多因素的影响，又会发生多种的变化。创业者在进入某一行业之前，必须通过行业分析对行业的基本情况及潜在机会进行充分的了解，以便于做出正确的投资决策，避免投资失误和资源浪费。

1. 发展阶段

行业总是依托于一定的技术而存在的，因此同样会经历由孕育、成长、成熟、衰退四个阶段构成的生命周期（图8-1）。在技术初步产生而不为人们所知的时候，行业的发展也较为缓慢，从事企业数量有限，产品销量较少，行业处于孕育期；经过一定时间的积累，技术逐渐为人们所接受，新产品的性能得到了消费者的认可，市场需求加速增加，新厂商开始涌入行业，行业进入成长阶段；随着厂商数量的增多，市场达到饱和，厂商之间开始依靠质量、成本等进行竞争抢夺市场，并最终形

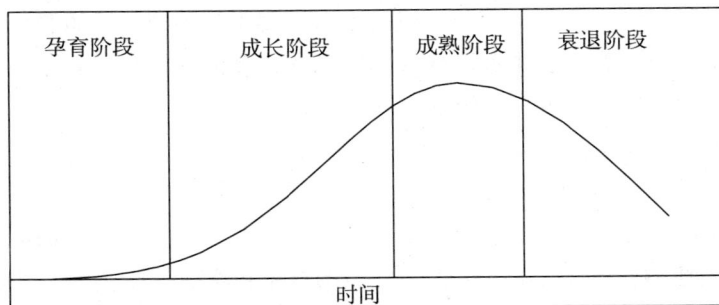

图 8-1 行业的生命周期

成相对稳定的局面，行业处于成熟阶段；最后，随着又一轮新技术的产生，性能更好、价格更低的替代品开始出现，原产品的市场需求开始逐渐减少，销售量开始下降，厂商开始向其他更有利可图的行业转移资金，导致厂商数目减少、利润下降，行业步入衰退阶段。

显而易见，行业的不同阶段创业者所要关注的重点是有明显差别的。

1）孕育阶段。在此阶段，由于技术仍不成熟甚至需要后续研发，而新产品由于大众缺乏必要了解销售收入有限，会使创业公司面临较大的风险。但如果产品能够被市场接受而使行业进入成长期的话，先进入者便会拥有先发优势，甚至可以参与制定技术标准，从而带来高额的回报。因此，此阶段适合投机者。

2）成长阶段。在此阶段，虽然行业增长速度不能完全确定，但由于技术的发展及消费需求的上升能够抵消大部分不确定因素所产生的影响，其发展趋势具有一定的可测性，行业的波动也十分有限。此时，创业者因经营失败而导致投资损失的可能性将大幅下降。因此，这是创业者所需要重点关注的阶段。

3）成熟阶段。此阶段往往由取得竞争胜利的少部分企业掌控，因此虽市场稳定，利润因为垄断而较为丰厚，但因为市场已被大企业瓜分，新进企业生存空间十分有限，往往会由于产品的销路不畅导致创业投资无法很快得到补偿、资金周转困难而倒闭或转产。因此，在此阶段创业者的机会十分有限。

4）衰退阶段。此阶段由于产品需求持续下跌，厂商或转产或倒闭，整个行业逐渐解体，创业者应尽量回避。

2. 进入壁垒

创业者在进入某一行业的同时，势必受到行业本身及行业内已有企业的影响，这些影响中不利的部分便可称为"进入壁垒"。它对行业已有企业有保护作用，也是创业者成为市场分享时必须首先克服的困难。它主要体现在如下方面：

1）规模经济。根据微观经济理论，在一定的产量区间及技术水平下，长期平均生产成本会随着产量的增加而减少，即企业在取得一定市场份额前，不能以最低成本生产。这对于作为市场新进者的创业企业来说，无疑表示在不考虑管理水平、制造工艺等因素的情况下与现有企业就存在着成本差距。特别是对于部分单位产品成本最低时的最小最佳规模（单位生产成本最低时的最小产量）占市场规模（产业需求量）比重很大的产业，往往集中度很高，也是垄断程度较高的产业。新企业的进入不仅需要大量的投资和较高的起始规模，而且难于站稳脚跟。

2）投资壁垒。进入任何产业都需要一定的最低投资量，必要资本量越大，筹措越困难，壁垒就越高。这除了由行业经济规模决定之外，还与行业的技术复杂程度有较大的关系。

3) 品牌壁垒。消费者由于收入、教育、文化等方面的差异，对于同类产品也会产生不同的需求，而品牌则是这种差别化的一种具象的标贴形式。如果某一类消费者对于某一品牌所营造的产品特性（包括外形、包装、定位等）高度认同，就很难再接受新品牌甚至拒绝新的尝试。如何引导消费者放弃原先的观点，并显示产品性能优异、与众不同对于新创企业是一种巨大的挑战。

4) 法律壁垒。有时政府为了保证资源有效配置或其他目的，会采取行政手段指导或干预企业对某一行业的进入行为。如在煤、电、水、烟草等行业实行许可制，减少甚至排除其他企业进入的可能性。对于此类壁垒，仅靠创业者提升管理水平、降低生产成本是难以克服的。

3. 行业结构

行业结构主要指的是行业内各种要素的发展态势，能够反映出行业竞争的大致情况。创业者可以借助麦克·波特在其经典著作《竞争战略》中提出的"五力模型"，从供应商的议价能力、购买者的议价能力、潜在竞争者的能力、替代品的替代能力、现有竞争者的能力五方面去分析行业竞争状态和市场前景。

1) 供应商的议价能力。供应商主要是依靠投入要素价格与降低单位价值质量的能力对于行业现有企业的盈利能力和竞争力施加影响。如果供应商数量较少，或者供应数量有限，替代性差，或产品是买方生产的重要原材料，供应方的议价能力将得到加强；甚至在一定情况下，供应商可以实施前向联合或者一体化来向买方施加影响。

2) 购买者的议价能力。购买者主要通过其压价与要求提供较高的产品或服务质量的能力，来影响行业中现有企业的盈利能力。如购买方数量较少、而购买量较大，或卖方由大量相对规模较小的企业组成，或购买的产品具有较大的替代性，都会造成买方拥有较强的议价能力，从而压低价格，对产品的质量或服务提出更多要求，降低卖方的利润。

3) 潜在竞争者的能力。潜在竞争者进入行业的最终目的是为了从已被现有企业瓜分完毕的市场中赢得一席之地，这势必会导致与现有企业发生原材料与市场份额的竞争，在一定程度上会导致行业现有企业盈利水平的降低。但如果行业进入壁垒较高，如启示规模较大、政府限制、现有企业优势不可替代（如拥有商业机密，垄断自然资源等），潜在竞争者就难以对市场产生重大的影响。

4) 替代品的替代能力。替代品是指能够提供与产品相同或者类似功效的其他产品。如果消费者对产品的价格敏感性较高，产品个性特征不明显（如缺乏品牌效应），替代品对行业现有企业的威胁就会比较明显。

5) 现有竞争者的能力。因为市场的有限性，行业内现有企业之间必然存在着竞争关系。特别是对于进入障碍较低、参与商家数量较多、不同厂家产品同质化程度较高的市场，往往会产生价格战、广告战等较为激烈的竞争行为。而如果市场内企业较少，反而容易引起厂家之间的合作来共同谋取高额利润。

（二）竞争对手分析

所谓竞争对手是指与自己规模相似，技术水平相近，生产相同或者类似的产品，能够与自己相抗衡的企业。换言之，规模或技术水平与自身存在较大差异的市场参与者并不是创业者首要考虑的目标，而现在没有进入市场的潜在竞争者也可以忽略。对于创业者来说，其面临的竞争对手就是那些能够采取行动影响甚至阻止企业进入市场的行业现有企业已经有可能出现的与自身产品定位相同、起始资金量相近的潜在竞争者。在辨识明确竞争对手之后，分析一般可以从如下方面进行：

1. 市场占有率分析

市场占有率分析能够帮助创业者了解竞争对手在市场上所处的位置，包括总体市场占有率分析和细分市场占有率分析两部分。总体市场占有率分析有利于明确竞争对手在行业中的地位，是领导者、跟随者还是参与者；细分市场占有率分析有利于分析竞争对手的优势及弱势所在，从而制定有效的竞争策略。

对于潜在的竞争者，则需要重点分析其市场策略，预测其市场行为及所可能带来的影响。

2. 财务状况分析

通过利润率、产销量增长率、利润增长率、资产负债率等财务指标来判断竞争对手的盈利能力和成长质量。因为同级别的企业往往存在较多的相似点，竞争对手财务数据在一定程度上对于创业企业发展轨迹的设计甚至有较强的参考价值。如竞争对手的财务数据呈现季节性的波动，创业企业在制订营销计划时就可以考虑产品的需求是否也存在季节性。对于潜在竞争者，则可以通过估计其计划产量测算其对自身的影响。

3. 创新能力分析

企业生存在一个不断变化的环境中，能够迅速调整自身适应环境的企业往往拥有较强的竞争力。创业者可以通过对竞争对手新产品的推出速度、研发投入、制度设计等方面对其创新程度作出一定的判断。对于潜在竞争者，则主要分析其将有可能推出的主导产品是否具有特殊的，能够引起市场结构变化的性能。

4. 领导人分析

领导者的风格往往决定了一个企业的企业文化和价值观，是企业成功的关键因素之一。通过对竞争对手领导人的年龄、性别、性格特征、教育背景、主要经历、培训过程、过去业绩等方面的分析，可以帮助创业者了解其个人素质，及对其行为和决策作出判断。当然，这里的领导人并非仅限于企业负责人，对于高管团队甚至企业中层的个人情况及相互关系也都应该有必要的了解。

（三）中介机构分析

中介机构是指协助企业推广、销售、运输产品给最终消费者的相关单位，包括中间商，营销服务机构、物流机构、金融机构等。

1. 中间商

中间商是指在制造商与消费者之间"专门媒介商品交换"经济组织或个人，根据是否拥有商品所有权可将其划分为经销商和代理商。产品是分销还是代理，是地区独家经营还是成立连锁结构，创业者在解决这些销售渠道问题时，都必须基于对产品中间的深入分析和了解。所以创业者在进行环境分析时，必须对潜在的、可能的中间商的经营状况、个人素质、发展规划等作出必要的了解，从而帮助自己作出正确的决策。

2. 营销服务机构

营销服务机构是指协助创业者定位目标市场并向其中推销产品的广告公司、市场调研公司、咨询公司等。因为创业者个人能力无法面面俱到，适当求助于经验相对丰富的专业机构在一定程度上能够有效提升资金、人力等资源的利用效率。创业者在进入市场之前应对现存的营销服务机构的经营状况、以往业绩、擅长领域等方面有一定的了解，以便于制定合适的营销战略。

3. 物流机构

物流机构主要是指帮助创业者运输原材料及商品到达既定地点的相关机构。在区域市场边界逐渐淡化的趋势下，准时、有效的保证原材料及产成品到达目的地往往是一个企业得以稳定成长的重要条件。创业者必须在综合考虑成本、速度、安全性、交货方便性等因素的情况下选择合适物流形式、设计最优物流路线，而这必须基于对物流机构深入的了解。

4. 金融机构

金融机构是指银行、保险、信托、基金等能够对创业企业提供融资和保险服务的各类单位。资金是创业者在创业初期所面临的关键问题之一，与金融机构保持良好的关系对于创业企业能否尽快走上正轨进入快速成长期有重要的意义。创业者必须在创业活动筹备阶段与金融机构保持一定的接触，初步确定合作意向，以免创业活动因为资金问题而导致丧失最佳时机。

（四）消费者分析

消费者是产品流通的终点，也是创业者利润的最终来源。消费者的消费特征及消费动机是创业者设计发展战略、规划产品布局的重要依据。一般情况下，可以使用 6W2H 分析法了解消费者购买行为的规律性及变化趋势。

6W2H 即 Who、What、Which、Why、When、Where、How、How much。具体每个方面可以包括以下几个方面（表 8-3）：

表 8-3　6W2H 分析法分析要点

WHO	WHAT	WHICH
谁构成该市场？ 谁购买？ 谁参与购买？ 谁决定购买？ 谁使用所购产品？ 谁是购买的发起者？ 谁影响购买？	购买什么产品或服务？ 顾客需要什么？ 顾客的需求和欲望是什么？ 对顾客最有价值的产品是什么？ 满足顾客购买愿望的效用是什么？ 顾客追求的核心利益是什么？	购买哪种产品？ 在多个厂家中购买哪个厂家的产品？ 在多个品牌中购买哪个品牌的产品？ 购买著名品牌还是非著名品牌的产品？ 在有多种替代品的产品中决定购买哪种？
为何购买？（购买目的是什么？） 为何喜欢？为何讨厌？ 为何不购买或不愿意购买？ 为何买这不买那？ 为何选择本企业产品，而不选择竞争者产品？ 为何选择竞争者产品，而不选择本企业产品？	何时购买？什么季节购买？ 何时需要？何时使用？ 曾经何时购买过？何时重复购买？ 何时换代购买？ 何时产生需求？何时需求发生变化？	何地购买？ 在城市购买还是农村购买？ 在超市购买还是农贸市场购买？ 在大商场购买还是在小商店购买？

HOW		HOW MUCH	
如何购买？ 如何决定购买行为？ 以什么方式购买？（现场选购、邮购、网上购买、电视购物等） 按什么程序购买？ 消费者对产品及其广告等如何反应？		购买数量是多少？ 一定时期的购买次数是多少？ 一定时期的购买频率是多少？ 人均购买量多少？市场总购买量多少	

资料链接 »»»

如今，大学毕业生越来越多、工作也越来越不好找，就业不容易，自主创业更难。年轻、文化程度高、对新生事物敏感，这是大学生自主创业的优势，但其心态浮躁、急功近利、缺乏市场经验等弱点也制约着大学生的自主创业。大学生要自主创业，一定要明白：创业是一个漫长的过程，脚踏实地才能成功。

短暂创业路

"我希望年轻的大学毕业生在即将飞翔的青春岁月里，不要像我一样留下永远的伤痛。"大学毕业生自主创业受创的张耀天，讲述自己的创业遭遇时，显得有些沉重。

去年，大学毕业的张耀天和几个同学决定自主创业。经过市场分析，他们认为郑州的家政服务行业利润空间大，就开公司代理上海某环保科技有限公司销售的"木质油精"，用于家具、石材、皮革和汽车的保养，他们接受了上海方面的建议，做起了上海公司的"二级代理"。

但是，上海公司并没有兑现当初的承诺，广告、人力支持、员工培训等都不到位。张耀天还发现，他们用现金进的10万元的产品，足够整个郑州市地板保养使用两年。随后，张还发现自己拥有的"授权期限"仅有5个月。他和伙伴们想尽办法却收效甚微。

合作伙伴看不到光明，先后离去。内忧外患中，张耀天的创业梦破灭了。

创业为何这样难

记者从郑州市工商局了解到，1999年郑州市应届大学毕业生是5万余人，注册的公司只有2家。如今六年了，大学生注册的公司只有50家，与30万人的毕业生大军相比简直是凤毛麟角。

"大学生创业难在资金少，对市场把握不准。"郑州大学的应届大学生林军这样说。

的确，应试教育下，中国大学生出了高中进大学，学校只是在大学毕业前突击就业培训，不过是临"急"抱佛脚，指导一些应聘技巧等，大学生缺少自主创业的基础，很少会想到自主创业。

国内第一本大学生创业专著《大学生创业》主编汪歆萍认为，当前，对大学生进行系统的创业教育不够，即使开设创业教育，也不全面、不系统。

相对于欧美比较成熟的市场环境，中国的创业者肩上的负荷更重。整个社会处于转型期，创业所需要的各种服务还不完善，律师事务所在转型改造，会计事务所在进行制度性的建设，融资和金融环境处在调整阶段，让一个20多岁的年轻人面对这么复杂的社会问题，很不现实。

创业要有充分准备

"眼高手低，纸上谈兵，是一些大学生创业者的典型特点，由于经验、管理能力不足，缺乏从职业角度整合资源，大学生在创业中屡屡碰壁。"郑州轻工业学院学生处处长胡恩立认为，好高骛远、资金渠道不畅通、缺乏财务税法和市场经济等相关知识及经验是学生创业的"软肋"。

要想提高大学生自主创业的成功率，应该让学生了解创业的基本程序。学校应该在大学课堂上开设创业课，对大学生进行创业培训，加强创业训练。例如，要对个人的创业条件进行分析，准确定位，是"给别人打工"，还是定位在"给自己打工"。同时看自己是否具备未来的老板气质和心理素质，比如承担风险的能力、创新的能力、决策的能力和领导能力。还要做好市场调查和分析，准确掌握市场信息，做好市场预测，建立经营思路，设计市场进入策略，对经营项目的投资、筹资、成本、收益等作出可信的测算，学会常用的财务管理知识。

一般来说，大学一年级时，年轻人就应接受职业价值观方面的教育，开始了解自己的兴趣、特长和专业背景，为今后选择创业、确定职业目标奠定基础。大二、大三的学生应通过参加社会实践和实习活动，对专业的社会需求和发展前景深入了解，根据实践中自我适应程度的反馈信息，反思和调整自己的职业取向，初步确定与自己能力相吻合的职业选择。如果选择的职业需要更高一级的学位，那么就应当确定读研；大四的时候就要确定自己的就业或创业目标，作出职业生涯规划，并开始付诸实施。

第三节 创业的基本程序

一、创业的基本程序

创业的基本程序大致可划分为五个步骤，即选定创业项目、拟订创业计划、筹集创业资金、办理创业的有关法律手续、创业计划的实施与管理。

(一) 选定创业项目

选定一个好的创业项目是创业成功的前提和基础。创业者需要在考察创业环境、发现创业机会并对其进行分析的基础上，选定一个较好的创业项目。选择创业项目，不仅要根据自身的兴趣、特长、实力，而且要对拟选行业的熟悉程度、能够承受风险的程度、国家相关政策与法律进行全面客观的分析，尤其要善于发现市场机会，充分利用市场机会，把握未来发展趋势。

(二) 拟订创业计划

选定创业项目只是确定了创业"干什么"项目，紧接着就要决定创业"怎么干"。创业要不要拟订创业计划，确实是一件见仁见智的事。但许多成功创业者的经验证明，只有科学、周密地拟订创业计划，才能少走弯路、减少损失，提高创业成功的把握度。因为创业活动毕竟属于一种高风险行为，如果能在事前进行详细的比较分析，并对创业过程有全盘的规划与了解，必然有助于降低创业的风险，增加创业者的行动决心。将创业过程视为黑箱的黑手创业时代已经过去，知识经济时代的创业者，应该以理性与科学的态度来看待创业活动，而拟订创业计划显然就是创业过程中不容忽视的重要步骤。

（三）筹集创业资金

创业必须有一定的资金，否则，创业活动就无法开展，所谓"巧妇难为无米之炊"。然而，残酷的现实却是创业者一般来说往往都缺乏资金，因此，筹集创业启动资金就成为创业者必须解决的一个极其重要的问题。

（四）办理相关法律手续

创业者设立企业从事经营活动必须按照有关法律法规要求办理有关手续方能开业，其项目主要是办理工商登记注册手续、税务登记手续及银行开户手续等。与此同时，企业还需要了解《税法》、《财务制度》、《劳动法》、《合同法》、《担保法》、《票据法》、《企业登记管理条例》、《公司登记管理条例》以及涉及社会保险问题、知识产权问题等的一些法规、规章。

（五）创业计划的实施与管理

在完成了前四个步骤的工作后，创业者就可按照拟订的创业计划组织调配人、财、物等资源，实施创业计划并加强管理，进入新创业经营管理及成长阶段。如果说前四个步骤是创业活动的准备阶段，那么这一步骤就是创业活动的实施阶段。它既是创业活动的重点，又是创业活动的难点。这一阶段的工作光有吃苦耐劳、不屈不挠的精神是不够的，更要求创业者讲究工作方法，运用正确的经营管理策略，才有可能实现创业目标。关于这方面的具体内容主要包括创业经营基本策略、创业管理基本策略、企业成长管理等。

二、某个具体公司创建的详细步骤

创业的基本程序大致就按上述五个基本步骤划分。至于具体到一个公司的创建，还会涉及许多细节的东西，可参考以下详细步骤进行。

（一）组建创业团队

企业的成功需要三方面优秀的人才，优秀的管理者、优秀的技术者和优秀的营销者，创业者在创业初始（即将注册公司时）就应组织起优秀的创业团队，使拟建企业从一开始就走规范化管理道路，在组建时，不但要考虑团队成员的能力，还要考虑各自的志向、志趣与品德。

（二）筹措创业资本

创业资本中最主要的是创业启动资金的筹集。创业资金并非要一次性募足，当有了一定的启动资金后，就可以开始运作创建公司了。待启动后，可再逐渐地吸收资金。

（三）市场开拓与营销策划

要有"先开市场，再开工厂"的现代营销理念。在开业前，就要进行一定的市场开拓与营销策划，这样产品一生产出来，便可顺利地走向市场。当然，如在开业之前，就已经签署了销售合同或销售协议那就更好了。

（四）设计技术工艺与选购设备

拟建企业需要根据市场需要的产品指标要求，再结合自己的实际创业财力而设计适宜的工艺路线，以期能够用相对简化或能够买得起的设备进行创业起步。有些使用频率较低的设备，也可采取租用的方式，一些生产环节也可以采取外包——委托加工的方式。

（五）选择经营场所

生产厂址的选择，除需考虑通信、交通、水电、三废治理等外，还应考虑人力资源、主要原材料的成本问题。一般而言，拟建项目厂址应尽量选择接近原料、燃料产地和产品的消费区，以及运输方便、公用基础设施良好、生产运输成本低的地方，并尽可能与邻近单位密切合作，实行专业化协作，以便节约投资。另外，还应注意保护环境和生态平衡，注意节约用地，勿占用农田。

（六）确立组织结构与管理制度

为了有条不紊地开展工作，企业在未开业之前就须考虑确立组织结构，在创业初期，组织结构越简单越好；同时，建立非常严格的人力资源管理制度、财务管理制度、生产与质量管理制度，等等。当然，严格的同时还需一定的灵活性。

（七）注册公司

企业法人登记注册事项主要有名称、住所、经营场所、法定代表人、经济性质、经营范围、经营方式、注册资金、从业人数、经营期限、分支机构等，如图8-2。企业名称，需要进行预先核准，应当提交下列文件（以有限责任公司为例）：

1）有限责任公司全体股东或者股份有限公司全体发起人签署的公司名称预先

核准申请书。

2）股东或者发起人的法人资格证明或者自然人的身份证明、职业情况证明（异地的投资者还须提交经营所在地暂住证）。

3）全体股东指定代表或者共同委托代理人证明。

4）公司登记机关要求提交的其他文件。预先核准的公司名称保留期为 6 个月。企业登记程序如图所示。具体如有限责任公司、股份公司、个人独资公司等不同类型的公司登记详见有关法律条款。

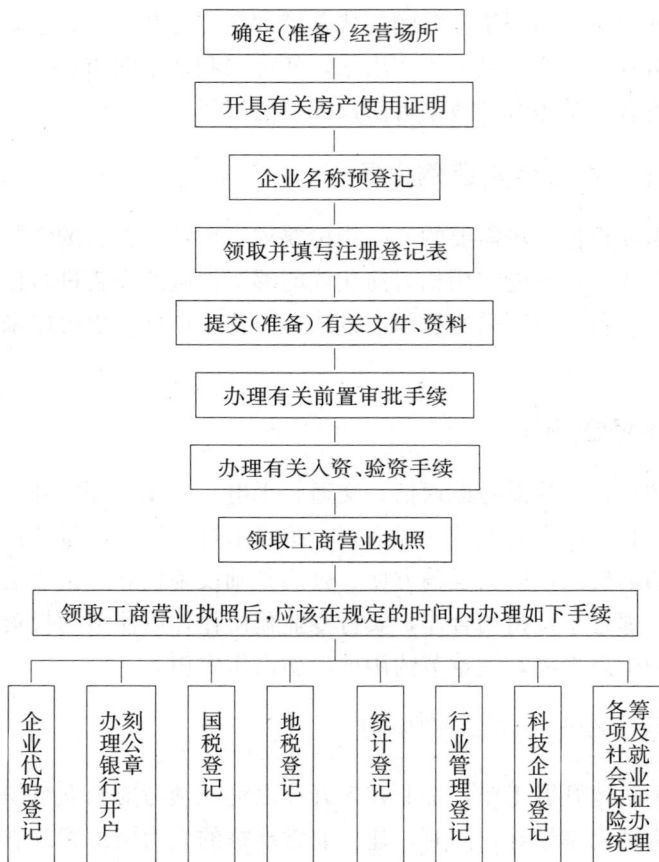

```
        确定(准备)经营场所
              │
        开具有关房产使用证明
              │
         企业名称预登记
              │
        领取并填写注册登记表
              │
       提交(准备)有关文件、资料
              │
        办理有关前置审批手续
              │
        办理有关入资、验资手续
              │
         领取工商营业执照
              │
  领取工商营业执照后,应该在规定的时间内办理如下手续
```

| 企业代码登记 | 办理公章银行开户 | 国税登记 | 地税登记 | 统计登记 | 行业管理登记 | 科技企业登记 | 各项及就业证社会保险办理统理 |

图 8-2　企业注册的一般程序图

（八）员工招聘与培训

在公司开业前，需要招募第一批员工，并对员工进行必要的培训。

（九）设备安装与调试

在确定开业日期后，在正式投产前，应该对设备进行调试与试生产，这样可以检查设备运行状态，验证工艺，以便调整。当设备与工艺经试车并没有问题后，进行生产车间工人的培训。

（十）开业典礼

创业团队对开业大典应进行很好的策划，如有必要，可邀请有关人士如政府官员、用户、新闻媒介人士出席。公司投产开业日，对于企业是非常重要的日子，需要认真准备；要求在开业之日一次试车成功，生产出合格产品，工艺与设备都运行正常，这样能够给创业者以极大的信心，同时，使新创企业能够有一个非常良好的开端。

资料链接 >>>

商业计划书撰写的真实案例——CEO 访谈

［编译者注］这是一篇全球酒店管理/旅游行业战略分析师 Jens Thraenhart 对硅谷 startup Kango.com CEO Yen Lee 的一篇采访。这是两个老朋友的对话，也是两个行业专家的对话，更是一个关于商业模式和计划的深入探讨。细细读下来，可以清晰地看到 Yen Lee 是如何剖析他的创业计划，如何思考产品对消费者的创新价值，如何在"拥挤的"竞争激励的行业中确立定位，其核心技术是什么，如何吸引并建立一支团队。他甚至坦然谈到自己的盈利模式。如 Techcrunch Erick Schonfeld 指出，Kango 的发展前景目前还是一个未知数，但是这样的对话无疑是一个"如何准备一个商业计划"的最好的参考。

Tourism Internet Marketing Blog（简称 TIM）：Yen，Kango 究竟是什么？它能够为顾客提供什么样的价值？

Yen：创建 Kango 的主要目标是想帮助大家在个人/自助旅游方面做出更好的决策。Kango 可以说是对目前一些旅游预定网站（例如，Expedia，Anircanada.ca，deltahotels.com）的一个衍生补充，使用户能够根据自己所想要的经历和生活方式找到最佳选择（例如，Kango 正在努力告诉你哪里可以找到一个你想要温暖沙滩之旅，或者如果你全家要去 Calgary，有什么好玩的活动可以做），找到以后，你只需要点击一下就可以直接进入你所倾爱的预定网站做下一步选择。

Kango 是个性化的旅游搜索引擎。它收集了互联网上游客对旅游景点的意见和评价，然后告诉你所期望的旅游经历的一些包括去哪里，可以做些什么，住哪里之类的结果。比如说你想去温哥华度过一个浪漫之旅，Kango 就会推荐给你一系列的酒店以及活动；但是如果你又想去温哥华度过欢快的家族之旅，那么 Kango 会给出不同于前者的推荐。就像搜索引擎一样（例如 Google）Kango 返回的推荐并不受广告影响。

TIM：你为什么把公司的名字称为"Kango"？

我们一直想找一个能凸显旅游的核心以及我们的服务的名字，而"Kango"这个词语拥有令人鼓舞的力量，同时表达了旅游的乐趣，所以就决定是它了。对我们而言，Kango是有隐含意义的：你"可以"找到你想要的，然后就"出发"——预定并享受美妙的旅行。其实说真的，作为一个加拿大人，我曾试图说服他们用"Cango"，但投票中我输给了我的美国同事们。

TIM：像 Kayak，Mobissimo，Bezurk，Farechase（Yahoo），Farecast，Triphub，Yapta，Sidestep 这样的旅游相关元搜索引擎（Meta Search Engine）已经数不胜数，而你现在却要挤进来，你打算如何同他们竞争并将顾客吸引过来？（更不要说像 Expedia，Travelocity 或者 Orbitz 之类的网站了。）

Yen：没错，在线旅游市场已经非常"拥挤"；这个现象一点也不令人感到意外，但这块饼实在太大了。根据 Forrester 的数据，2007 年网上预订成交额将达到 870 亿美元，而 2006 年，仅美国的消费者就在旅游上花了 6790 亿美元（旅游行业协会数据）。现在的确已经有很多成熟的预定网站和新近的元搜索引擎来帮助消费者找到最低价格的旅游产品。但是他们是只适用于那些已经决定了"去哪儿"的消费者。

但是 Kango 将帮助用户解决一个完全不同的挑战——那就是帮助你决定去哪里。若是你已经准备逃离加拿大的冰冷冬天，那么你到哪里去寻求帮助，来决定你的温暖沙滩之旅究竟在哪里？当你要去蒙特利尔过一个家庭假期的时候，谁又能给你提供满足你的家庭旅行需求的合适的住处呢？如果你想去蒙特利尔过一个浪漫之旅，谁又能提供合适的建议呢？

所以，我们并不是要同现今已存在的网站竞争。我们只是要帮助大家找到最合适最好的度假选择，然后引领大家去他们喜爱的订购网站。目前大多数人是通过搜索引擎来做旅游准备工作的，所以要找到 Kango 并不困难，因为我们提供的是最相关的旅游结果，我们的网站将显示在 Google 以及 Yahoo 的自然搜索结果中。

TIM：是不是说你们的产品将填补整个旅游搜索市场的一个空白？

Yen：没错！搜索旅游信息现在确实是有点令人头疼的经历。大多是消费者通常通过 Google 搜查，然后不得不从一些零碎的网页中拼拼凑凑来决定计划。消费者同时还要考虑哪些网站是可信的，或者哪些观点（例如，评论，评分，博客等）是可以参考的。

我们所做的就是要简化这些过程。我们是市场上第一个搜集、分析和组织这些零碎网站和各式各样的观点的，并且为用户返回相关的个性化的信息和结论。我们也是首个从"旅程风格"做搜索公司。为了达到这个目标，我们已经从超过 1000

个网站中搜集到了相关信息，比如酒店，旅游胜地等，同时还收集了超过 1800 万
条游客个人观点/评论。和一个主流的搜索引擎类似，Kango 所提供的个性化推荐
内容：评论和描述的摘要，若你想要了解这些摘要详细内容，那么我们把你转到原
文的网站。

TIM：你们的商业模式是什么？你估计什么时候可以开始盈利？你们的主要合
作伙伴是谁？有哪些风险？

Yen：有些模式并不是我们的首创。我们的模式的三个突出方面与我在 Yahoo
Travel 时所开发的模式非常相似：针对性的 LeadGeneration，引导用户到预定网
站；一般的文字广告（例如 Ad Sense），和可以展示旅游风格、体验的横幅广告，
多媒体广告。我们对最后一种模式最为看好。

如今的许多网站都开始把图像广告作为卖点，但针对的顾客都是那些对价格比
较敏感的用户群。我们产品将会面对那些对"旅游体验"更为重视的用户（例如，
家庭海沙滩假期，男人专属的滑雪假期），这些都可以给予旅游公司更好打响自己
品牌的机会。

TIM：您吸引了一支了不起的团队（恭喜你!），您是怎么做到的？

Yen：我曾经有参与 Citysearch 和 Worldres 创业的经历，这使我意识到在新
公司成立的初期，你唯一能控制的是你的团队和所营造的文化。我们不仅需要那
些"以结果为导向"（results-oriented）的，有竞争力的，是特定领域的专家的人
才，更需要那些可以相互协作，具有团队精神，相信我们能够一起成功或失败
的人。

有趣的是，虽然 Google 和 Yahoo 的搜索引擎竞争激烈，但仍旧有不少非常有
天赋的搜索引擎专家在寻找加入能够"改变世界"的小公司的机会。我们的语义搜
索引擎之集中处理"旅游"这个非常专门的领域（不同于电子商务千门百类）。而
我们建立团队的方法也吸引很多工程师。我们也就是这样找到 Huanjin（ebay 的搜
索架构师），Tong（SimplyHired）和 Boris（Loglogic）的。

我们始终相信如果第一次不成功，就再尝试一次。在雅虎的时候，我就曾试邀
请 Elliott（Netcentives 以及 LoyaltyMatrix 的创始人和营销副总裁）和 Gene
（BlueDot 的创始人和产品开发部 VP 以及 Acxiom Digital 的产品 VP）加盟。虽然
他们当时都认为这样一个共事的机会很吸引人的，但他们都选择暂时"回避"大公
司，而选择加入这个创业公司。正是他们丰富的阅历，先前的成功的经历对我们今
天进展很有帮助。

TIM：你们的投资人是谁？你们需要多少资金才能够维持这样一个庞大的智能
工程？

Yen：我们暂时不便透露投资方。但我们可以说，SandHill Road 下的顶级的
firm 和一些有旅游行业经验的天使投资人已经投资了 Kango。

撰写创业计划书，首先需要 6C 的规范。首先是 Concept（概念）。就是让别人知道你要卖的是什么。其次是 Customers（顾客）。顾客的范围要很明确，比如说认为所有的女人都是顾客，那五十岁以上、五岁以下的女性也是你的客户吗？第三是 Competitors（竞争者）。需要问，你的东西有人卖过吗？是否有替代品？竞争者跟你的关系是直接还是间接等？第四是 Capabilities（能力）。要卖的东西自己懂不懂？譬如说开餐馆，如果师傅不做了找不到人，自己会不会炒菜？如果没有这个能力，至少合伙人要会做，再不然也要有鉴赏的能力，不然最好是不要做。第五是 Capital（资本）。资本可能是现金，也可以是有形或无形资产。要很清楚资本在哪里、有多少，自有的部分有多少，可以借贷的有多少。最后是 Continuation（持续经营）。当事业做得不错时，将来的计划是什么。

一般来说，创业计划书有三大部分。第一就是事业本体的部分，就是事业的主要内容。第二是财务数据，比如营业额、成本、利润如何，未来还需要多少的资金周转等等。第三是补充文件，比如有没有专利证明、专业的执照或证书，或者是意向书、推荐函。

第四节　创业计划书

一、创业计划书的特征与功能

"创业计划书"是新创企业创业过程中的一个重头戏，也是实践创业活动的第一次演练和第一张答卷。创业计划书是新创企业业务的书面概括，它为创业活动的发展提供了路线图，并成为衡量事业进展情况的指引。

创业计划书就是广大创业者心灵震颤的一种表达。因此，在在创业计划书中不仅应该以明确而清晰的思路和战略的眼光，讲明项目的背景和未来，论述市场的态势和竞争的优势，而且应该讲清运用的策略、发展的脉络。还应该阐明公司的组织架构、创业团队的人员结构、生产的安排设想、资金的来源以及相应的公关战略等。

纵观整个创业计划书，既要有战略的思索又要有战术的组织，既要有团队的建设又要有资金的安排，既要有市场的开拓又要有生产的调度，既要有竞争的严酷又要有公关的潇洒。

应该说，一份考虑详尽的创业计划书是创业者心灵的呼唤、价值的体现、能力的表达和经营管理才能的合成演练。

（一）创业计划书的基本特征

创业计划书是创业活动的纲领性文件，其基本特征如下：

1. 创新性

创业计划书最鲜明的特点是具有创新性。一般而言，不仅要求你提出的是新项目、新技术、新材料、新的营销模式，更重要的是要把你的创意通过一种创新的商业模式变成现实。这种新项目、新内容、新的营销思路和运营思路的整合，才是创业计划书创新性的最本质的特征，也是创业计划书不同于一般项目建议书的根本之处。

2. 客观性

客观性是创业计划书又一个十分重要的特点。它表现在创业者提出的创业设想和创业模式是建立在充分的市场调研和客观分析的基础之上的，不是拍脑门拍出来的。这种来自实践的大量信息和素材是创业计划书生命力的体现，是其具有实战性和可行性的基础。

3. 哲理性

创业计划书的哲理性是其不同于一般商业文件的一个十分显著的特点。这种哲理性要求我们把严密的逻辑思维融会在客观事实中体现和表达出来。通过项目的市场调研、市场分析、市场开发与组织运营，以及全程的过程管理把你预设的商业模式付诸实施，把预期效益变成商业利润。因此，创业计划书的每一个部分都是为这个目标服务的。

4. 实战性

创业计划书的实战性是指创业计划书具有可行性。因为只有在实际运营中，创业者的创业设想才能实现，才能把预测价值变成现实价值。美国一位著名的风险投资家曾说过："风险企业邀人投资或加盟，就像向离过婚的女人求婚，而不像和女孩子初恋。双方各有打算，仅靠空许诺是无济于事的"。

这种实战性尽管没有设计出每一个细节，但是项目运营的整体思路和战略设想应该是清晰的。实战的过程中尽管可能做出若干调整，但项目的鲜明商业特点和可行性是不会变化的。

5. 增值性

增值性主要体现在创业活动的高风险与高回报上。最主要的有三点：

其一，就是创业计划书的创新性必须能找到创收点。只有找到明确的创收点，才能体现出创业项目的高回报，没有创收点的创业计划书是没有商业价值的。

其二，创业计划书具有鲜明的实证数据，不是仅仅由概念和推理的逻辑思维组成，好的创业计划书应该能够从理论和实践的结合上说明创意。

其三，创业计划书体现的是明显的商业价值观，有投资分析、市场分析、盈利分析等，使投资人能清晰明了其投资回报率。

（二）创业计划书的主要功能

创业计划书是一种符合国际惯例的商业文件，具有公认的商业价值，这种商业价值是从多方面表现出来的。寻求风险投资只是其中的一个方面，除此之外还有如下作用。

1. 创业指导作用

创业计划书是创业过程中的指导性文件，是创业实践的战略设计和实现指导。因此，创业计划书对于创业实践具有非常重要的指导作用。

2. 聚财作用

创业计划书的聚财作用主要表现在：

1）吸引创业人才进入；

2）吸引新股东加盟；

3）吸引风险投资；

4）吸引政府支持等。

3. 资源整合作用

创业计划书的资源整合作用是其最重要的功能。在创业的过程中，各种资源要素是分散的，各种工作是互不衔接的。通过编写创业计划书的过程，梳理思路，完善创意，找到各种程序之间的衔接点，最终把各种资源有序地整合起来。围绕着创造和形成商业利润，进行最佳资源要素的组合。通过资源整合，才能把各种分散的资源聚拢起来，获得明显的经济效益。

4. 争取风险资金支持

资金是创业活动的血液，是新创企业能够成功的前提。新创企业获得风险投资支持就是从创业计划书开始的，因此，写好创业计划书是获得风险投资支持的前提。

二、创业计划书的组成结构

（一）核心内容

1）产品（或服务）的独特性；

2）详尽的市场分析和竞争分析；

3）现实的财务预测；

4）明确的投资回收方式；

5）核心的管理团队。

（二）计划框架

1. 封面与目录

（1）封面

每份创业计划书的封面都应该包括以下信息：

1）公司名称、地址、电话和传真号码，如果有的话还应该包括电子邮件地址。阅读者与创业者联系越方便，联系的可能性就越大。

2）联系人的姓名与住址，联系人应该是企业的高层主管。个人一旦被任命为联系人，就应该时刻准备回答与创业计划相关的问题。

3）企业创建的时间（如简单的"成立于1995年"）以及创业计划书本版的指定时间（如"1997年2月"）。

4）寻求资金支持的组织名称。

公司的标识（LOGO）。每个企业都应当有自己的标识。标识指的是选择用于代表公司的设计、图案或者表意符号。公司名称与图示设计结合在一起能给阅读者（最终是客户）记住公司和其产品的方式。

（2）目录

封面后紧跟着的是目录。目录应当遵循创业计划书中各个部分内容的格式。每一主要部分都应当编号并细分为次一级内容，或者可以通过两种常用的编号方式来实现。第一种是哈佛纲要法（harvard outline method）。这种方法中主标题采用罗马数字，主要部分用大写字母，次一级内容用阿拉伯数字，更下一级的内容用｛数字，字母｝方式。第二种方法是10进制法（decimal format）。每一个主标题都被编号，从｛1.0｝开始，紧跟的下一级编号为｛1.10｝，｛1.11｝……｛2.0｝，｛2.10｝。

如果创业计划书内有大量表格、图示、图片和专栏，还可以单独准备一张图表目录，用于列示这些图表的名称和页码，排列方式只要连贯一致即可。不过，由于列出表目录和图目录旨在让阅读者易于从创业计划书中获取相关信息，因此，应该避免复杂或者晦涩的编排。

2. 执行总结

执行总结一般包括以下内容：①公司介绍；②主要产品和业务范围；③市场概貌；④营销策略；⑤销售计划；⑥生产运营计划；⑦管理者及其组织；⑧财务计划；⑨资金需求状况等。

执行总结列在创业计划书的最前面，因为它是浓缩了的商业计划。执行总结涵盖了计划的要点，以求一目了然，便于读者能在最短的时间内评审计划并作出判断。

3. 主体部分

（1）背景与现状

在介绍企业时，首先要说明创建企业的思路，企业的目标和发展战略。其次，要交待企业现状、过去的背景和企业经营范围。在这一部分中，要对企业以往的情况做客观的评述，不回避失误，中肯的分析往往更能赢得信任，从而使人容易认同企业的商业计划。最后，还要介绍一下企业家自己的背景、经历、经验和特长等。企业家的素质对企业的成绩往往起着关键的作用。在这里，企业家尽量突出自己的优点并表示自己强烈的进取精神，以给投资者留下一个好印象。

（2）产品或服务

通常，产品介绍应该包括以下内容：①产品介绍；②产品的市场竞争力；③产品的研究和开发过程；④发展新产品的计划和成本分析；⑤产品的市场前景预测；⑥产品的品牌和专利。

在进行投资项目评估时，投资人最关心的问题之一就是新创企业的产品、技术或服务能否解决现实生活中的问题，或者新创企业的产品（服务）能否帮助顾客节约开支、增加收入。因此，产品（服务）介绍是创业计划书中必不可少的一项内容。在产品（服务）介绍部分，企业家要对产品（服务）做出详细的说明。说明要准确，也要通俗易懂，使不是专业人员的投资者也能明白。通常，产品介绍都要附上产品原型、照片或者其他介绍。

（3）目标市场

市场计划应包括以下内容：①市场状况、变化趋势及潜力；②竞争厂商概览；③本企业产品（服务）的市场地位；④市场细分和特征；⑤目标顾客和产品定位等。

当企业要开发一种新产品（服务）或向新的市场扩展时，首先就要进行市场预测。如果预测的结果并不乐观，或者预测的可信度让人怀疑，那么投资者就要承担更大的风险，这对多数风险投资家来说都是不可接受的。

首先，市场预测要对需求进行预测：市场是否存在对这种产品的需求；需求程度是否可以给企业带来所期望的利益；新的市场规模有多大；需求发展的未来趋向及其状态如何；影响需求都有哪些因素。其次，市场预测还包括对市场竞争的情况——企业所面对的竞争格局进行分析：市场中主要的竞争者有哪些；是否存在有利于本企业产品的细分市场；本企业预测的市场占有率是多少；本企业进入市场会引起竞争者怎样的反应、对企业会有什么影响；等等。

（4）竞争分析

竞争分析主要包括：①现有和潜在的竞争者及替代产品分析；②供应商分析；③市场进入的障碍；④竞争优势和战胜对手的方法。

在创业计划书中，创业者应细致分析竞争对手的情况。竞争对手都是谁，他们的产品如何，竞争对手的产品与本企业的产品相比，有哪些相同点和不同点？竞争对手所采用的营销策略是什么，要明确每个竞争者的销售额、毛利润、收入及市场份额，然后讨论本企业相对于每个竞争者所具有的竞争优势，要向投资者展示顾客偏爱本企业的原因。创业计划书要使它的读者相信，本企业不仅是行业中的有力竞争者，而且将来还会是确定行业标准的领先者。在创业计划书中，企业家还应阐明竞争者给本企业带来的风险以及办企业所采取的对策。

（5）营销组合

营销组合策略应包括以下内容：①新产品开发；②营销渠道的选择；③销售团队和管理；④促销和广告策略；⑤价格决策。

营销是新创企业最富挑战性的环节。对新创企业而言，由于企业或品牌的知名度低，开拓销售渠道的难度很大。

（6）生产运营

生产运营应包括的主要内容：①产品制造和技术设备现状；②原材料、工艺、人力资源等安排；③新产品投产计划；④技术提升和设备更新的要求；⑤质量控制和质量改进计划。

在寻求资金的过程中，为了增大企业在投资前的评估价值，创业者应尽量使生产运营计划更加详细、可靠。一般地，生产运营计划应回答以下问题：生产制造所需的厂房、设备情况如何；怎样保证新产品在进入规模生产时的稳定性和可靠性；设备的引进和安装情况；谁是供应商；生产线的设计与产品组装是怎样的；生产周期标准的制定以及生产作业计划的编制；物料需求计划及其保证措施；质量控制的方法是怎样的；以及其他相关问题。

（7）高层管理团队

这部分计划应包括以下内容：

对高层管理人员加以说明，介绍他们所具有的能力，在本企业中的服务和责任，以及过去的职业经历及背景。同时，对公司的结构简要介绍，包括：公司的组织机构图；各部门的功能与责任；各部门的负责人及主要成员；公司的报酬体系；公司的股东名单，包括认股权，比例和特权；公司的董事会成员；各位董事的背景资料。

高素质的管理人员和良好的组织结构是管理好企业的重要保证。因此，风险投资家会特别注重对高层管理团队的评估。高层管理人员应该是互补型的，要有团队合作精神，其中应当有负责产品设计与开发、市场营销、生产运营管理、企业理财等各方面的专门人才。

（8）财务计划

财务计划一般包括以下内容：①财务计划的条件假设；②预计的资产负债表；

③预计的损益表；④现金流分析；⑤资金的来源和使用。

一份好的财务规划对评估新创企业所需的资金数量，提高其取得资金的可能性是十分关键的。如果财务规划准备得不充分，会降低新创企业的评估价值，同时也会增加企业的经营风险。

（9）总结

（10）附录：支持上述信息的材料

三、创业计划书的写作技巧

（一）执行总结要写出特色

创业计划书中的执行总结十分重要，是创业计划书的浓缩和精华，它涵盖了创业计划的要点和核心内容。执行总结是创业者所写的最后一部分内容，却是出资者首先要看的内容，它将从计划中摘录出与筹集资金最相关的细节，包括公司的资源与能力以及局限性，公司的市场地位与竞争对手，营销和财务战略，高层管理团队等情况。执行总结的写作要求：

1）简明而生动地勾画出项目的全貌，突出项目的重点；

2）讲清项目的先进性和可行性，以及项目的商业价值和高回报率；

3）既有清晰的逻辑思路，又有切实的证据加以印证；

4）能看清项目发展的前景及项目实施团队的能力和作用；

5）能看到项目已具备的相关优势，并明确需要的帮助和支持的方向。

（二）从潜在投资者的角度构思商业计划

要从潜在投资者的角度构思商业计划，就是说要进行错位思考。事实上，一份好的创业计划书可以帮助投资者发现具有投资价值和发展潜力的创业项目，可以在投资者和创业者之间搭建起实现沟通的桥梁，这对于新创企业获得风险投资是非常重要的。

从潜在投资者的角度构思商业计划，有三个非常重要的问题：表明行动方针，展示你的管理团队和点燃未来的曙光。

1. 表明行动的方针

在创业计划书中，不仅应该讲清企业如何设计生产线、如何组装产品，需要哪些原料，作为风险投资商最想听的是你将怎样组织和指挥你的团队实现你的既定方针和目标。

2. 展示管理团队

把一个创业设想转化成为一个成功的创业企业，最关键的是要使投资者感受到："这是一支能一直杀入世界杯的球队！"因此，在创业计划书中，应明确指出你这支团队的人才结构特点、优势、潜能以及在特殊条件下的实战能力。

3. 点燃未来的曙光

就是要展示新创企业未来的前景。这里要抓住三个重点展示"曙光"：其一，要在竞争环境下展示产品或技术的特点；其二，创业者应细致分析竞争对手的情况；其三，采取什么战略战胜你的竞争对手。

(三) 阐明你在创业孵化器中的特有优势

创业活动中的支持体系，是一个新创企业能否快速崛起的重要外部条件。"创业孵化器"是帮助和培育创新企业的一种组织模式。当前，我国的创业孵化器发展很快。在这些创业孵化器中，你将学到创业的技能和知识，学到先进的管理经验。孵化器具有最佳的创业环境，将成为一大优势，应在创业计划书中充分表现出来。

(四) 进行认真的检查和修改

检查和修改是编制创业计划书的一个重要步骤和重要阶段。检查和修改的过程是对创业计划书进行提升和提炼的过程，是进一步理清创业思路 的过程，也是一个进一步夯实创业准备工作的过程。

创业计划书写完之后，通常可以从以下几方面对创业计划书加以检查和修改。

1. 进行格式上的检查

创业计划书的主题格式尽管并不是固定的，但是其主要的内容、纲目却是必需的，主封面的要求也是非常规范和严格的。主封面除了应该写明项目名称和项目编制人（或单位）之外，特别应该表明版本及保密级别。版本表示你的计划书的修改情况，保密情况反映创业项目的安排、战略策划和整体设想的情况。相当一批跨国风险投资商是不希望你的创业计划书成为公众性计划书的。

2. 进行文学上的检查

创业计划书应该是创业者真实的、完整的、准确的意思表达。因此，计划书中的用词、用字和标点及相关的数字计算都要十分准确；应尽量用简单而准确的词语来描述每件事、每一商品及其属性的定义；段落要清晰；阐述问题的逻辑层次要清楚；该用图表说明的地方尽量要用图表说明。如果创业计划书较长还应该有目录。

3. 进行内容上的检查

内容是检查的重点，是修改的基础。内容的检查分两个层次：一个是通盘检查，也叫整体检查；另一个是重点检查。正确的做法：在整体检查的基础上进行重点检查；在重点检查并进行重点修改后，再进行通盘检查并定稿。

内容检查主要检查的项目如下：

该创业计划书是否能准确地阐明你的创业思路，清楚地回答你对该商业模式的运作想法和开拓市场的方法。

应检查你的创业计划书是否显示出你具有管理公司的才能。如果你自己缺乏管理能力，那么，你是否聘请了有经验的管理精英或取得了具有相应管理能力的团队骨干的支持。

你的创业计划书是否显示了你具有迎战风险偿还借款的能力，是否能够给预期的投资者提供一份完整的、实在的和恰当的分析。

你的创业计划书是否能展示出你已进行了或进行过认真的市场分析。要让投资者或加盟者能够感受到你在计划书中阐明的市场需求不仅是确实的、而且是有潜力的。

你的创业计划书是否有执行总结，并把它放在最前面。执行总结应写得既简明扼要又重点突出，具有说服力和吸引力。

如果你的创业研发工作已经取得了一定的进展，你还可以准备一件模型或照片，用来进一步说明你的创业计划书的可行性，但应该注意的是，在这些实物和照片资料中不要暴露核心的商业秘密。

四、创业计划书的评估

一份好的创业计划书是所有投资人共同追求的目标，好的商业计划应该包括正确的市场机会和强大的管理团队。国内外任何投资机构在进行风险投资前，必须对创业计划书进行非常科学的、严谨的审查评估。因此，创业计划书的内容与格式是否能够顺利通过评估，是获得投资的关键所在。

（一）充裕的创业资源

创业的资源既有物质的也有精神的，既有有形的也有无形的。好的创业计划书应考虑以下资源。

1. 经营管理资源

创业者是否具有经营企业的能力，包括组织协调能力、市场开拓能力、环境适应能力和应变能力等。

2. 人力资源

人是创业活动的主体，创业者一般不是孤独的个体，要有合作伙伴。创业团队在业务上要互补、在性格上要相异。除了创业团队外，还要有合适的员工，这包括技术人员、销售人员以及生产人员，等等。

3. 财务资源

财务资源，即能否筹集到足够的启动资金。资金是创业者创业的必要条件之一，其来源可以是个人积蓄、亲友借贷，也可以是银行贷款或者是风险投资。

4. 客户资源

客户资源主要是指经营模式，比如，有的人从产品做起，然后推销、回收资金、创造品牌；有的创业者则反着做，先有顾客，再做产品，在创建了自己的品牌后再建生产基地；还有的人只是做品牌，产品生产和物流则交给其他企业去做。方式不同，赚取的利润也明显不一样。先有顾客，有品牌，再做产品，会比先做产品再推销更易赚钱。例如，海尔集团就一直坚持用"先有市场，再建工厂"的思路和理念拓展国际市场，并取得了巨大的成功。

5. 行业经验资源

行业经验资源，即对准备进入行业的了解程度，主要是对该行业的信息与知识的了解程度。

6. 技术资源

技术资源，即是否有足够的技术支持，保证产品的生产和服务的提供。

上述资源并不都处于同等重要的地位，对于新创企业来说更是如此。在创业启动阶段，如果过分强调物质资源，尤其是资金资源，会给创业造成无形的障碍，资金固然不可缺少，但不是最重要的。相比之下，行业经验、经营能力、社会资本（如客户关系）、创业模式等无形资源比土地、原材料、资金等所起的作用更大。这一方面是因为初创业者由于缺乏自信、经验和实力，一般难以获取充足的资金、现成的厂房、强大的开发队伍等物质资源；另一方面，在创业社会，人们对创业所需资源的态度正在转变，"在乎其所用，而不在乎其所有"。能够"所用"的关键在于创业者的个人经营能力，在于整合这些资源的能力。整合能力来源于创业者及其团队的经验，来源与创业者对机会的捕捉和把握，来源于持续的学习和提高，所以在一份好的创业计划书中，要体现出创业者良好的资源整合能力。

（二）良好的预计收益

潜在投资人关心的问题之一是创业计划书中的预计收益是否合理。经验丰富的投资者通常可以很快做出判断，他们特别关注以下分析：

1. 经营利润

投资者把经营利润（毛利润和税前利润）、研究开发与营销成本以及管理费用按销售收入的一定比例进行计算，并把这些比例与同行业其他公司相比较。如果你预测的毛利率是 50%，而其他公司为 30%，投资者会对你的假设和计算基础提出疑问。如果你认为数据是正确，就应该提供相关数据，据理力争。

2. 资产管理

这是一个很多高层管理人员忽视的领域。你预测的资产负债表应表明你懂得如何管理现金、应收账款和存货。这些证据对于潜在投资者和银行家都是非常重要的，你的预测和比率应与同行业公司具有可比性。关于这些比对，有各种行业指导和研究可以进行参照。

3. 对公司的评估

投资者通过了解公司某一时期（通常是 3～5 年）期末的预计收益，并用收益乘以一个与此行业相关的系数来大致评估一个公司。在这方面没有通用的标准。如果你的公司属于发展中行业，投资者可能使用 15 或 25 的系数；而对于面向客户的行业，则使用 5～10 的系数，这一系数帮助评估公司的未来价值。投资者可能会利用风险调整收益率将未来价值折现，来估算公司的现值。

例如，如果你是出于发展中的新兴行业，预计在五年之后年销售收入达到 4000 万元，税后利润率为 10%，投资者会以预测利率（400 万元）乘以 15，得到总价值为 6000 万元。如果是公司公开上市或转让给第三方，这个数字就可以看作是该公司的价值。出于以下两个原因，投资者必须了解这一数据：第一，他们关心公司是否会成为一个使其投资物有所值的大公司；第二，通过这一数字，他们可能决定在向公司提供了所需资金之后，应该在公司中拥有多大比例的所有权。

（三）退出方式

风险投资家看重的不是企业或技术的本身，也不是项目能否通过分红实现投资回报，而是被投资企业整体价值的增值，在达到预定的资本收益率之后，就会退出寻求新的项目，进入下一轮的投资。投资者通过这种滚动投资，以四两拨千斤的杠杆作用实现自身资本迅速增值。因此，从风险投资的这种阶段性投资特点可以看出，风险投资最后能否从其成功的投资中顺利退出，在整个风险投资运作中占据着关键的位置。

由于国内创业板市场尚未推出，使国内风险投资 IPO（首次公开发行）方式退出变得不现实。而对于广大处于创业阶段的中小企业而言，寻求海外上市方式也是不切实际的，针对这种情况，下面介绍几种符合客观实际的退出方式。

1. 股权协议转让

该种方式交易双方一般都对创业企业较为熟悉，省却了双方不必要的猜疑。另外，这种股权安排方式也容易得到创业企业的接受，同时也可以帮助创业企业找到理想的大股东，帮助创业企业在业务、管理等方面实现更上一层楼。转让方式可以通过自有渠道完成，也可以借助专业机构如投资银行促成。

目前，越来越多的国际战略投资人和上市公司愿意收购国内企业，尤其是产权清晰、有完整盈利模式的民营高科技企业。内资收购最好采取现金方式，外资收购可以采用现金与股票组合的方式。

2. 股份回购

根据签订的投资协议设定，投资期满后，创业公司无法上市或股权无法转售给其他公司的情况下，创业公司以自有资金回购风险投资公司的股权。这种退出方式对广大科技型民营中小企业具有较强的吸引力，它满足了创业者对公司控股权的要求。

3. 产权交易所挂牌上市

目前，国内各大城市如北京、深圳、上海、成都等地都已经建立健全了产权交易机构和体系，担负着促进高科技产业发展、构架技术与资本间的桥梁、完善风险投资退出机制等方面的职能。通过产权交易所挂牌上市，可以很快找到交易对手，同时，通过交易所的集中竞价交易，可以最大限度地提高卖价。

4. 管理层回购

管理层回购是时下讨论最为热烈的退出方式之一，主要是指创业公司发展到一定规模之后，公司的管理层包括核心技术人员利用信托等融资方式购买风投公司所持的股份，并通过这种重组方式改变创业公司的控制权结构、资产结构、所有者结构，以期激励管理层的创业激情，提高企业效益的一种并购方式。这种退出方式能够最大限度地保护老股东的利益，同时也是一种激励机制的创新，但现在存在的主要问题是定价和杠杆融资。

5. 清盘

这种退出方式主要是在被投资的创业企业遭遇经营不善、或管理团队发生重大变动、或受到市场和环境的重大不利影响等情况下，风投机构只能选择清盘方式来减少投资损失。

创业者在撰写商业计划时，必须说明可供投资商选择的投资进入与资金撤出机制。可行的投资进入机制（合作方式等）是项目方和资金方取得合作谈判成功的首要条件，而可行的退出机制则是风险投资合作最终取得成功的关键。作为风险投资公司，其合伙人要在合伙契约中承诺在一定时间内以一定的方式结束对创业企业的投资与管理，收回现金或流动性的证券，给有限合伙人即投资者带来一定的利润。

因此，申请投资合作的创业者必须构思一个清晰的投资进入与退出路线，以使投资商的资金顺利地进入（合作末期），完成整个风险投资预期计划。风险投资的成功与否最后落实在退出的成功与否上。

问 题 思 考

1. 企业家精神的 4P 结构包含哪些内容？
2. 创业环境分析的主要内容是什么？
3. 创业的一般程序如何？
4. 请绘制注册企业的一般程序图。
5. 创业计划书的主要内容有哪些？

信 息 园

一、对于想创业的大学生，需要具有以下二十种精神

1. 具有创业激情，满腔热情地投身到创业事业中去；
2. 具有强烈的创业意识，将创业目标作为人生的奋斗目标；
3. 具有健康的情感，情感是人对客观事物的一种态度；
4. 具有坚强的意志，有遇难而上，追求成功、达到目的的意志；
5. 具有创新精神，永远不满足于现状；
6. 具有自信、自强、自主、自立的创业精神，对自己的事业充满信心；
7. 具有亲和力，能调动员工的积极性，让员工诚服你；
8. 具有高瞻远瞩的战略目光，对创业的过程心中有数；
9. 具有艰苦创业、顽强拼搏的精神，艰苦创业就能节约成本；
10. 具有实事求是的作风，敢想敢做，求真务实；
11. 具有做事雷厉风行，永不言败的工作作风；
12. 具有团结拼搏、顾全大局、无私奉献的精神；
13. 具有良好的心理素质，能承受工作和精神的压力；
14. 具有创业的知识，包括创业的专业知识、管理知识、财务知识和综合性知识等；
15. 具有竞争意识，敢于竞争、善于竞争，用竞争争取生存的权利；
16. 具有敏感的市场嗅觉，从普通的市场信息中挖掘对自己有用的信息；
17. 具有创业经验，可以是亲身体会也可以是从别人创业经验中学到的；
18. 具有健康的体魄，旺盛的精神，有股使不完的劲；
19. 具有良好的人际关系和沟通表达能力；
20. 具有无私奉献的精神，不要斤斤计较。

二、杭州注册公司详细流程（含大学生创业）

（一）公司核名

到工商局去申请公司的名称

1. 核名需带的资料包括：全体股东身份证复印件。

2. 核名时一般需要注意的事项：

（1）要有公司注册地址大概位置，在杭州注册公司住宅和小区房是不能注册公司的。

（2）公司名称。公司名称最好多取几个名字，建议不要使用与著名商标相同的字号。

（3）公司经营范围。其实你只要写上你要做的主要业务就可以了，只要跟你公司名称中的行业有关系即可。

3. 核名资料都准备好了就去所租办公地址所在区工商局核名。

4. 工商局受理了核名资料后，在第二天领取《企业名称预核准登记通知书》。

名称核准后就是办理大学生创业证明了，办理地点是各区人事局。所需资料：身份证，毕业证，户籍证明，企业名称预核准登记通知书，需要法人亲自办理。

（二）网上申报材料

网上申报：填好网报内容提交，3～5个工作日内审批结果下来，通常4个工作日已批，如审核通过按要求签好字。

（三）去银行开验资账户

1. 联系好出具验资报告的会计事务所，并向其索取一张《银行询证函》。

2. 拿工商局核发的《企业名称预核准登记通知书》及股东身份证到银行开立临时验资户。

3. 将投资款（注册资金）分别以各个股东的名义及认缴金额缴入银行，填写缴款单时，款项用途一栏一定要写明某某股东投资款。

4. 将从事务所索取的《银行询证函》填写好（如何填写询问银行工作人员）。

5. 向银行索取缴款单、对账单、《银行询证函》并让银行盖章。

（四）会计事务所出验资报告

带上以下资料到会计师事务所出验资报告：

1. 缴款单、对账单、《银行询证函》原件。

2. 全体股东身份证复印件。

3. 网上申报的所有材料。

4.《企业名称预先核准通知书》。

5. 租房合同及产权证。

（五）企业工商登记

带上以下资料到原先核名的工商局申请领取营业执照：

1.《企业名称预先核准通知书》。

2. 网上申报审核通过的所有材料打印签字。

3. 全体股东身份证复印件。

4.《验资报告》。

5. 租房合同及产权证。

工商局登记处受理上述文件后4～6个工作日到工商局领取营业执照。拿到营业执照当天就可以去刻章，然后可以去办组织机构代码证了。

（六）组织机构代码证

所需资料：营业执照副本、企业公章、法人身份证、办证人员身份证。

即办即拿，拿了组织机构代码证就可以直接去办税务登记证了。

（七）办理税务登记证

带上以下资料办理税务登记证：

1. 工商营业执照副本复印件（一式二份）。

2. 公司章程复印件（一式二份）。

3. 组织机构代码证复印件（一式二份）。

4. 法人身份证复印件（一式二份）。

6. 房屋租赁合同（一式一份）。

7. 企业公章。

8. 在杭州市税务登记联合办证大厅填一式二份的《税务登记表》。

9. 当场核发领取税务登记证。

（八）去银行开基本户

带上公司营业执照、组织机构代码证、税务登记证（以上都一定要正本）、法人身份证复印件和 3 个章（企业公章、企业财务专用章、企业法定代表人章）就可以去银行开基本户了。

参 考 文 献

GCDF 中国培训中心. 2006. 全球职业规划师 GCDF 资格培训教程. 北京：中国财政经济出版社.

Robert D. Lock. 2006. 把握你的职业发展方向. 钟谷兰，曾垂凯，时勘，等译. 北京：中国轻工业出版社.

程莉荣. 2013. 职业生涯规划与大学生就业. 西江月，(18)：425.

高飞. 2012. 影响高校毕业生职业生涯初期就业不稳定性核心因素——预期与实际收入的差异. 电子科技大学学报（社会科学版），(3)：99-104.

金海燕. 2012. 大学生人生规划与择业指导. 杭州：浙江科学技术出版社.

李亚雄，杨兆力. 2008. 创业教程——政策与战略. 杭州：浙江大学出版社.

陆庆生. 2011. 大学生就业择业指导. 北京：北京大学出版社.

麦可思——中国大学毕业生求职与就业研究课题组. 2009. 决战大学生就业. 北京：清华大学出版社.

潘竞贤. 2011. "职"手可得. 杭州：浙江人民出版社.

乔德宝. 2007. 大学生就业与职业发展指导——起航职场 规划人生. 上海：同济大学出版社.

王丽娟. 2011. 中国大学生就业权益的法律保护. 南京：南京大学出版社.

辛保平，程欣乔，宗春霞. 2010. 创业 7 关定成败. 南京：凤凰出版社.

辛保平，程欣乔，宗春霞. 2010. 老板是怎么样炼成的. 南京：凤凰出版社.

宣仕钱，徐静. 2009. 大学生就业与创业指导. 北京：经济科学出版社.

旋旋. 2010. 职场新人要创个人品牌. 中国大学生就业，(2)：40-42.

杨遇春. 2010. 高校毕业生择业观念的 30 年变迁. 煤炭高等教育，28 (1)：19-21.

张玉利，李新春. 2006. 创业管理. 北京：清华大学出版社.